新型城镇化发展
进程与展望

谢天成◎著

中国建筑工业出版社

图书在版编目（CIP）数据

新型城镇化发展进程与展望／谢天成著.—北京：
中国建筑工业出版社，2022.1
ISBN 978-7-112-27070-5

Ⅰ.①新… Ⅱ.①谢… Ⅲ.①城市化–研究–中国
Ⅳ.①F299.21

中国版本图书馆CIP数据核字（2021）第272922号

基于"理论—实践—展望"逻辑，在理论研究上，剖析新型城镇化概念及相关文献研究，对我国城镇化历程、成就与经验进行总结，定量评价我国城镇化推进速度，系统分析党的十八大以来新型城镇化时空演进特征及影响因素；在实践探索上，考虑到东部、中东部和西部地区差异，分别选取江苏昆山、黄河下游地区及四川泸州等典型案例，分析新型城镇化进程及其存在的典型问题，同时以北京为案例研究新型城镇化进程中城市增长边界；在展望上，对新型城镇化目标与速度进行预测，研判"十四五"新型城镇化发展趋势，提出将雄安新区打造为新型城镇化高质量发展样板。

责任编辑：周方圆　张　晶
责任校对：赵听雨

新型城镇化发展进程与展望
谢天成　著

*

中国建筑工业出版社出版、发行（北京海淀三里河路9号）
各地新华书店、建筑书店经销
北京建筑工业印刷厂制版
北京建筑工业印刷厂印刷

*

开本：787毫米×1092毫米　1/16　印张：15¼　字数：299千字
2021年12月第一版　　2021年12月第一次印刷
定价：**68.00**元
ISBN 978-7-112-27070-5
（38829）

这是一个城镇化的伟大时代。改革开放以来，伴随着工业化进程加速，我国城镇化经历了一个起点低、速度快的发展过程。特别是2012年以来，党的十八大提出要走中国特色新型城镇化道路，城镇化进程进入坚持以人为本、注重质量提升的"新型城镇化"阶段。随着户籍、土地、财政、教育、就业、医疗、养老、住房保障等领域配套改革深入推进，农业转移人口市民化速度加快，城镇化质量显著提升，城市居民生活水平持续改善，城市建设取得了举世瞩目的成就。根据第七次全国人口普查数据，2020年我国城镇常住人口达到9亿人，常住人口城镇化率达到63.89%，户籍人口城镇化率达到45.4%。处于这么伟大的时代，我们要遵循城镇化发展规律，探索城镇化理论，研究城镇化进程，坚持走中国特色新型城镇化道路。

这是一个享受到城镇化红利的作者。作为一名80年代初的人，有幸个人成长与改革开放同行。至今仍然清晰地记得自己在小学时期的梦想，那就是有一天能够住到县城，不想再走一到雨天就湿滑的乡村泥巴路。这其实，就是纯真的城镇化梦想。想着有一天，我能够进城，跟住在县城的同学一样，哪怕在下雨天也可以穿球鞋来上学。通过高考，我从农村走到了城市，实现了所谓的"鲤鱼跳农门"，也由农村人口变成了城市人口。特别是做梦都没有想过，有一天能够成为"北京人"。所以，我很感恩，享受到城镇化带来的红利。同时，由于亲身经历农村到城市的这种过程，我对城镇化也有更深的体会与思考。无论是大学，还是研究生阶段，所学专业都与城镇化息息相关。走上工作岗位之后，自己的研究更是聚焦城市发展，从城市规划、城市经济、城市管理到城乡融合，也先后赴天津、内蒙古、山西、黑龙江、辽宁、浙江、江苏、安徽、河南、江西、湖北、广东、福建、四川等地就城镇化问题开展调研。基于个人的成长与工作经历，我也想就城镇化来写点东西。

这是一本有关新型城镇化的作品。之所谓称为作品而不敢称专著，既是因为内心的诚惶诚恐，担心达不到专著的水准，也期待在此基础上继续前行，努力出新的新品。从全文内容看，基于"理论-实践-展望"逻辑，在理论研究上，剖析新型城镇化概念及相关文献研究，对我国城镇化历程、成就与经验进行总结，定量评价我国城镇化推进速度，系统分析党的十八大以来新型城镇化时空演进特征及影响因素；在实践探索上，考虑到东部、中东部和西部地区差异，分别选取江苏昆山、黄河下游地区及四川泸州等典型案例，分析新型城镇化进程及其存在的典型问题，同时以北京为案例研究新型城镇化进程中城市增长边界；在展望上，对新型城镇化目标与速度进行预测、研判"十四五"新型城镇化发展趋势，提出将雄安新区打造为新型城镇化高质量发展样板。上述内容都是在新型城镇化战略提出之后开展研究的，也是近七年来研究成果的积累，得到全国统计科学研究重点项目"我国城镇化速度综合评价及预测研究"、北京市社科基金青年项目"基于城市增长边界的北京城市空间管理研究"以及相关横向课题的支持。由于时间上有一定跨度，个别内容中的数据略显"陈旧"，但考虑到城镇化具有阶段性特征，对城镇化的研究要全面客观展现其发展过程，因而对个别数据并没有更新。

最后，要感谢的人很多。既包括指导我、带着我研究城镇化的众多老师，也包括在实地调研、资料案例等方面提供帮助的各位领导和朋友。这其中，包括我的恩师，国务院原参事、清华大学公共管理学院教授施祖麟先生，国家发展改革委产业经济与技术经济研究所副所长姜长云研究员，中央财经大学管理科学与工程学院王志锋教授，等等。我的两位研究生，柳欣言和张研，也提供了很大帮助和支持。要特别感谢中国建筑工业出版社的周方圆编辑，她认真负责，为出版做了精心安排和辛勤编辑工作。

当然，由于水平有限，内容可能会存在某些不足，也敬请各位读者朋友批评指正。

谢天成

2021年12月

目录

理论篇

第一章

绪论

一、研究背景与意义

城镇化是伴随工业化发展，非农产业在城镇集聚、农村人口向城镇集中的自然历史过程，是人类社会发展的客观趋势，是国家现代化的重要标志。随着我国经济发展进入新常态，围绕推进城镇化进行深化改革，是适应新常态、培育新方式的重要途径；而用"五大发展理念"引领以人为核心的新型城镇化建设，也是破解发展难题、培育发展新动力的关键。党的十八大报告指出，"坚持走中国特色新型工业化、信息化、城镇化、农业现代化道路"。2013年12月召开的中央城镇化工作会议提出："推进城镇化是解决农业、农村、农民问题的重要途径，是推动区域协调发展的有力支撑，是扩大内需和促进产业升级的重要抓手，对全面建成小康社会、加快推进社会主义现代化具有重大现实意义和深远历史意义。""走中国特色、科学发展的新型城镇化道路，核心是以人为本，关键是提升质量，与工业化、信息化、农业现代化同步推进。"2014年3月出台的《国家新型城镇化规划（2014—2020年）》明确了新型城镇化指导思想、发展目标与重点任务。

随着新型城镇化战略的全面实施，城镇化水平不断提升，发展质量明显改善，为今后城镇化高质量发展打下了扎实基础。2019年常住人口城镇化率首次突破60%，达到60.60%，根据世界城市化发展普遍规律，我国仍处于城镇化率30%～70%的快速发展区间。但我们也要清醒地认识到，在城镇化推进过程中，农业转移人口市民化滞后、土地资源浪费、城市病等问题十分突出；户籍人口城镇化率仅有44.38%，低于常住人口城镇化率16.22个百分点。党的十九大报告提出要实施乡村振兴战略，《乡村振兴战略规划（2018—2022年）》提出要坚持乡村振兴和新型城镇化双轮驱动。党的十九届五中全会提出要推进以人为核心的新型城镇化，并提出到二○三五年要基本实现新型城镇化。"十四五"期间，国际环境将发生深刻复杂变化，国内外风险挑战将明显上升。同时，我国也将在全面建成小康社会基础上开启实现第二个百年奋斗目标新征程。对城镇化而言，既是新机遇，也对其未来发展提出了更高要求。一方面，城镇化过程出现的一系列问题，特别是涉及的户籍、土地、财政、行政管理等配套制度改革，需要从国家层面来推进；另一方面，地方层面城镇化具有明显的区域性，需要从国家层面加大调控、规划与引导力度，从而形成"一盘棋"。在上述背景和政策目标下，需要从国家层面对新型城镇化进程进行阶段性总结评估，对典型案例进行分析，精准研判"十四五"期间城镇化发展新趋势、新特点，合理确定城镇化率目标、推进速度等重大问题，避免"被城镇化"，防止"城镇化大跃进"，为城镇化高质量发展和推进城镇化领域相关制度更加成熟更加定型提供理论支撑，也为新一轮国家城镇化规划编制提供依据。

通过城镇化发展历程、推进速度评价和预测，并结合我国东部、中东部、中部和西部地区典型案例，探讨新型城镇化发展路径与举措，在学术价值上，有助于丰富和发展与中国特色新型城镇化道路相适宜的中国特色城镇化理论和现代化理论，为世界城镇化进程提供"中国智慧"和"中国方案"；在实际应用价值上，有助于科学认识、正确把握城镇化发展规律，可以为各级政府在新型城镇化规划编制过程中发展目标、推进速度及相关政策制定提供分类指导。

二、相关概念辨析

对新型城镇化进程与路径开展研究，需要理解与认识中国特色新型城镇化道路，并辨析"城镇化"与"城市化"、"新型城镇化"与"传统城镇化"、"城镇化道路"与"中国特色新型城镇化道路"等概念。

（一）"城镇化"与"城市化"

"城镇化"与"城市化"两个名词，尽管只有"一字"之差，但学术界存在争议。一种观点认为，两者都是出自外来语"urbanization"一词的不同译法，并无实质性差别。2000年10月党的十五届五中全会通过的《中共中央关于制定国民经济和社会发展第十个五年计划的建议》首次采用"城镇化"一词，并在2002年党的十六大提出正式提出"走中国特色城镇化道路"，而不是采用"城市化"提法，主要考虑"城镇化"内涵更加符合我国的实际，实际上城镇化就是中国特色的城市化，具有比较强的政策导向；究竟是使用"城镇化"好还是使用"城市化"，各个地区由于具体情况不同，没有必要采用一种模式、一种提法，应当允许有不同模式、不同提法。另一种观点认为"城镇化"比"城市化"更为准确、严密，符合中国的国情，能够反映我国城镇化的特点；两者之间在集聚和辐射的主体、发展指向等方面存在明显区别，"城镇化"更侧重于中小城市和小城镇化的发展，中国未来的发展道路仍然不可避免地应当是中国特色的"城镇化"而不是"城市化"。

我们认为，"城镇化"一词更具有中国特色。"城镇化"与"城市化"两者所谓的差别，主要由于我国行政区划、设市标准等政策所导致，实际上不少"镇"的规模不仅超过国外小城市标准，东部沿海地区的一些"大镇"，如苏州盛泽、温州龙港、湖州织里等城镇人口规模、经济实力完全符合我国设立"县级市"标准，也反映出我国需要加快行政区划创新，试点推进"镇级市"改革。2014年7月出台的《国务院关于进一步推进户籍制度改革的意见》(国发〔2014〕25号)，提出要全面放开建制镇和小城市落户限制，对于中等城市、大城市和特大城市，则分别要有序放开、合理确定和严格控制，可见户籍制度改革积极鼓励和引导农业转移人口落户建制镇和小城市，对照"城镇化"与"城市化"定义，现阶段使用"城镇化"一词相对而言更为准确、全面。但从农业转移人口进城的意愿与实际行动来看，更多倾向于转移到大城市、特大城市，这与区域发展不平衡，小城市和小城镇就业、教育、医疗等功能欠缺导致吸引力不强息息相关。此外，"城镇化"并不意味着重点发展中小城市和小城镇，而是要因地制宜，优化城镇规模结构，宜"大"则"大"，增强中心城市辐射带动功能，加快发展中小城市，有重点地发展小城镇，进而促进大中小城市和小城镇协调发展。当然，"城镇化"是一个"过程"，并不是"目标"，因此是"完成城镇化"而不是"实现城镇化"。

(二)"新型城镇化"与"传统城镇化"

"新型城镇化"公认最早是2002年伴随着党的十六大"新型工业化"战略提出，主要是依托产业融合推动城乡一体化。自党的十八大报告提出"坚持走中国特色新型工业化、信息化、城镇化、农业现代化道路"以来，"新型城镇化"成为研究热点，但什么是"新型城镇化"，至今尚无统一和明确的定义。有学者认为，新型城镇化以实现区域统筹与协调一体、产业升级与低碳转型、生态文明和集约高效、制度改革和体制创新为重点内容的崭新的城镇化过程；是大中小城市、小城镇、新型农村社区协调发展、互相促进的城镇化；既要重视大中城市的发展，也要重视小城镇的发展，以及不同层次区域中的城乡关系与城乡协作；要基于"新型城乡关系"，建立覆盖城乡的空间保障体系，实现城乡共生、社会公平、空间共享。其中，新型城镇化的内涵和要求至少包括"质量明显提高"、"四化"同步、"以人为核心"、体现生态文明理念、"以城市群作为主体形态"、注重文化传承和历史文化保护等方面；其"新"意并不是指时间或空间上与过去的城镇化截然不同，而是指在城镇化的观念、质量及推进战略上有重大的改变。

我们认为，"新型城镇化"是伴随着新型工业化、信息化和农业现代化，非农产业在向城镇集聚的同时，产业结构与产业布局不断优化，产业竞争力持续提升；农村人口向城镇集中的同时，进城人口逐渐享受到与城市居民一样公共服务和幸福感，那么这样的过程可以称之为"新型城镇化"。"新型城镇化"与"传统城镇化"相比，在发展理念上，更加注重城镇化质量，强调以人为本；在发展模式上，更加强调耕地资源保护、集约发展；在空间形态上，更加注重集效率、促进特大、大、中、小城市及小城镇协调发展；在城镇建设上，更加注重文化保护、彰显地方特色，让居民"望得见山、看得见水、记得住乡愁"；在可持续发展上，更加注重生态文明建设，避免城市病；在政策保障上，更加注重改革与制度创新。

（三）"城镇化道路"与"中国特色新型城镇化道路"

"城镇化道路"是指城镇化进程的途径或方式，是推动城镇化进程中所采取的某种模式或战略安排，主要包括城镇化机制、城乡关系、城镇发展方针等内容。2000年朱镕基总理在《关于制定国民经济和社会发展第十个五年计划建议的说明》中首次提出"中国的城镇化不能照搬别国的模式，必须从自己的国情出发，走有中国特色的城镇化道路"；随后党的十六大报告、十七大报告和十八大报告均提出要走中国特色的城镇化道路。党中央和国务院一系列政策和文件的出台和颁布，表明对于城镇化问题的重视程度在不断加强，新型城镇化的道路选择也逐步清晰。

关于中国应该走什么样的城镇化道路，以及中国特色的城镇化道路的内涵和特征，学术界也是"百家争鸣"。早在改革开放初期，有学者就提出必须走具有中国特点的城镇化道路，农村人口要以转向小城镇为主，人口城镇化有计划进行，要有利于城乡合作发展。由于中国城镇化的长期性、艰巨性和复杂性，要求我们积极稳妥地走出一条公平共享、集约高效、可持续的中国特色城镇化道路；要充分尊重和顺应要素自由流动规律鼓励地方自主创新的基础，城市发展方式多样化和合理化、以内涵方式为主；要在不强迫改变农民土地权属的前提下将农民工转变为城市新市民，积极多渠道地解决农民工市民化问题；以科学发展观为指导，坚持集约发展、多元形态、"三化"同步、两手结合、以人为本，实现从速度型向"又好又快"的质量型转变。我国城镇化道路的主要特征是"政府引导、市场运作、双轮驱动、循序渐进、全民共享"，而所谓的新型城镇化道路则主要表现为新核心、新理念、新动力、新方式、新格局、新重点等六个"新"。

我们认为，"中国特色新型城镇化道路"要与我国人口多、资源相对短缺、生态环境比较脆弱、城乡区域发展不平衡等基本国情相适宜，必须从社会主义初级阶段这个最大实际出发，以提升城乡居民生活和幸福感为根本目标，有序推进公共服务均等化与农业转移人口市民化，以城市群为主体形态，构建科学合理城镇化格局，促进特大、大、中、小城市和小城镇协调发展；以统筹城乡为主线，推进城镇化与农业现代化、农村现代化、农民现代化同步发展，加快形成新型工农、城乡关系；以低碳、绿色为发展导向，资源节约、集约利用，提升城镇综合承载力和竞争力；以体制机制创新为动力，探索和推进户籍、土地、住房、社保、财税等改革，释放城镇化发展潜力；以文化为"灵魂"，建设美丽城镇、彰显地方特色。由于我国区域差距较大，城镇化道路没有固定模式，在推进过程中需要分类指导，各地区要因地制宜、积极探索创新适合本区域的城镇化道路。因此，所谓"中国特色新型城镇化道路"实际是我国各地方不同城镇化道路的"组合"。

（四）"城镇化水平"与"城镇化速度"

以用城镇化率表述城镇化发展水平，并以城镇化率变化快慢来衡量城镇化推进速度。事实上，城镇化发展存在多元化目标，考虑到提高户籍人口城镇化率是当前我国新型城镇化的核心目标，基于与城镇化速度研究相对应，本书研究的城镇化目标以城镇化率为重点。《国家新型城镇化规划（2014—2020年）》首次提出常住人口城镇化率和户籍人口城镇化率两个城镇化率指标，目前我国城镇化率仍以城镇常住人口为统计口径核算的主要指标。因此，在研究常住人口城镇化率的同时，需要考虑农业转移人口市民化进程以及城镇基础设施、资源环境等因素，加快构建与我国新型城镇化发展相适宜的城镇化率核算标准及综合评价体系，以真实反映城镇化水平。

三、国内外研究现状

国外学者早在19世纪60年代就提出城市化概念，全球城市化进程呈现"S形曲线"规律，可以划分为集中城市化、郊区化、逆城市化和再城市化四个阶段；城市化进程与经济发展水平之间存在一定的联系。从实践来看，不同国家其城镇化发展模式与推进速度不尽相同。据联合国经济及社会理事会发布的《世界城镇化展望（2014版）》，1980—2010年期间，世界城镇化率平均每年提高0.41个百分点，其中高收入国家为0.25个百分点、中等收入国家为0.58个百分点、低收入国家为0.34个百分点，而中国达到1个百分点，远高于世界平均增速。速度逐渐下降已是当前世界城市化发展的普遍趋势，而中国近年来城镇化速度存在潜在的危机。从发展现状来看，目前世界平均城市化率约为55%，欧美发达国家多数超过75%，且城乡差距较小，"逆城市化"现象明显；拉丁美洲国家城市化率也普遍较高，但由于"过度城市化"，并且乡村凋敝、城乡差距巨大，而成为陷入"中等收入陷阱"的典型案例。

国内学者对城镇化进行系统研究始于20世纪70年代末，对于我国应该走什么样的城镇化道路，存在"十大争论"。在城镇化率目标研究上，学术界存在多种观点。有学者提出到2020年城镇化率理想目标是60.13%；有的认为2025年达到60%左右；有的则提出2030年达到63.52%，2050年达到75%；有的学者提出目标区间，到2020年达到55%～60%，最终的饱和状态在75%～80%；也有学者提出更高的目标，到2030年达到80%，未来若干年最高水平有可能达到80%左右，甚至到2040年达到90%。在城镇化速度研究上，学术界一直存在"快慢"之争。"过快"观点认为：由于当前城镇化正处于"大跃进"和空间扩展失控状态，城镇化速度虚高，速度与质量不协调，存在风险，有可能造成过度城市化。"过慢"观点认为：由于城镇化发展速度略显滞后，要增加农民收入、缩小城乡差距，亟须加快城镇化进程，以适应当前工业化进入加快发展阶段。还有一种观点认为由于并没有出现诸如拉美国家"过度城市化"问题，因此速度基本是合适的，不慢也不太快。对于今后我国城镇化推进速度，学者大多认为今后20～30年间仍处于快速发展阶段，但对于适宜速度看法不一，有的认为每年将提高1.5个百分点；也有认为已经进入城镇化快速推进的减速阶段，年均增长不超过1个百分点。还有学者认为我国城镇化已进入拐点，高速发展即将结束，随着农民工进城速度的下降而下降，将伴随着"逆城镇化"现象，需要通过提升城市化发展质量来应对城市化速度趋缓。在城镇化路径研究上，学术界提出今后一个时期我国城镇化的重点在于提高质量而不是速度，要把城镇化速度调控纳入国民经济宏观调控之中，通过政府的积极导向，来弥补市场缺陷和短板；要重视和依靠城市规划来设置轨道，合理规划人口集聚程度，并与主体功能区划相匹配。当前户籍和市民化政策多以城市为单元进行调控，要将户籍制度作为推动城镇化的杠杆，通过不同规模城市间的合作治理，实现农业转移人口市民化的有序推进。

从已有的相关研究成果来看：学术界对于我国城镇化推进速度及调控进行了有益探索，取得了显著成绩，但由于新型城镇化作为"新战略"，提出时间较短，以及城镇化率统计口径差异及比较标杆不同等原因，观点也存在一定的分歧和争论；在研究内容上，大多局限于传统城镇化模式，对于如何实现"以人为核心"的新型城镇化健康有序发展，特别是如何与乡村振兴战略协同推进，以及涉及综合承载力、农业转移人口市民化、就地就近城镇化及户籍、土地制度改革等因素的研究有待进一步深化和完善；在研究方法上，大多基于经验判断、城市化规律或引介西方较为成熟的理论模型进行定量分析，尚缺少符合我国国情的关于城镇化目标、推进速度的评价方法和预测模型；在研究空间尺度上，目前主要集中于全国层面，由于我国区域差距明显，不同区域乡村振兴和新型城镇化目标速度、实施路径不尽相同，对于省级、地级市乃至县级层面的研究有待进一步加强，以突出分类施策、典型引路。

四、相关政策梳理

党的十八大以来，党中央国务院重度重视城镇化工作，针对我国国情、城镇化的阶段和问题，出台了一系列国家新型城镇化的重要政策论述和战略部署，立意高远，内涵丰富，全面回答了我国城镇化发展怎么看、怎么干的重大问题，为我国推进新型城镇化进程，走中国特色新型城镇化道路指明了方向。

2013年12月，中央城镇化工作会议指出：城镇化是一个自然历史过程，是我国发展必然要遇到的经济社会发展过程。推进城镇化必须从我国社会主义初级阶段基本国情出发，遵循规律，因势利导，使城镇化成为一个顺势而为、水到渠成的发展过程。确定城镇化目标必须实事求是、切实可行，不能靠行政命令层层加码、级级考核，不要急于求成、拔苗助长。2014年3月，中共中央、国务院印发《国家新型城镇化规划（2014—2020年）》，按照走中国特色新型城镇化道路、全面提高城镇化质量的新要求，明确了未来城镇化的发展路径、主要目标和战略任务，统筹相关领域制度和政策创新，成为指导全国城镇化健康发展的宏观性、战略性、基础性规划。2015年5月，习近平总书记在十八届中央政治局第二十二次集体学习时提出：要继续推进新农村建设，使之与新型城镇化协调发展、互惠一体，形成双轮驱动；要加快推进户籍制度改革，完善城乡劳动者平等就业制度，逐步让农业转移人口在城镇进得来、住得下、融得进、能就业、可创业，维护好农民工合法权益，保障城乡劳动者平等就业权利。2015年12月，中央城市工作会议指出：推进城镇化要把促进有能力在城镇稳定就业和生活的常住人口有序实现市民化作为首要任务。2016年2月，习近平总书记在对深入推进新型城镇化建设作出的指示中提到：要坚持以创新、协调、绿色、开放、共享的发展理念为引领，以人的城镇化为核心，更加注重提高户籍人口城镇化率，更加注重城乡基本公共服务均等化，更加注重环境宜居和历史文脉传承，更加注重提升人民群众获得感和幸福感。同时，国务院印发《关于深入推进新型城镇化建设的若干意见》（国发〔2016〕8号），提出围绕加快提高户籍人口城镇化率，深化户籍制度改革，促进有能力在城镇稳定就业和生活的农业转移人口举家进城落户，并与城镇居民享有同等权利、履行同等义务。2016年9月，国务院办公厅印发《推动1亿非户籍人口在城市落户方案》（国办发〔2016〕72号），提出"十三五"期间，城乡区域间户籍迁移壁垒加速破除，配套政策体系进一步健全，户籍人口城镇化率年均提高1个百分点以上，年均转户1300万人以上；到2020年，全国户籍人口城镇化率提高到45%，各地区户籍人口城镇化率与常住人口城镇化率差距比2013年缩小2个百分点以上。2017年10月，党的十九大报告中提出以城市群为主体构建大中小城市和小城镇协调发展的城镇格局，加快农业转移人口市民化；使市场在资源配置中起决定性作用，更好发挥政府作用，推动新型工业化、信息化、城镇化、农业现代化同步发展。2019年5月，中共中央、国务院出台《关于建立健全城乡融合发展体制机制和政策体系的意见》，提出要顺应城镇化大趋势，牢牢把握城乡融合发展正确方向，树立城乡一盘棋理念，突出以工促农、以城带乡，构建促进城乡规划布局、要素配置、产业发展、基础设施、公共服务、生态保护等相互融合和协同发展的体制机制。同月，中共中央、国务院出台《关于建立国土空间规划体系并监督实施的若干意见》（中发〔2019〕18号），提出要落实国家安全战略、区域协调发展战略和主体功能区战略，明确空间发展目标，优化城镇化格局、农业生产格局、生态保护格局，确定空间发展策略，转变国土空间开发保护方式，提升国土空间开发保护质量和效率。2021年3月，全国《中华人民共和国国民经济和社会发展第十四个五年规划和2035年远景目标纲要》提出到2025年末常住人口城镇化率提高到65%，到2035年要基本实现新型城镇化，并要求坚持走中国特色新型城镇化道路，深入推进以人为核心的新型城镇化战略，以城市群、都市圈为依托促进大中小城市和小城镇协调联动、特色化发展，使更多人民群众享有更高品质的城市生活。

此外，国家发展改革委作为新型城镇化战略、规划和城乡融合发展的牵头部门，围绕《国家新型城镇化规划（2014—2020年）》的落实实施，先后出台了一系列文件（见表1-1）。在2014年12月开展国家新型城镇化综合试点，兼顾不同区域、不同类型和不同层级城市（镇），确定在江苏、安徽两省和宁波等62个城市（镇）开展试点，要求到2017年各试点任务取得阶段性成果，形成可复制、可推广的经验；2018—2020年，逐步在全国范围内推广试点地区的成功。

近年来国家发展改革委有关推进新型城镇化建设的文件内容　　表1-1

文件名	重点内容
《国家发展改革委关于印发国家新型城镇化综合试点方案的通知》（发改规划〔2014〕2960号）	将江苏、安徽两省和宁波等62个城市（镇）列为国家新型城镇化综合试点地区，大胆探索、试点先行，寻找规律、凝聚共识，为全国提供可复制、可推广的经验和模式。其中，方案要求江苏省2020年常住人口城镇化率达72%，户籍人口城镇化率达67%，城镇落户农业转移人口新增800万人；安徽省2020年常住人口城镇化率达到58%，户籍人口城镇化率力争达到35%
《国家发展改革委办公厅关于印发新型城镇化系列典型经验（农业转移人口市民化案例）的通知》（发改办规划〔2016〕2659号）	推进农业转移人口市民化，是推进新型城镇化建设的首要任务，是扩大内需、改善民生的重要举措，是我国实现现代化必须解决的重大问题。结合国家新型城镇化综合试点评估情况，选取部分进展较为显著的地区进行案例汇编并印发，供各地交流借鉴
《国家发展改革委关于实施2018年推进新型城镇化建设重点任务的通知》（发改规划〔2018〕406号）	继续落实1亿非户籍人口在城市落户方案，加快户籍制度改革落地步伐，促进有能力在城镇稳定就业生活的新生代农民工、在城镇就业居住5年以上和举家迁徙的农业转移人口、农村学生升学和参军进入城镇人口在城市举家落户，鼓励对高校和职业院校毕业生、留学归国人员及技术工人实行零门槛落户。2018年实现进城落户1300万人
国家发展改革委《2019年新型城镇化建设重点任务》（发改规划〔2019〕0617号）	突出抓好在城镇就业的农业转移人口落户工作，推动1亿非户籍人口在城市落户目标取得决定性进展，培育发展现代化都市圈，推进大城市精细化管理，支持特色小镇有序发展，加快推动城乡融合发展，实现常住人口和户籍人口城镇化率均提高1个百分点以上
国家发展改革委《2020年新型城镇化建设和城乡融合发展重点任务》（发改规划〔2020〕532号）	以深化改革户籍制度和基本公共服务提供机制为路径，打破阻碍劳动力自由流动的不合理壁垒，促进人力资源优化配置；完善和落实主体功能区战略，发挥各地区比较优势，增强经济发展优势区域承载能力，构建大中小城市和小城镇协调发展的城镇化空间格局，形成高质量发展的动力系统；着眼于增强人口经济承载和资源优化配置等核心功能，健全城市可持续发展体制机制，提升城市发展质量；突出以城带乡、以工促农，健全城乡融合发展体制机制，促进城乡生产要素双向自由流动和公共资源合理配置；实现1亿非户籍人口在城市落户目标和国家新型城镇化规划圆满收官，为全面建成小康社会提供有力支撑

资料来源：国家发展改革委网站（https://www.ndrc.gov.cn）。

第二章

我国城镇化历程、成就及经验

一、城镇化发展历程

城镇化发展具有其自身的规律，根据1949年以来我们经济社会发展的实际情况和城镇化演进的阶段性点，将其划分为四个阶段（图2–1）。

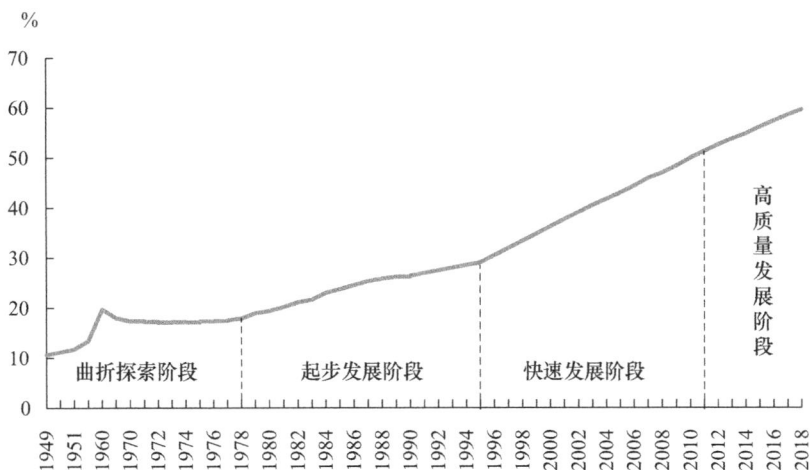

图2-1　1949年以来我国城镇化发展阶段划分

数据来源：《中国统计年鉴2018》和2018年国民经济和社会发展统计公报。

1. 1949—1978年：城镇化曲折探索阶段

1949年新中国成立之后，我国的政治、经济、文化由此步入了一个全新的历史阶段，城市的发展也开始了新的进程。一方面，随着解放战争的顺利结束，受战争影响的城市外流人员陆续返回，农村人口也开始向城市移动；另一方面，中央制定的"第一个五年发展计划"，特别是一大批工业项目的建设，带动了原有城市的复兴和新建城市的发展。在"二五"计划执行前期，大量农村人口流入城镇，但后期出现了城市建设和发展规模与城市自身承载力不匹配的情况。再加上自然灾害和经济建设的失误导致经济结构失衡，城市负担过重，全国经济发展面临严重困难。"文化大革命"期间，工农业生产停滞，国民经济长期徘徊不前。大批知青、知识分子上山下乡，城市人口大量迁出。同时，严格的户籍管理制度限制着农民进城转变身份。城镇化进程基本处于停滞状态，此时城镇人口增长主要是自然增长状态。1978年，我国城镇化率仅有17.92%。

2. 1979—1995年：城镇化起步发展阶段

党的十一届三中全会拉开农村经济体制改革序幕，约2000万"上山下乡"的知识青年和下放干部返城，高考制度的全面恢复和经济的迅速发展也使得一批农村学生进入城市。城乡集市贸易的开放以及乡镇企业的迅速崛起促进了小城镇的发展，大量农民进入城市和小城镇，出现了城镇暂住人口。1984年，中共中央和国务院决定进一步开放天津、上海、大连、秦皇岛、烟台、青岛、连云港、南通、宁波、温州、福州、广州、湛江和北海14个沿海港口城市。这一政策促进了城市经济的快速发展和市政基础设施建设，为城市化提供了内在动力。1989年12月颁布的《中华人民共和国城市规划法》强调"严格控制大城市规模，积极发展中等城市和小城市"方针。1993年10月，建设部召开全国村镇建设工作会议，确定了以小城镇建设为重点的村镇建设工作方针。此阶段，我国的城镇化建设表现为发展新城镇为主，乡镇企业和城市改革双重推动城镇化进程，沿海地区出现了大量新兴的小城镇。但小城镇聚集效益低、规模经济的弱点也开始暴露出来，分散布局的乡镇企业造成了污染治理的高成本，降低了资源配置效率。1995年，我国城镇化率上升到29.04%。

3. 1996—2011年：城镇化快速发展阶段

根据世界城镇化发展规律，30%~70%处于快速发展阶段。1996年，我国城镇化率达到30.48%，这标志着我国城镇化进入了一个快速发展的新时期。2002年10月，党的十六大报告首次明确提出"走中国特色城镇化道路"，并将大、中、小城市和小城镇协调发展作为其初步内涵。2007年党的十七大强调"走中国特色城镇化道路，按照统筹城乡、布局合理、节约土地、功能完善、以大带小的原则，促进大中小城市和小城镇协调发展"。2008年1月实施的《城乡规划法》删去了"控制大城市规模"的有关规定。2011年，我国城镇化率首次突破50%，达到了达到51.27%。这意味着城镇人口首次超过农村人口。

4. 2012年至今：城镇化高质量发展阶段

党的十八大以来，党中央国务院尤为重视城镇化问题，对城镇化的本质有了新的认识，提出实施"新型城镇化战略"，强调要走以城乡统筹、城乡一体、产城互动、节约集约、生态宜居、和谐发展的城镇化道路。2013年12月，中央城镇化工作会议提出要以人为本，推进以人为核心的城镇化，提高城镇人口素质和居民生活质量，把促进有能力在城镇稳定就业和生活的常住人口有序实现市民化作为首要任务。2014年，中共中央、国务院颁布《国家新型城镇化规划（2014—2020年）》，进一步明确了新型城镇化发展的指导思想、发展目标与主要任务。总体来看，2012年以来，城镇化的重点转向新型城镇化和高质量发展，随着多项政策的实施和新型城镇化的推进，城镇化率保持稳步上升。2018年我国常住人口城镇化率达到59.58%。

二、城镇化发展现状成就

近年来特别是党的十八大以来，各地区、各部门认真贯彻落实党中央、国务院关于城镇化发展和城市建设的系列重大决策部署，城镇化水平显著提高，城市人口快速增多，城市综合实力持续增强，城市发展质量明显改善，城市面貌焕然一新，城市居民生活水平不断提升，城市建设取得了举世瞩目的成就。

（一）城镇化水平显著提高

党的十一届三中全会开启了我国城镇化的新篇章，城镇化水平快速提高。1978年末，我国城镇常住人口仅有1.7亿人，常住人口城镇化率仅为17.92%。到2017年末，城镇常住人口已经达到8.1亿人，比1978年末增加6.4亿人，年均增加1644万人；常住人口城镇化率达到58.52%，比1978年末提高40.6个百分点，年均提高1.04个百分点（图2-2）。其中，农民工群体成为推动城镇化进程的主力军。2017年，全国农民工总量达到2.87亿人，约占常住城镇人口的35%，比2012年增加2391万人，年均增长率达到1.8%，全国户籍人口城镇化率从2012年的35.3%增长到2017年的42.35%，有8000多万农业转移人口成为城镇常住人口。

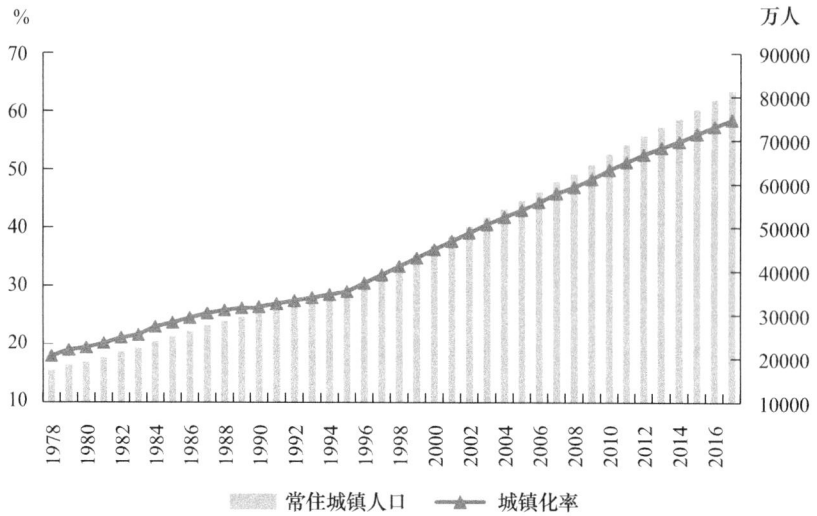

图2-2 1978年以来我国城镇化水平比较

数据来源：历年《中国统计年鉴》。

（二）城市发展呈现新格局

改革开放以来，我国城市数量显著增加。1978年末，全国城市共有193个。其中，地级以上城市101个、县级市92个；1990年末，全国城市共有467个。其中，地级以上城市188个、县级市279个；2017年末，全国城市达661个，比1978年末增加468个，其中地级以上城市298个，增加197个，县级市363个，增加271个（图2-3）。

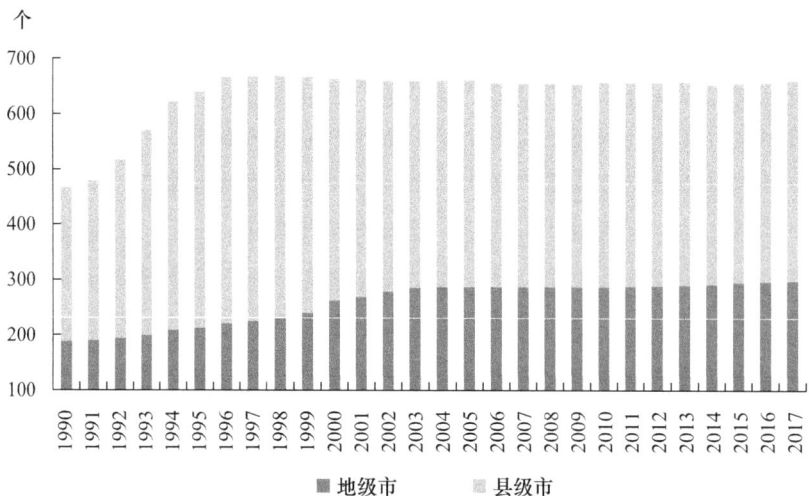

图2-3 1990年以来我国城市数量变化

数据来源：历年《中国统计年鉴》。

区域分布更加均衡。2000年以来，随着西部大开发、振兴东北地区等老工业基地、中部地区崛起等战略的实施和一系列区域经济发展规划的发布，我国城市区域发展的协调性明显增强，城市空间布局不断优化。其中，西部地区城市数量快速增长，2017年城市数量达到190个，占全国城市数量的比重由1978年的28.50%上升为28.74%（表2-1）。1997年重庆成为直辖市。2011年以来增加的11个地级市中，有9个位于西部地区。

我国四大区域城市数量变化比较　　　　　　表2-1

区域	1978年		2017年	
	数量（个）	占比（%）	数量（个）	占比（%）
东部地区	52	26.94	212	32.07
中部地区	56	29.02	170	25.72
西部地区	55	28.50	190	28.74
东北地区	30	15.54	89	13.46

数据来源：历年《中国统计年鉴》。

城市群不断发展壮大。20世纪90年代，城镇化进程加速，以市场为纽带，在东部沿海经济发达地区和中部一些省区的发达区域，一批城市群初步形成。进入21世纪，长江三角洲、珠江三角洲和京津冀城市群作为区域经济增长极，发展速度快，引领作用强，集聚效应明显，逐渐发展为世界级的城市群。党的十八大以来，我国高度重视城市群建设工作，城市群发展进入新阶段。中央城镇化工作会议、《国家新型城镇化规划（2014—2020年）》和中央城市工作会议都明确提出以城市群为主体形态，结合"一带一路"建设，推动大中小城市和小城镇协调发展。"十三五"规划纲要提出建设19个城市群的目标（图2-4）。其中，京津冀、长江三角洲、珠江三角洲三大城市群以5.2%的国土面积集聚了23%的人口，贡献了近40%的地区生产总值，成为带动我国经济快速增长和参与国际经济合作与竞争的主要平台。

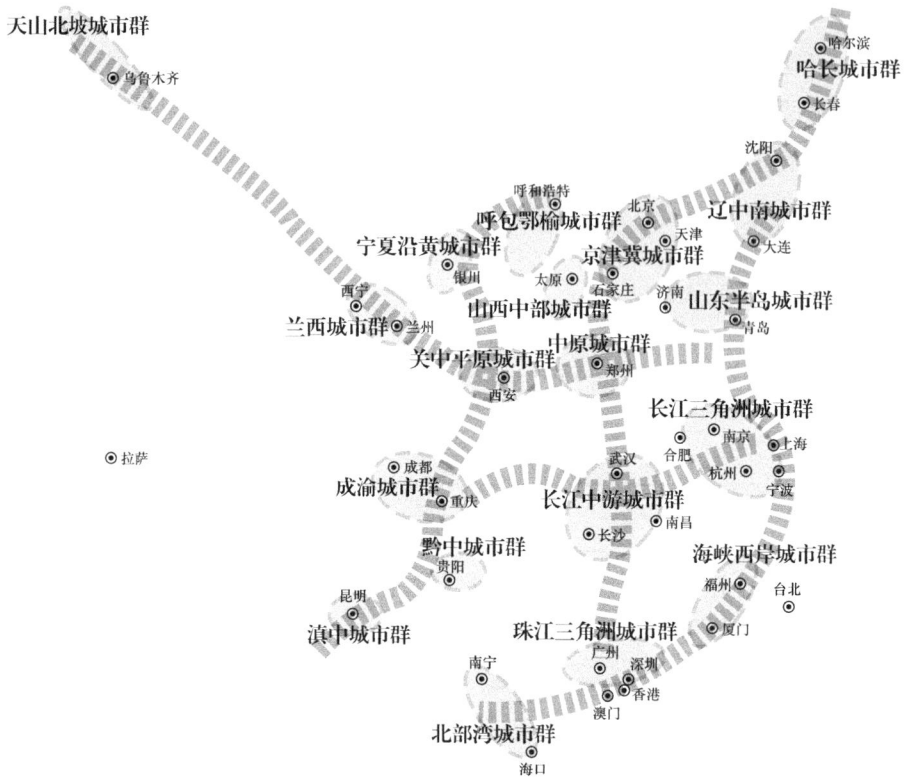

图2-4 城市群空间分布示意图

数据来源："十三五"规划纲要。

（三）城市经济"火车头"作用显著增强

改革开放以来，我国城市经济持续快速增长，发展质量不断提高，城市在促进国民经济和社会发展中的作用明显增强。城市经济总量大幅度增加，成为国民经济持续发展的重要力量。2017年，全国直辖市、省会城市与计划单列市共36个城市中，地区生产总值超过10000亿元的有12个，其中上海市地区生产总值达到30633亿元（图2-5）。

上述36个城市，其地区生产总值总和占全国的比重，由2001年的36.2%，上升到2017年的40.5%（图2-6）；地方一般公共预算收入，则由2001年的3377亿元，增长到2017年的40501亿元。

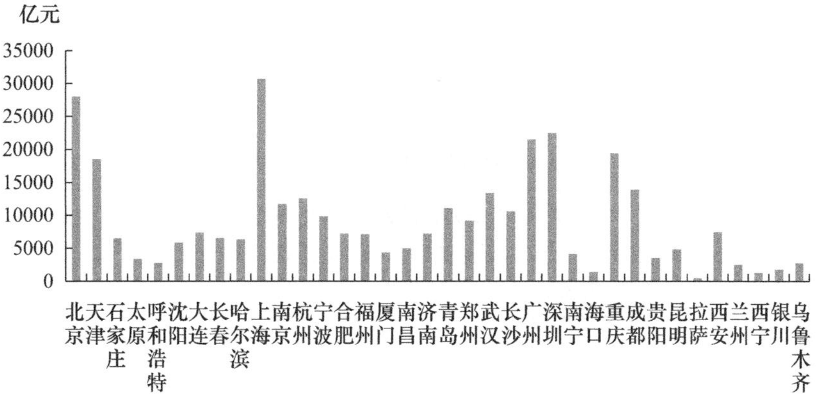

亿元

图2-5 2017年直辖市、省会城市与计划单列市地区生产总值比较

数据来源:《中国统计年鉴2018》。

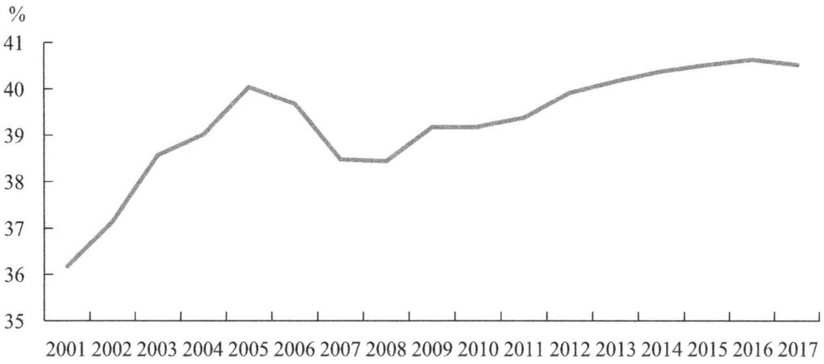

%

图2-6 2001年以来直辖市、省会城市与计划单列市地区生产总值总和占全国的比重

数据来源:历年《中国统计年鉴》。

(四)城市公共服务和基础设施明显改善

改革开放以来,随着城市经济的快速发展,城市建设力度不断加大,投入持续增加,基础设施明显改善,人民群众生活更加便利。以教育为例:2016年末,地级以上城市普通高等学校(全市)2533所,比1978年末增加2012所,在校学生(全市)2785万人,增加2718万人;中等职业学校4800所,增加2028所,在校学生768万人,增加700万人;普通中学22025所,增加8347所;普通小学45022所,增加6697所;各级各类学校教师567万人,增加372万人。

基础设施建设大大加强。基础设施建设力度不断加大。城市用水普及率由2004年的88.8%上升到2017年的98.3%;城市燃气普及率由2004年的81.5%上升到2017年的96.3%;每万人拥有公共交通车辆由2004年的8.41标台上升到2017年的14.73标台；人均城市道路面积由2004年10.34m²上升到2017年16.05m²；人均公园绿地面积由2004年7.39m²/人上升到2017年14.01m²/人（表2-2）。

2004年以来城市主要基础设施水平变化　　　　　　表2-2

年份	城市用水普及率（%）	城市燃气普及率（%）	每万人拥有公共交通车辆（标台）	人均城市道路面积（m²）	人均公园绿地面积（m²）	每万人拥有公共厕所（座）
2004	88.8	81.5	8.41	10.34	7.39	3.21
2005	91.1	82.1	8.62	10.92	7.89	3.2
2006	86.7	79.1	9.05	11.04	8.3	2.88
2007	93.8	87.4	10.23	11.43	8.98	3.04
2008	94.7	89.6	11.13	12.21	9.71	3.11
2009	96.1	91.4	11.12	12.79	10.66	3.15
2010	96.7	92	11.2	13.21	11.18	3.02
2011	97	92.4	11.81	13.75	11.8	2.95
2012	97.2	93.2	12.15	14.39	12.26	2.89
2013	97.6	94.3	12.78	14.87	12.64	2.83
2014	97.6	94.6	12.99	15.34	13.08	2.79
2015	98.1	95.3	13.29	15.6	13.35	2.75
2016	98.4	95.8	13.84	15.8	13.7	2.72
2017	98.3	96.3	14.73	16.05	14.01	2.77

注：人均和普及率指标按城区人口与暂住人口之和计算，以公安部门的户籍统计和暂住人口统计为准。

数据来源：历年《中国统计年鉴》。

（五）城市人民生活水平跃上新台阶

改革开放以来，党和政府坚持以人民为中心的发展理念，城镇就业持续增长，居民收入和支出明显增加，社会保障能力大幅度提高，人民群众获得感增强。1978年末，城镇就业人员占全国就业人员的比重为23.7%，2014年首次超过乡村，2017年末达到54.7%，全国城镇就业人员42462万人，比1978年末增加32948万人，增长3.5倍。就业扩大与经济增长的良性互动带动城镇居民收入实现跨越式增长，收入来源更趋多元化。2018年，城镇居民人均可支配收入39251元，非工资性收入占城镇居民可支配收入的比重明显扩大，达39.4%。其中，经营净收入所占比重为11.3%，财产净收入为10.3%，转移净收入为17.8%（图2-7）。

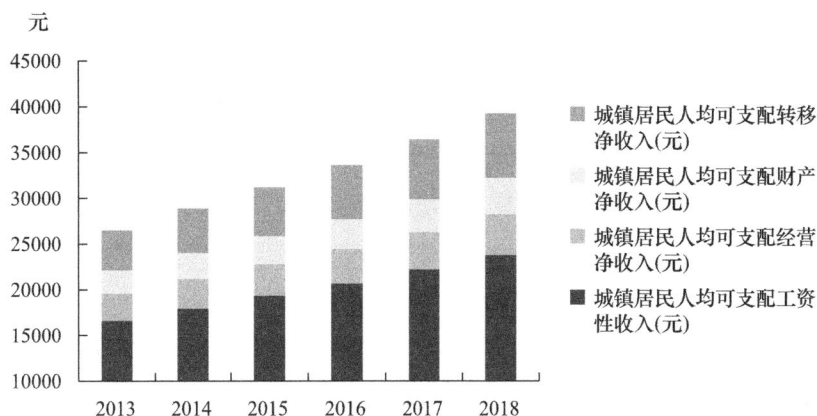

图2-7　党的十八大以来城镇居民可支配收入组成比较

数据来源：历年《中国统计年鉴》。

三、城镇化发展主要经验

70年来，我国城镇化发展和城市建设取得了巨大成就。2019年末，城市个数达到684个，其中地级以上城市297个、县级市387个，分别比1949年末增加232个和320个；城市经济"火车头"作用显著增强，直辖市、省会城市与计划单列市等在内的36个城市，地区生产总值之和占全国的比重，由2001年的36.2%，上升到2019年的38.8%；空间布局不断优化，以城市群为主体的"两横三纵"城镇化格局基本形成；城市公共服务和基础设施水平不断提升，城市居民收入持续增长，获得感和幸福感增强。城镇化过程中尽管出现市民化进程滞后等问题，但这都是发展中的问题，并没有陷入发展中大国通常出现的"过度城市化"困境。实践证明，中国对城镇化的国家治理，具有显著的制度优势，并形成"中国经验"。

（一）坚持党的领导，牢牢夯实城镇化政治保障

党的领导是中国特色社会主义最本质的特征，也是中国特色社会主义制度的最大优势。总结新中国成立70年来城镇化发展优势，最根本的就是坚定不移地坚持党的领导，坚持党的基本路线不动摇。70年来，党始终总揽城镇化全局，把方向、谋

大局、定政策、促改革。正是在党的坚强领导下，全国各族人民团结奋进、砥砺前行，从农业人口到城镇居民，从农业经济到服务经济，从城镇稀疏到城市群连绵，从乡土中国到城市中国，创造了人类城市发展的奇迹，也为世界城镇化作出重大贡献。党和国家历代领导集体都十分重视城镇化和城市发展。在新中国成立前夕召开的党的七届二中全会上，毛泽东同志指出："从现在起，工作重心必须放在城市，必须用极大的努力去学会管理城市和建设城市"。1992年邓小平同志在南方谈话中，提出农业和工业、农村和城市，互相影响、互相促进。党的十八大以来，以习近平同志为核心的党中央高度重视新型城镇化工作，2013年召开了改革开放以来第一次中央城镇化工作会议。2015年在中央城市工作会议上，习近平总书记发表重要讲话，为新型城镇化发展提供了基本遵循、指明了发展方向。党的十九大报告提出要坚定不移贯彻新发展理念，以城市群为主体构建大中小城市和小城镇协调发展的城镇格局，并要求加快农业转移人口市民化，开启新时代城镇化高质量发展新征程。因此，党的领导也是我国城镇化发展的最大优势。

（二）坚持以人民为中心，精准把握城镇化本质

城市让生活更美好，人民进城也是为了追求更好的生活。70年来，党和国家始终以人民为中心，把人民幸福作为城镇化的根本价值取向，坚持人民城市为人民。在新中国成立初期的1951年，《中共中央政治局扩大会议决议要点》就提出要恢复和发展生产，改善城市人民生活；1954年召开的第一次城市建设会议，就明确了城市建设的目标是为生产、为劳动人民服务；1962年下发的《关于当前城市工作若干问题的指示》，要求努力保证职工生活稳定在现在的水平上并且力争有所改善；1978年召开的第三次全国城市工作会议，要求正确执行"人民城市人民建"方针，把有限的城市建设资金用到人民最急需的、与生产和人民生活关系密切的方面。党的十八大以来，以习近平同志为核心的党中央高度重视城镇化工作，把增进人民福祉、促进人的全面发展作为一切工作的出发点和落脚点。2013年中央城镇化工作会议提出要以人为本，推进以人为核心的城镇化。2015年12月，习近平总书记在中央城市工作会议上指出，做好城市工作，要顺应人民群众新期待，以人民为中心，坚持人民城市为人民。2016年2月出台的《中共中央 国务院关于进一步加强城市规划建设管理工作的若干意见》，提出让人民生活更美好，是城市规划建设管理的总体目标。党的十九大提出坚持以人民为中心，把新时代人民对美好生活的向往作为奋斗目标，并要求在各项工作中全面准确贯彻落实。2019年8月，习近平总书记在甘肃考察时强调，城市是人民的，城市建设要坚持以人民为中心的发展理念；2019年

11月，习近平总书记在上海考察时强调，要聚焦人民群众的需求。城镇化坚持以人民为中心,已成为实现共同富裕的重要手段。

（三）坚持改革创新，增强城镇化发展内在动力

改革创新是城镇化的核心动力，也是70年来城镇化发展的主线。由于城镇化涉及城乡人口迁移，因此户籍制度改革对城镇化的推动尤为明显。在新中国成立初期，全国城市户口登记制度逐步统一，并允许公民户口在城乡自由迁移[①]，大量农民进入城市，城镇化率显著提升。改革开放以来，城乡二元结构逐步打破，户籍限制有序放开。2011年《国务院办公厅关于积极稳妥推进户籍管理制度改革的通知》（国办发〔2011〕9号）提出：要引导农业转移人口向中小城市和建制镇有序转移。大量农民在小城镇落户的同时，也不断向城市集聚，并成为常住人口，因而常住人口城镇化率快速增长。党的十八大以来，深化户籍改革成为推进新型城镇化的首要突破口。2014年7月国务院出台《关于进一步推进户籍制度改革的意见》，提出有序推进农业转移人口市民化，加快户籍改革，实行不同规模城市差别化落户政策。自2014年起，国家发展改革委会同有关部门分三批将2个省和246个城市（镇）列为国家新型城镇化综合试点，率先探索城镇化重点领域和关键环节制度改革。目前，前两批试点任务已基本完成，取得阶段性成果，其中一些典型经验已通过政策性文件在全国范围推开（表2-3）。通过对城镇化相关制度的改革创新、与时俱进，不断增强国家治理的制度优势。

国家新型城镇化综合试点经验　　　　　　　　　　　表2-3

批次	要点	主要做法
第一批	加快农业转移人口市民化	持续降低大城市、特大城市和超大城市落户门槛；探索大学生在特大城市和超大城市零门槛落户；探索在特大城市和超大城市不同区域差异化落户；允许租赁房屋的常住人口在城市公共户口落户；深化"人钱挂钩、钱随人走"；深化"人地挂钩、以人定地"；改善农业转移人口随迁子女教育；保障农业转移人口住房需求
	深化农村产权制度改革	明晰农村各类资产权属；建立统一规范的农村产权流转市场；用好用活农村集体经营性建设用地；完善农民宅基地和农房政策；探索农民合法性权益自愿有偿退出

[①]　1951年7月，公安部公布了《城市户口管理暂行条例》，统一了全国城市的户口登记制度，并提出公民户口在城乡自由迁移；1954年9月，我国颁布实施第一部宪法，规定公民有迁徙和居住的自由。

续表

批次	要点	主要做法
第一批	健全城镇化投融资机制	防范化解地方政府债务风险；推动地方国企更好地服务于城镇化；合理设立城镇化政府引导基金；促进实体经济与金融联动发展
	加快引导城市要素下乡	引导工商资本下乡；拓展农村融资渠道；搭建科技人才下乡平台
	改革创新行政管理体制	推进市辖经济功能区和行政区合署办公；推动机构精简和职能相近部门合并；优化经济发达镇行政管理体制；深化行政审批"最多跑一次"改革
第二批	加快农业转移人口市民化	进一步放开放宽城市落户限制；改善城镇基本公共服务保障；推进农民工市民化效率变革；引导农民自愿有偿退出农村合法权益
	加快推动城市高质量发展	提高中心城市辐射带动力；提高城市精细化治理水平；打造城市产业升级新支点；创新金融服务实体经济方式
	加快推进城乡融合发展	探索外来人才入乡发展机制；推动农村集体经营性建设用地入市；完善乡村金融服务体系；搭建城乡产业协同发展平台

资料来源：国家发展改革委网站（www.ndrc.gov.cn）。

（四）坚持区域统筹，优化城镇化空间布局

70年来，基于我国区域差距大的基本国情，城镇化始终坚持区域统筹发展，不断优化空间布局。1956年毛泽东同志在《论十大关系》中强调，沿海与内地在工业布局上要均衡发展。"一五"期间，中央政府根据区域均衡发展、资源分布、国防安全等建设原则，将156项工程主要配置在东北地区、中部地区和西部地区[①]，并明确城市建设任务不是发展沿海大城市，而是要在内地发展中小城市。在"三线建设"期间，随着工业向内地迁移，中西部地区以迁移工业拉动的工业型城镇快速发展，新建扩建80个多工业城市、中心城市以及100余个小城镇。改革开放初期，围绕"差异化、有序化、梯级化"发展思想，我国逐步形成"经济特区—沿海开放城市—沿海经济开放区—内地"的对外开放格局，特别是1992年长江沿岸城市、边境市（县）和内陆地区省会（首府）城市实行沿海开放城市的政策，极大地促进了内陆城市的发展。2000年以来，随着西部大开发、东北振兴和中部崛起等一系列发展战略实施，特别是党的十八大以来"一带一路"建设、京津冀协同发展、长江经济带发

---

① 按照当时沿海与内地的划分，150个施工项目中内地安排了118项，占全部项目的79%。

展、粤港澳大湾区建设、长三角区域一体化发展、黄河流域生态保护和高质量发展
等战略的推进，我国城镇化发展总体战略布局不断丰富。坚持区域统筹，充分调动
了国家治理城镇化过程中各方面积极性，并体现出集中力量办大事的显著优势。

第三章

我国城镇化速度综合评价

　　学术界对我国城镇化速度一直存在"快慢"之争，既有统计数据口径的影响，也因所处的视角不同。城镇化进程具有其自身的发展规律，科学全面地认识我国城镇化速度，需要充分理解我国的基本国情和发展的阶段性特征，同时也需要从不同空间尺度去思考。

一、全国层面特征

　　从我国城镇化进程来看，1950—2018年期间，我国城镇化率年均增长约0.96个百分点（图3-1）。改革开放以来全国城镇化速度较快，1979—2018年城镇化率年均增长约1.04个百分点，高于同期世界城镇化速度约0.6个百分点；特别是1996年城镇化率突破30%，进入城镇化加速阶段以来，每年增幅均超过1个百分点，平均增幅达到1.33个百分点。因此，我国城镇化率从20%提高到40%，仅用了22年（1981—2003年），而英国经历了120年、法国100年、德国80年、美国40年、苏联30年、日本30年。从前文所划分的四个阶段具体来看，1950—1978年城镇曲折探索阶段，年均增长约0.52个百分点；1979—1995年城镇化起步发展阶段，年均增长约0.65个百分点；1996—2011年城镇化快速发展阶段，年均增长约1.39个百分点；2012年至今城镇化高质量发展阶段，年均增长约1.19个百分点。由此可见，我国城镇化速度存在明显的阶段性特征，即在曲折探索阶段，由于政治和自然灾害等多重因素，城镇化速度较为缓慢，甚至出现降低的特殊时期；起步发展阶段，城镇化速度明显提升，既有改革开放的重大政策实施，也是城市经济社会发展的必然结果；快速发展阶段，城镇化一系列国家战略的实施，城镇化速度明显偏高；高质量发展阶段，则贯彻落实党中央国务院有关新型城镇化战略，以人的城镇化为核心，以城镇化质量提升为关键，追求更高质量的城镇化发展，此阶段城镇化速度与前一阶段相比，呈现明显回落的态势。

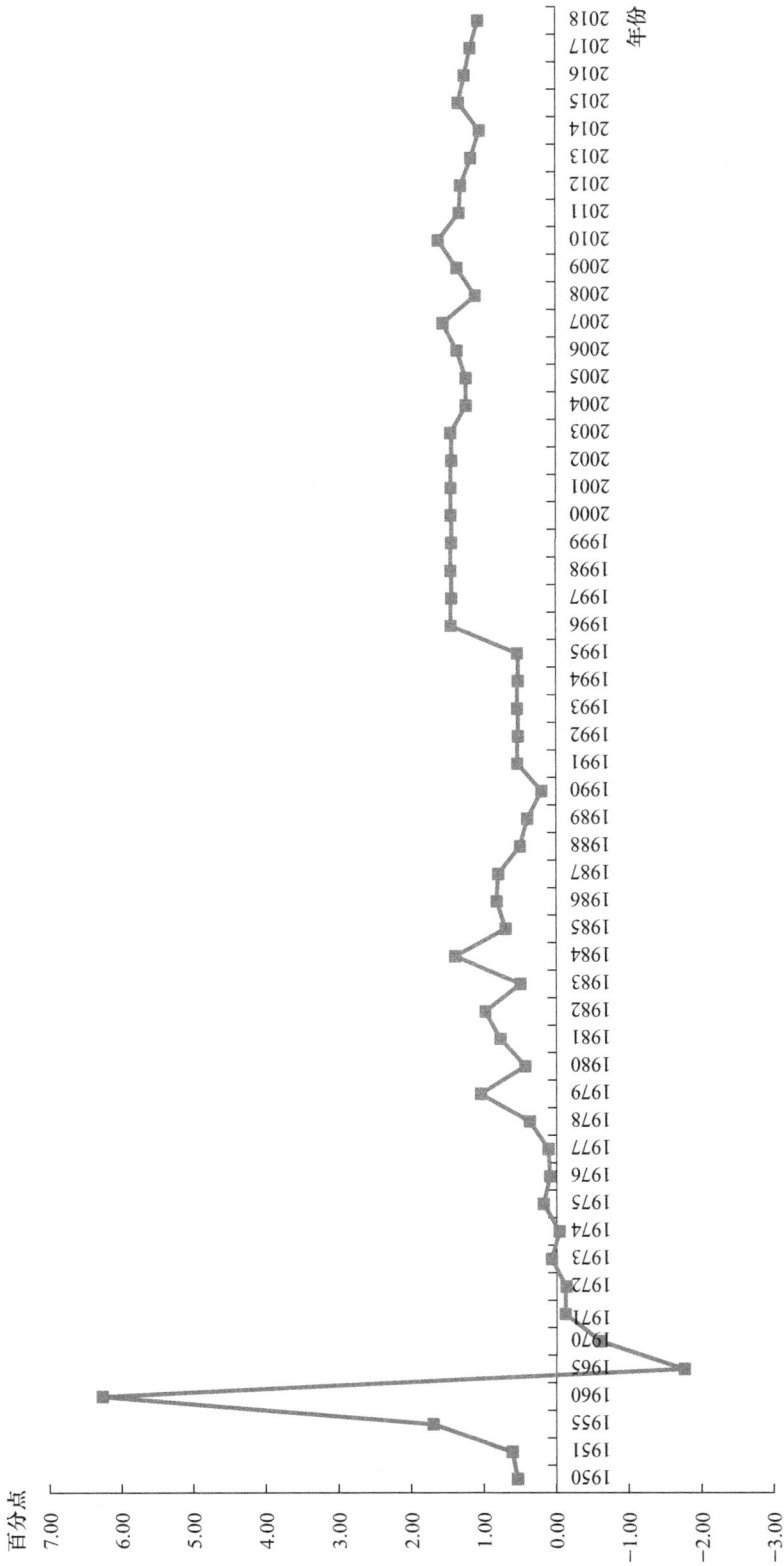

图3-1　1950—2018年我国城镇化率增加幅度

资料来源：《中国统计年鉴2018》和2018年国民经济和社会发展统计公报。

二、省级层面特征

2000年以来，特别是自2006年国家"十一五"规划实施以来，国家层面出台了一系列区域发展战略，我国区域经济快速发展，各地区城镇化进程进一步加快，不同地区城镇化进程速度差距明显（表3-1），不同地区、不同年份其城镇化速度也存在明显差距。

2006—2017年各地区城镇化率增加幅度（单位：%）   表3-1

地区	2006年	2007年	2008年	2009年	2010年	2011年	2012年	2013年	2014年	2015年	2016年	2017年
全国	1.35	1.55	1.10	1.35	1.61	1.32	1.30	1.16	1.04	1.33	1.25	1.17
北京	0.71	0.17	0.40	0.10	0.96	0.24	0.00	0.10	0.05	0.15	0.00	0.00
天津	0.62	0.58	0.92	0.78	1.54	0.95	1.05	0.46	0.26	0.37	0.29	0.00
河北	1.07	1.49	1.65	1.84	0.75	1.10	1.20	1.32	1.21	2.00	1.99	1.69
山西	0.90	1.02	1.08	0.88	2.06	1.63	1.58	1.30	1.23	1.24	1.18	1.13
内蒙古	1.44	1.51	1.56	1.69	2.10	1.12	1.12	0.97	0.80	0.79	0.89	0.83
辽宁	0.29	0.21	0.85	0.30	1.75	1.95	1.60	0.80	0.60	0.30	0.02	0.12
吉林	0.45	0.19	0.05	0.11	0.03	0.05	0.30	0.50	0.61	0.50	0.66	0.68
黑龙江	0.40	0.40	1.50	0.10	0.16	0.84	0.40	0.50	0.61	0.79	0.40	0.20
上海	-0.39	0.00	-0.10	0.00	0.70	0.00	0.00	0.30	0.00	-2.00	0.30	-0.20
江苏	1.40	1.30	1.10	1.30	4.98	1.32	1.10	1.11	1.10	1.31	1.20	1.04
浙江	0.48	0.70	0.40	0.30	3.72	0.68	0.90	0.80	0.87	0.93	1.20	1.00
安徽	1.60	1.60	1.80	1.60	0.91	1.79	1.70	1.36	1.29	1.35	1.49	1.50
福建	1.00	1.00	1.60	2.10	2.00	1.00	1.50	1.17	1.03	0.80	1.00	1.20
江西	1.68	1.12	1.56	1.82	0.88	1.64	1.81	1.36	1.35	1.40	1.48	1.50
山东	1.10	0.65	0.85	0.72	1.38	1.25	1.48	1.32	1.26	2.00	2.01	1.56
河南	1.82	1.87	1.69	1.67	0.80	2.07	1.86	1.37	1.40	1.65	1.65	1.66
湖北	0.60	0.50	0.90	0.80	3.70	2.13	1.67	1.01	1.16	1.18	1.25	1.20
湖南	1.71	1.74	1.70	1.05	0.10	1.80	1.55	1.31	1.32	1.61	1.86	1.87
广东	2.32	0.14	0.23	0.03	2.78	0.32	0.90	0.36	0.24	0.71	0.49	0.65
广西	1.02	1.60	1.92	1.04	0.80	1.80	1.73	1.28	1.20	1.05	1.02	1.13
海南	0.90	1.10	0.80	1.13	0.67	0.70	1.10	1.14	1.02	1.36	1.66	1.26

续表

地区	2006年	2007年	2008年	2009年	2010年	2011年	2012年	2013年	2014年	2015年	2016年	2017年
重庆	1.50	1.60	1.69	1.60	1.43	2.00	1.96	1.36	1.26	1.34	1.66	1.48
四川	1.30	1.30	1.80	1.30	1.48	1.65	1.70	1.37	1.40	1.37	1.54	1.58
贵州	0.59	0.78	0.87	0.78	3.92	1.15	1.45	1.42	2.18	2.00	2.14	1.87
云南	1.00	1.10	1.40	1.00	0.70	2.10	2.51	1.17	1.25	1.60	1.70	1.66
西藏	0.28	0.37	0.40	0.40	0.37	0.04	0.04	0.96	2.04	1.99	1.82	1.33
陕西	1.89	1.50	1.48	1.40	2.26	1.54	2.72	1.29	1.26	1.35	1.42	1.45
甘肃	1.07	1.16	1.31	1.33	1.23	1.03	1.60	1.38	1.55	1.51	1.50	1.70
青海	0.01	0.81	0.79	1.04	2.82	1.50	1.22	1.07	1.27	0.52	1.33	1.44
宁夏	0.72	1.02	0.96	1.12	1.80	1.92	0.85	1.34	1.60	1.62	1.06	1.69
新疆	0.79	1.21	0.49	0.21	3.16	0.53	0.44	0.49	1.60	1.16	1.12	1.03

资料来源：历年《中国统计年鉴》。

2006—2017年期间，全国城镇化率增加15.53个百分点，从各地区来看，河北、江苏、安徽、江西、山东、河南、湖北、湖南、广西、重庆、四川、贵州、云南、陕西、甘肃和宁夏等地区城镇化率增幅高于全国平均水平（图3–2），陕西增幅最高，达到19.56个百分点。其中江苏属于沿海发达地区和外来人口集聚地区，随着外来人口的不断增加，常住人口城镇化率显著提升；安徽、江西、河南、湖北、湖南均属于中部地区，这与2006年颁布实施的《中共中央 国务院关于促进中部地区崛起的若干意见》（中发〔2006〕10号）息息相关；广西、重庆、四川、贵州、云南、陕西、甘肃和宁夏均属西部地区，一方面由于其城镇化基础薄弱、城镇化水平相对较低，容易出现"低基数下的快速增长"；另一方面也得益于西部大开发战略，以及先后出台的"广西北部湾经济区发展规划""关中—天水经济区发展规划""成渝经济区区域规划""呼包银榆经济区发展规划"等国家战略也极大地促进了区域城镇化快速发展。增幅则低于全国平均水平的地区，主要涉及"两头"：一是城镇化水平较高的地区，如上海、北京、天津和东北地区；二是城市化率较低的地区，主要为西部地区的西藏、新疆和青海，其中西藏2017年城镇化率也仅有30.89%，为全国最低。西藏地区城镇化水平较低，其城镇化发展速度也相对较低，这与其特殊自然地理条件有关。尤其值得注意的是，上海城镇化率总体呈现负增长，即城镇化率由2005年的89.09%下降到2017年的87.7%，其中2006年、2008年、2015年和2017年均出现城镇化率降低的情况。究其原因，2006年、2008年数据系抽样调查推算所得相关，数据统计口径发生调整，导致2006年上海市乡村人口比2005年增长11万人，2008年乡村人口比2007年增长5万人，因而城镇化率呈现下降。2015年上海市常住人口城镇化率87.6%减少2个百分点，主要是由于上海市城乡一体化和郊区化发展，分类推进镇的发展、完善镇村规划体系，城乡基本公共服务均等化水平不断提高，郊区基础设施建设进度切实加快，郊区产业转型升级进展良好，各项农村改革稳步推进，中心城区人口向郊区农村迁移的同时，由于郊区农村土地和农民潜在收益的增加，农民放弃土地进城的期望降低，农村城镇化的速度减缓。

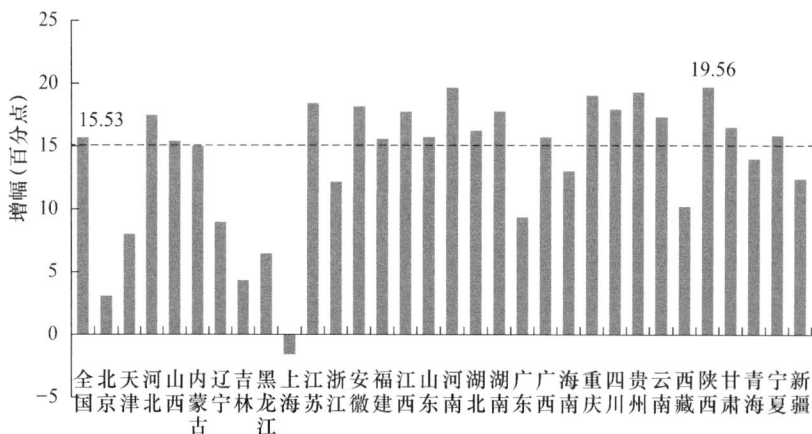

图3-2　2017年各省市区城镇化率相较2006年增幅比较

数据来源：历年《中国统计年鉴》。

从同一年份来看，各地区城镇化速度也存在明显差异。2006年，城镇化速度最快的是广东，达到2.32个百分点；2007年为河南最快，达到1.87个百分点；2008年为广西最快，达到1.90个百分点；2009年为福建最快，达到2.10个百分点；2010年为江苏最快，达到4.98个百分点；2011年为湖北最快，达到2.13个百分点；2012年为陕西最快，达到2.72个百分点；2013年为贵州最快，达到1.42个百分点；2014年为贵州最快，达到2.18个百分点；2015年为贵州、山东与河北并列最快，均达到2个百分点；2016年为贵州最快，达到2.14个百分点；2017年为贵州和湖南并列最快，达到1.87个百分点。

同一地区不同年份城镇化速度也存在明显差距。如2006—2017年期间，天津仅有2010年和2012年城镇化率增幅超过1个百分点；辽宁仅有2010年、2011年和2012年这三年城镇化率增幅超过1个百分点；广东2006年和2010年城镇化率增幅超过2个百分点，其余年份均在1个百分点以下。城镇化速度的无序性，很大程度源于城镇化相关政策如人口统计口径的调整，存在较大的不确定性，如按照传统常规的方式去预测，则容易出现较大误差。

从城镇化速度的空间分布特征来看，存在一定的空间相关性。2006年，城镇化速度较快地区主要集中在广东以及我国中部，以及与中部相邻的四川、重庆等西部地区。2010年城镇化速度较快地区主要为江浙、湖北和四川，而西藏、黑龙江等地区则相对较慢。2015年城镇化速度较快的则位于环渤海的山东、河北，中部的河南、湖南，以及云南、西藏、宁夏等西部地区。2017年城镇化速度较快地区主要位于华北的河南、河北，中部的湖南，西南的云贵地区，以及西部的宁夏甘肃地区；北京、天津和上海三大直辖市城镇化速度相对缓慢，其主要原因为三地城镇化水平较高，如何提高城镇化质量成为当务之急。

三、城镇化存在的主要问题

在肯定城镇化取得重大成就的同时，我们也需要客观认识到在城镇化快速发展过程中，也存在一些必须高度重视并着力解决的突出矛盾和问题。

（一）城镇化质量不高

众所周知，目前我国城镇化率以城镇常住人口为统计口径核算，而2亿多农民工及其随迁家属，也被统计为城镇人口，但他们未能或仅部分在教育、就业、医疗、养老、保障性住房等方面享受城镇居民的基本公共服务，因此与实际水平相比，城镇化率明显偏高，且常住人口城镇化率与户籍人口城镇化率之间差距呈进一步拉大的趋势，根据《国家新型城镇化规划（2014—2020年）》，2012年两者相差约17.3个百分点（图3-3）。2017年，全国农民工总量达到2.87亿人，约占常住城镇人口的35%，比2012年增加2391万人，年均增长率达到1.8%，全国户籍人口城镇化率从2012年的35.3%增长到2017年的42.35%，有8000多万农业转移人口成为城镇居民。

2013年以来，随着新型城镇化战略的推进，特别是《国家新型城镇化规划（2014—2020年）》的深入实施，常住人口城镇化率与户籍人口城镇化率差距有所缩小，2018年两者差距减小为16.21个百分点（图3-4），比2012年下降1.09个百分点。《国家新型城镇化规划（2014—2020年）》明确提出，到2020年常住人口城镇化率达到60%左右，户籍人口城镇化率达到45%左右，户籍人口城镇化率与常住人口城镇化率差距缩小2个百分点左右。2018年底，户籍人口城镇化率距离45%的目标尚有1.63个百分点差距，距离户籍人口城镇化率与常住人口城镇化率差距缩小2个百分点左右的目标，也存在0.91个百分点差距。近年来，尽管特大城市对人口增长调控进一步加强，但短期内外来人口向大城市、特大城市集聚态势难以改变，如何加快推进户籍制度改革，进一步缩小户籍人口城镇化率与常住人口城镇化率差距，任务十分艰巨。

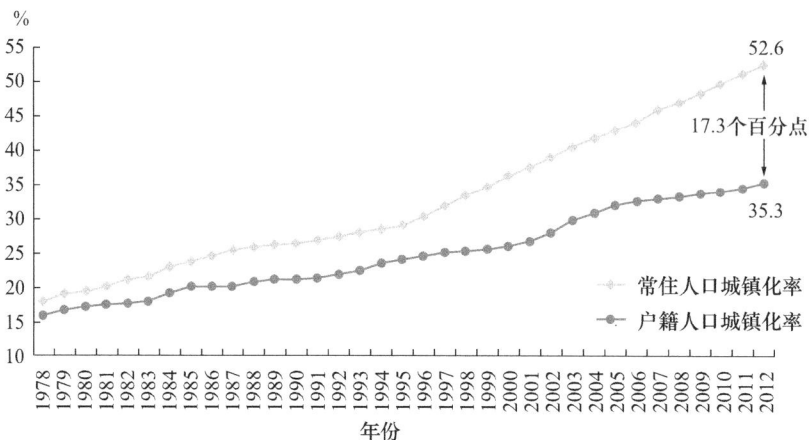

图3-3　1978—2012年我国常住人口城镇化率与户籍人口城镇化率差距
资料来源：《国家新型城镇化规划（2014—2020年）》。

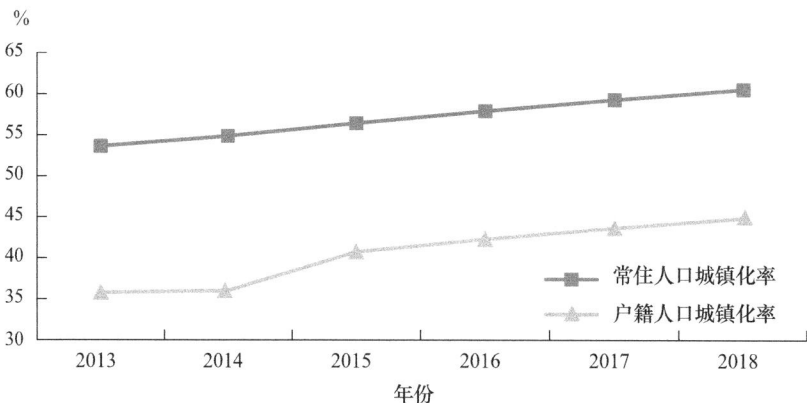

图3-4　2013—2018年我国常住人口城镇化率与户籍人口城镇化率差距
资料来源：相关统计公报。

不仅大城市、特大城市外来人口大量农业转移人口难以融入城市社会，市民化进程滞后，城镇化水平虚高，在东部沿海地区，中小城镇和小城镇也面临外来人口众多、公共服务滞后、城镇化质量不高等突出问题。如昆山市作为全国百强县之首和苏南现代化建设示范区之一，自1989年撤县设市特别是2000年以来，大量的外来劳动力流入昆山，人口城镇化率快速增长。2017年全市年末总人口约为240万人，户籍总人口仅有86.27万人，"人口倒挂"现象明显，其常住人口城镇化率达到90%，若扣除"半城镇化"状态下的外来人口数量，2017年昆山户籍人口城镇化率仅有74%左右。

党的十八大报告提出，要推动工业化和城镇化良性互动、城镇化和农业现代化相互协调，有序推进农业转移人口市民化，努力实行城镇基本公共服务常住人口全覆盖。因此，有序推进农民工市民化，对于消除"半城镇化"、提升城镇化质量，促进工业化、信息化、城镇化和农业现代化同步发展具有重要意义。

目前，我国农民工市民化尚处于职业非农化、人口向城镇集聚的初级发展阶段，2.2亿在城市工作半年以上的农民工及其家属，并没有在城市教育、医疗、社会保障、保障性住房等方面享受与城镇居民平等的公共服务，并未成为真正意义上的城市居民。同时，农民工流动模式由过去的单身、"候鸟式"流动向"家庭式""家族式""迁徙式"流动转变，并且在同一城市就业和居住趋于稳定。特别是占主流的新生代农民工市民化意愿显著增强，渴望市民身份认同、待遇平等及融入城市。从实践来看，各地区积极探索农民工市民化路径，先后形成了以上海为代表的"居住证+服务年限"、以广州为代表的"居住证+积分制"等市民化模式，有序推进农民工向新市民的根本性转变。从当前农民工市民化存在的突出问题来看，主要存在以下几个方面问题：

一是农民工享受公共服务范围有限，保障水平偏低。受供给能力和"二元结构"的制约，目前城镇基本公共服务尚未完全覆盖农民工，农民工享受的基本公共服务水平低于城市居民。就业方面，农民工免费接受技能培训的范围有限，再就业保障制度也未覆盖到农民工。子女教育方面，部分地区与"两为主"（公立校为主，流入地为主）的要求还有较大差距，农民工子女进入公办学校仍受到不同程度的门槛限制。卫生方面，社区卫生服务中心的多项医疗保健服务尚未覆盖到农民工。医疗方面，由于新农合的报销限制、农民工参加职工基本医疗保险的比例不高，以及农民工自身经济状况等原因，广大农民工难以获得城市正规医院的医疗服务，患病后自我医疗的比例高。社会保险方面，由于农民工社会保险缴费水平相对于其收入较高，同时农民工流动性相对较大，城乡社会保险间跨制度转移办法尚未出台，影响了农民工参保积极性。在住房保障方面，公租房、廉租房、经济适用房等保障性住房大多未对外来农民工开放，农民工住房保障体系尚处于探索阶段，没有完整的制度安排。

二是制度障碍制约农民工市民化进程，市民化门槛较高。首先，我国所实现的户籍制度与享受各种社会福利有直接联系，户籍制度依然是影响农民工享有基本公共服务的制度性障碍。如农民工子女在当地接受义务教育后参加升学考试依然受户籍制度制约；部分社会保险尚未全国统筹，养老保险及医疗保险的异地转移制度仍需进一步完善。近年来，各级政府积极推进户籍制度改革，但跨行政区的流动人口户籍放开有限，部分地方的户籍制度改革并没有触及嵌入其中的福利制度，或者设置的门槛较高，如需要购房、投资等，农民工难以落户。同时，引导农民工到中小城市、小城镇落户的政策吸引力不高，农民工进城落户、实现市民化进程总体缓慢。其次，农村财产处置市场化机制不健全，影响农民工市民化的能力和决心。现行土地制度下，农民工难以自行处理承包地、宅基地和集体经济权益，无法将其转化为进城发展的资金，削弱了就业安居能力。因此，农民工在进城后没有享受到市民的同等待遇，无法在城里扎根，便将土地作为保障的依靠，不愿意放弃属于自己的土地，形成农村城镇"两栖"状态。对于新生代农民工，由于"回不去也留不下"，逐渐成为城镇中的边缘群体。

三是农民工市民化成本较高，流入地政府压力较大。由于现行分税制体制，财政转移支付仍按户籍人口划拨，尚未实现"钱随人走""钱随事走"，因此目前农民工市民化成本主要由流入地政府承担。流入地政府出于自身财政属性、财政状况及维护城市市民利益的考虑，在农民工市民化的成本投入上压力较大，也缺乏很强的动力。相关测算表明，仅解决社会保障和公共服务，农民工市民化成本至少人均10万元，对于农民工流入地特别是长三角、珠三角等农民工相对集聚地区而言，当地政府财政压力较大，短时间内难以承受。同时，由于仍依据户籍人口对农民工流出地进行财政补助，容易出现资源浪费和设施重复建设等问题，形成公共服务资源"流入地稀缺、流出地闲置"等现象，进一步影响流入地政府推进农民工市民化的意愿。

四是农民工与流入地市民融合问题凸显，包容性社会建设亟须加强。农民工长期处于城镇的边缘，与当地市民在思想观念、文化水平、生活习惯等方面存在较大差异，难以融入城市主流社会，自身的合法权益难以得到保障，甚至在社会管理上被视为影响扰乱城市社会治安而需要重点防范的"问题群体""敏感群体"。"边缘人"的尴尬身份和悬空心理，容易造成农民工对城市社会怀有疏离感和不满情绪，成为社会发展的不稳定群体。特别是在农民工集聚地区，往往出现农民工数量多于甚至数倍于当地市民，对当地经济社会文化发展产生了重大影响，传统的社会管理模式也面临着较为严峻的考验。

（二）"土地城镇化"快于人口城镇化

随着城镇化进程的推进，城市用地规模不断扩大，特别是一些地方过度依赖土地出让收入和土地抵押融资推进城镇建设，热衷于新城、新区和开发区建设，导致城市建设用地范围不断突破城市总体规划。如北京市2004年编制的城市总体规划提出：到2020年，北京市建设用地规模控制在1650km²，中心城城镇建设用地规模控制在778km²。实际上，2010年全市建设用地面积达到2483km²，中心城城镇建设用地规模则达到823km²，分别超过2020年目标数833km²、45km²，中心城区空间整体呈现由五环向六环"摊大饼"式蔓延趋势。

2005—2016年，全国地级以上城市的人口规模年均增长速度为3.18%，建成区面积的年增长速度为4.78%。从历年增速来看，仅2008年由于受国际金融危机影响，城市建设开发速度有所下降，因而建成区面积增长速度低于常住城镇人口增长速度（图3–5）。从不同地区情况来看，2005—2013年期间，全国仅有北京、上海、天津与河北建成区面积增幅低于常住城镇人口增幅，其中西藏、云南、贵州、重庆与福建建成区面积增长幅度高于常住城镇人口增长幅度超过50个百分点。部分城市过度依赖土地的出让收入和土地抵押融资行为来推动城镇化进程，进一步加剧了土地的粗放利用，大量的耕地资源被浪费，这不仅对国家的粮食安全和生态安全产生了威胁，同时也加大了地方政府的债务性金融风险。此外，部分城市在城镇化过程中大量地低价征地，导致土地补偿的资金并不能解决农村人口就业和社保的问题，从而引致各种社会问题。

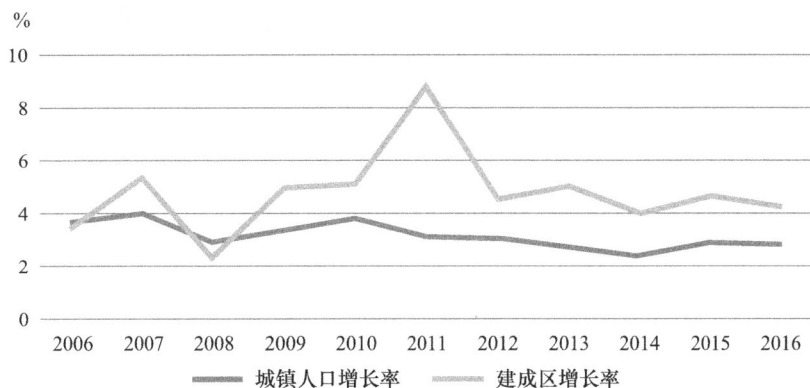

图3-5　2006—2016年我国建成区面积增长与城镇人口增长比较
资料来源：2006—2017年《中国统计年鉴》。

（三）城镇空间分布与规模结构不合理

我国城镇化水平区域差距明显，西部地区城镇化发展总体水平较低，2017年西部地区仅有内蒙古与重庆两地城镇化率高于全国平均水平。从我国城镇空间布局现状来看，城市与城市群主要位于东部沿海地区。一方面，东部城市集聚地区各城市间往往各自为政，产业同构、断头路等现象较为普遍，甚至是"以邻为壑"，竞争既多于合作、更大于合作，实为在空间分布上相对集中的"一群城市"；另一方面，西部地区城市数量少、规模小、密度低。西部城市主要分布于成渝、关中、呼包银、天山北坡等区域，西北与西南地区城市发育不足，特别是重庆、成都、西安等核心城市相对集中，且位居西部地区的东部，对西部内陆地区特别是西北地区、青藏地区辐射带动效应有限。

从城镇规模结构来看，目前上海、北京人口规模超过2000万人，天津、广州、深圳等城市人口规模超过1000万人，上述超大城市中心城区人口压力大，与综合承载能力之间的矛盾加剧，"城市病"问题凸显。与此同时，中小城市发育不足，产业与功能不健全，潜力没有得到充分发挥。城市市辖区年末总人口为50万以下的地级及以上城市数由2000年的69个，下降到2017年的51个，占地级及以上城市总数的比重，也由2000年的26.3%下降到2017年的17.1%（表3-2）。城市市辖区年末总人口为50万～100万的地级及以上城市数也则面向下降趋势，其比重由2000年的39.3%下降到2017年的28.9%。

2000年以来我国地级及以上城市规模结构演进 表3-2

年份	城市市辖区年末总人口为400万以上的地级及以上城市数（个）	城市市辖区年末总人口为200万～400万的地级及以上城市数（个）	城市市辖区年末总人口为100万～200万的地级及以上城市数（个）	城市市辖区年末总人口为50万～100万的地级及以上城市数（个）	城市市辖区年末总人口为20万～50万的地级及以上城市数（个）	城市市辖区年末总人口为20万以下的地级及以上城市数（个）
2000	8	12	70	103	66	3
2001	8	16	69	105	64	7
2002	10	21	71	109	63	4
2003	11	21	73	111	63	5
2004	12	23	73	111	63	4
2005	13	25	75	108	61	4
2006	13	24	80	106	59	4
2007	13	26	79	111	55	3
2008	13	28	81	110	51	4
2009	14	28	82	110	51	2
2010	14	30	81	109	49	4
2011	14	31	82	108	49	4
2012	14	31	82	108	50	4
2013	14	33	86	103	52	2
2014	17	35	91	98	47	4
2015	15	38	94	92	49	7
2016	17	43	96	90	43	8
2017	19	42	100	86	42	9

资料来源：国家统计局网站。

（四）城镇资源环境压力大

随着城镇化的推进，城镇生态与资源环境压力不断增大，不仅影响到城镇人居环境，而且威胁着城镇生存发展的生态基础，严重制约了城镇化发展的可持续性。一方面，东部沿海地区大城市、特大城市随着城市人口规模、用地规模的不断扩大，雾霾、交通拥堵、城市洪涝等城市病问题凸显。以城市洪涝为例，2008年以来我国每年成灾的城市都在130座上，2010年高达258座，2013年为234座，其中大多数为暴雨山洪与内涝所致；2015年5—6月，福州、东莞"街头抓鱼"以及上海、南京等城市"街头看海"等众多现象，表明城市暴雨洪涝灾害现象已经常态化。另一方面，由于传统的粗放式城镇化发展模式和高能耗、高污染、高排放的"三高"产业结构，使西部地区人口与资源、环境矛盾日益突出。2017年全国建成区绿化覆盖率为40.9%，西部地区均低于全国平均水平；在县城市政公用设施水平方面，全国平均污水处理率为90.21%，西部地区仅有内蒙古、宁夏和重庆达到全国平均水平，西藏仅有18.77%。据原环保部统计，京津冀地区13个城市2017年12个月平均空气污染天数比例为44%，长三角地区25个城市12个月空气污染天数比例为25.2%，珠三角地区9个城市12个月空气污染比例为15.5%，可见我国空气污染已经是全国性的问题。以北京为例，尽管2017年北京市恶劣空气占比有所下降（图3-6），但是空气质量情况仍需要我们重度重视。

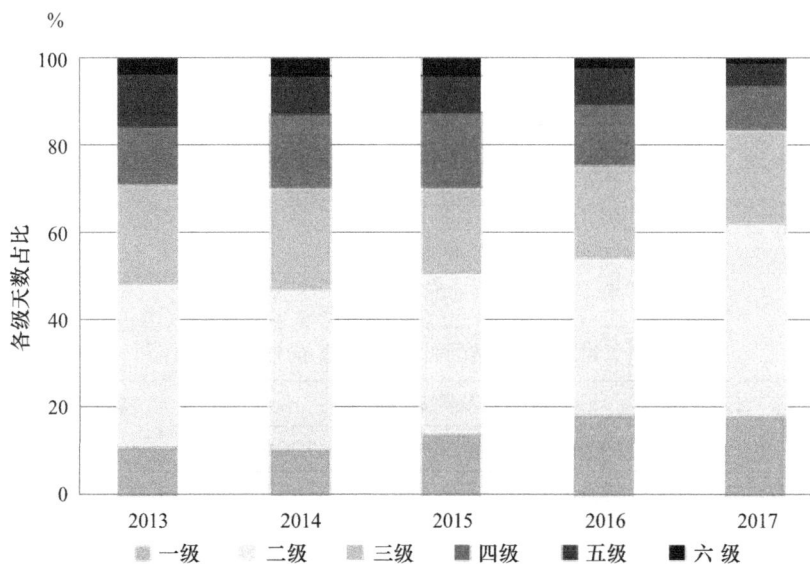

图3-6　2013—2017年北京市空气质量情况

资料来源：原环保部官方微博。

四、综合评价

（一）基于国际经验的比较

发达国家在工业化和城市化过程中，虽然总体上持续的时间可能较长，但都有过城市化较快推进的时期，而且这个时期往往也是工业化较快推进的时期，也均出现过城市化率快速增长的实际情况（表3-3）。特别是德国、日本和韩国最为突出。德国在1890—1900年期间，城市化率由42.5%提高到54.4%，10年增加11.9%，每年平均上升近1.2个百分点；日本在1950—1980年城市化快速发展时期的发展速度是年均增加个1.3百分点，韩国在1960—1988年城市化快速发展时期的发展速度是年均增加1.52个百分点。德国、日本和韩国城市化高速推进时期正是工业化快速发展的时期，高速城市化的根本原因在于快速工业化。就我国来看，1950年以来，城镇化率平均增速为每年0.91个百分点；1996年城镇化率突破30%进入城镇化加速阶段以来，每年增幅均超过1个百分点，平均增幅达到1.33个百分点。其中，在1996—2011年城镇化快速发展阶段，年均增长约1.39个百分点，最高增幅为2010年的1.61个百分点。

有学者认为城镇化进程太快了，是城市化"大跃进"，应该减速。其实，对比西方发达国家特别是德国和日本城市化曾经出现过的高速度，我国这个速度并不是独有的，也不是最高的，更不能认定为不合理，其根本原因也在于改革开放以来我国工业化、信息化与农业现代化进程的加速。城镇化发展是否合理，主要不能以速度的快慢作为标准，而是要看城市化的健康状况。我国城镇化快速发展的同时，尽管出现了前文提到的一系列问题，城镇化质量不高，但与拉美国家和印度"过度城市化"相比，上述问题均是城镇化发展中的问题。特别是2012年以来，随着新型城镇化的深入实施，城镇化在速度下降的同时，城镇化质量在不断提升。因此，总体来看，我国城镇化目前的速度是基本合适的。

世界主要发达国家城市化发展最快时期　　　　　　　　　　表3-3

国家	城市化发展快速时期			最高年均增长率（%）
	1800—1850年	1850—1900年	1900年以后	
英国	1821—1831			2.50
法国	1830—1850			1.58
德国	1830—1850			3.43
奥地利		1880—1900		2.10

续表

国家	城市化发展快速时期			最高年均增长率（%）
	1800—1850年	1850—1900年	1900年以后	
比利时		1880—1900		1.95
丹麦		1880—1900		3.22
芬兰		1880—1900		4.00
意大利		1880—1900		1.86
挪威		1850—1900		2.94
瑞典		1850—1870		2.91
荷兰			1900—1910	1.93
西班牙			1900—1910	1.82
瑞士			1900—1910	3.22
欧洲		1880—1990	1960—1970	2.58
第三世界				4.21

注：表中欧洲的资料不包括英国，第三世界的资料不包括中国。

资料来源：成德宁. 城市化与经济发展——理论、模式与政策［M］. 北京：科学出版社，2005。

（二）基于与工业化的比较

关于工业化与城镇化的关系，著名经济学家H·钱纳里和M·塞奎因于年在《发展的型式：1950—1970》一书中提出了城市化与工业化比较的世界发展模型，从理论上描述了城市化与工业化的关系。

人们通常用IU比和NU比这两个指标来分析一个国家和地区城镇化、工业化和非农化之间的发展关系（表3-4）。IU比是指劳动力工业化率与城镇化率的比值；NU比是指劳动力非农化率与城镇化率的比值。如果IU比等于1，表明工业化率即工业劳动力占总劳动力的比重与城镇化率即城镇人口占总人口的比重相等；如果IU比小于1，表明工业化率低于城镇化率，城镇里存在着第一、三产业的劳动力；如果IU比大于1，表明工业化率高于城镇化率，农村中存在着第二产业的劳动力。如果NU比小于1，表明城镇里存在着一定的农业人口；如果NU比大于1，表明农村中存在着一定的非农业劳动力。当城镇化、工业化和非农化发展较为协调时，IU比大致为0.5，NU比大致为1.2左右。如果IU比明显小于0.5，而NU比明显小于1.2，则说明不仅从事工业和其他非农业生产经营的劳动人口几乎全部集中在城镇地区，而且有相当数量的农业生产人口也集中在城镇地区。这种情形说明相对于工业化和非农化的发展程度而言，城镇化是超前发展了，会出现过度城镇化的态势。其表现是大量农村人口涌入城镇地区，而城镇地区又无充足的非农业就业机会为他们提供就业岗位，过度膨胀的城镇会出现大量贫民窟等一系列城市病。相反，如果IU比明显大于0.5，而NU比明显大于1.2，则说明大量从事工业和其他非农业生产经营的劳动人口滞留于农村地区，未能向城镇地区聚集，这种情形说明相对于工业化和非农化的发展程度而言，城镇化的发展是滞后了，会出现城镇化不足的态势。

工业化率、非农化率、城市化率的对比关系 表3-4

	年份	I	N	U	IU	NU
发达国家	1950	30.45	62.20	53.80	0.57	1.16
	1960	34.65	71.75	60.50	0.57	1.19
	1970	37.55	81.95	66.60	0.56	1.23
	1980	36.70	83.75	70.20	0.52	1.19
发展中国家	1950	7.35	19.25	17.00	0.43	1.13
	1960	9.55	24.35	22.20	0.43	1.10
	1970	12.20	29.30	25.40	0.48	1.15
	1980	14.95	34.65	29.20	0.51	1.19

注：I：工业化率（%）；N：非农化率（%）；U：城市化率（%）；$IU=I/U$；$NU=N/U$。
资料来源：孔凡文. 中国城镇化发展速度与质量问题研究［D］. 中国农业科学院，2006。

城镇化与工业化的关系有城镇化滞后于工业化，城镇化超前于工业化和城镇化与工业化协调发展等几种情况。我们通过IU和NU比计算分析（表3-5）。

1978年以来我国工业化率、非农化率、城镇化率的对比关系分析 表3-5

年份	I	N	U	IU	NU
1978	17.30	29.50	17.92	0.97	1.65
1979	17.60	30.20	18.96	0.93	1.59
1980	18.20	31.30	19.39	0.94	1.61
1981	18.30	31.90	20.16	0.91	1.58
1982	18.40	31.90	21.13	0.87	1.51
1983	18.70	32.90	21.62	0.86	1.52
1984	19.90	36.00	23.01	0.86	1.56

续表

年份	I	N	U	IU	NU
1985	20.80	37.60	23.71	0.88	1.59
1986	21.90	39.10	24.52	0.89	1.59
1987	22.20	40.00	25.32	0.88	1.58
1988	22.40	40.70	25.81	0.87	1.58
1989	21.60	39.90	26.21	0.82	1.52
1990	21.40	39.90	26.41	0.81	1.51
1991	21.40	40.30	26.94	0.79	1.50
1992	21.70	41.50	27.46	0.79	1.51
1993	22.40	43.60	27.99	0.80	1.56
1994	22.70	45.70	28.51	0.80	1.60
1995	23.00	47.80	29.04	0.79	1.65
1996	23.50	49.50	30.48	0.77	1.62
1997	23.70	50.10	31.91	0.74	1.57
1998	23.50	50.20	33.35	0.70	1.51
1999	23.00	49.90	34.78	0.66	1.43
2000	22.50	50.00	36.22	0.62	1.38
2001	22.30	50.00	37.66	0.59	1.33
2002	21.40	50.00	39.09	0.55	1.28
2003	21.60	50.90	40.53	0.53	1.26
2004	22.50	53.10	41.76	0.54	1.27
2005	23.80	55.20	42.99	0.55	1.28
2006	25.20	57.40	44.34	0.57	1.29
2007	26.80	59.20	45.89	0.58	1.29
2008	27.20	60.40	46.99	0.58	1.29
2009	27.80	61.90	48.34	0.58	1.28
2010	28.70	63.30	49.95	0.57	1.27
2011	29.50	65.20	51.27	0.58	1.27
2012	30.30	66.40	52.57	0.58	1.26
2013	30.10	68.60	53.73	0.56	1.28

续表

年份	I	N	U	IU	NU
2014	29.90	70.50	54.77	0.55	1.29
2015	29.30	71.70	56.10	0.52	1.28
2016	28.80	72.30	57.35	0.50	1.26
2017	28.10	73.00	58.52	0.48	1.25

注：I：为第二产业就业人员占总就业人员的比重（%）；N：为第二产业和第三产业就业人员之和占总就业人员的比重（%）；U：为常住城镇人口占总人口的比重（%）；$IU=I/U$；$NU=N/U$。

资料来源：历年《中国统计年鉴》。

通过表3–5可以看出，1978年我国的IU和NU比分别是0.97和1.65，远远高于IU国际标准值0.5和NU国际标准值1.2，表明改革开放初期我国城镇化发展滞后于工业化发展的状况非常严重。随着改革开放的深入推进和一系列国家战略的全面实施，我国城镇化水平不断提前，IU和NU值持续下降。2017年，IU和NU比分别降到0.48和1.25，基本接近IU和NU的国际标准值，与工业化协调度不断提升，既表明我国城镇化质量在不断提高，同时目前的城镇化速度也是相对合理的，与工业化发展基本相适宜。

第四章

新型城镇化时空演进及影响因素

一、指标体系、研究方法与数据来源

（一）指标体系构建

本书在借鉴相关研究成果的基础上，根据新型城镇化发展战略的内在要求，遵循科学性、系统性、数据可获得性等原则，分别从人口城镇化、经济城镇化、社会城镇化、土地城镇化、生态城镇化等5个维度，选取18项指标，构建评价指标体系（表4-1）。

乡村振兴与新型城镇化评价指标体系及权重　　　　　　表4-1

一级指标	二级指标	属性	权重	变量
人口城镇化 （0.1705）	城镇人口密度（人/km²）	＋	0.0695	X_1
	城镇化率（%）	＋	0.0512	X_2
	第三产业从业人员比重（%）	＋	0.0498	X_3
经济城镇化 （0.3490）	人均GDP（元）	＋	0.0799	X_4
	第三产业产值比重（%）	＋	0.0546	X_5
	人均地方财政收入（亿元）	＋	0.1405	X_6
	城镇居民可支配收入（元）	＋	0.0740	X_7
社会城镇化 （0.2554）	人均拥有图书馆藏书量（册）	＋	0.1338	X_8
	每万人高等学校在校生人数（人）	＋	0.0340	X_9
	每万人拥有公共交通车辆（标台）	＋	0.0435	X_{10}
	每万人拥有卫生机构床位数（张）	＋	0.0441	X_{11}

续表

一级指标	二级指标	属性	权重	变量
土地城镇化（0.1382）	经济密度（万元/km²）	+	0.0476	X_{12}
	建成区面积占城区比重（%）	+	0.0577	X_{13}
	人均城市道路面积（m²）	+	0.0329	X_{14}
生态城镇化（0.0869）	污水处理率（%）	+	0.0115	X_{15}
	人均公园绿地面积（m²）	+	0.0380	X_{16}
	建成区绿化覆盖率（%）	+	0.0268	X_{17}
	生活垃圾无害处理率（%）	+	0.0106	X_{18}

（二）研究方法

1. 熵值法

常用的赋权法有主成分分析法、德尔菲法、层次分析法、熵值法等。为保证权重赋予的客观性，便于从时间、空间两个维度定量分析新型城镇化综合发展水平，本书采用基于面板数据的熵值法确定各项指标权重。具体计算步骤如下：

（1）数据标准化：

正向指标：
$$x'_{tij} = \frac{x_{tij} - x_{\min}}{x_{\max} - x_{\min}} + 0.01 \tag{4-1}$$

逆向指标：
$$x'_{tij} = \frac{x_{\max} - x_{tij}}{x_{\max} - x_{\min}} + 0.01 \tag{4-2}$$

式中，x_{tij}、x'_{tij}分别代表第t年第i个地区第j项指标的原始数据和标准化后的数据，$x_{\max}$、$x_{\min}$分别代表第j项指标的最大值和最小值，其中$t=1,2,3,\cdots,T$；$i=1,2,3,\cdots,m$；$j=1,2,3,\cdots,n$。

（2）指标归一化：
$$P_{tij} = \frac{x'_{tij}}{\sum_{t=1}^{T}\sum_{i=1}^{m} x'_{tij}} \tag{4-3}$$

（3）计算熵值：
$$E_j = -\frac{1}{\ln(T \times m)} \sum_{t=1}^{T}\sum_{i=1}^{m} P_{tij} \ln P_{tij} \tag{4-4}$$

（4）计算各指标权重：
$$W_j = \frac{1-E_j}{\sum_{j=1}^{n}(1-E_j)} \tag{4-5}$$

（5）测算综合发展水平：
$$V_{ti} = x'_{tij} \times W_j \tag{4-6}$$

2. 不平衡指数

为定量反映各研究单元新型城镇化综合发展水平分布的等级程度，采用劳伦兹曲线计算各研究单元新型城镇化等级体系不平衡指数。其计算公式为：

$$S = \frac{\sum_i^m Y_i - 50\ (m+1)}{100m - 50\ (m+1)} \tag{4-7}$$

式中，S为不平衡指数，Y_i表示规模等级，是各研究单元按照占全国新型城镇化综合发展水平总量的比重从大到小排序后，第i级的累计百分比，m取30。如果各研究区域新型城镇化综合发展水平平衡分布，则$S=0$；如果分布极不平衡，集中在一个研究区域内，则$S=1$。随着时间的变化，若S变大，则表示我国新型城镇化向区域不平衡方向发展；反之，则向区域平衡方向发展。

3. 空间相关性分析

为揭示我国新型城镇化发展的空间关联特征及时空演化规律，采用全局空间自相关和局部空间自相关分析计算Moran's I指数。

（1）全局空间自相关：利用全局Moran's I指数反映新型城镇化的整体空间分布情况，判断空间上是否有集聚性。其计算公式为：

$$I = \frac{\sum_{i=1}^m \sum_{j\neq i}^m \omega_{ij} (D_i - \bar{D})(D_j - \bar{D})}{\frac{1}{m} \sum_{i=1}^m (D_i - \bar{D})^2 \sum_{i=1}^m \sum_{j\neq i}^m \omega_{ij}} \tag{4-8}$$

式中，$\bar{D} = \frac{1}{m} \sum_{i=1}^m D_i$，$D_i$与$D_j$分别代表$i$地区与$j$地区新型城镇化综合发展水平，$\bar{D}$代表新型城镇化综合发展水平的均值，$\omega_{ij}$代表空间权重矩阵。$I \in [-1,\ 1]$，当$I>0$时，代表空间正相关，即高值与高值集聚或低值与低值集聚；当$I<0$时，代表空间负相关，即高值与低值集聚或低值与高值集聚。

（2）局部空间自相关：利用局部Moran's I指数反映某个地区与其相邻地区之间新型城镇化的空间差异程度。对城市i而言，其计算公式为：

$$I_i = \frac{(D_i - \bar{D}) \sum_{j\neq i}^m \omega_{ij} (D_j - \bar{D})}{\frac{1}{m} \sum_{i=1}^m (D_i - \bar{D})^2} \tag{4-9}$$

式（4-9）中各个变量的含义与全局自相关式（4-8）中变量的含义相同。$I_i>0$，表示该地区与周围具有相似值的地区空间集聚（高—高或低—低集聚）；$I_i<0$，则表示与非相似值的地区空间集聚（高—低或低—高集聚）。

4. 面板数据模型

面板数据模型分为混合回归模型、变截距模型以及变系数模型三种，其一般形式可写成：

$$y_{it} = \alpha_i + \sum_{j=1}^{n} x_{jit} \beta_{ji} + \varepsilon_{it} \qquad (4-10)$$

式中，y_{it} 表示被解释变量在样本 i 和时间 t 上的观测值；x_{jit} 为第 t 年 i 样本第 j 个解释变量的观测值；β_{ji} 为待估计参数；α_i 为模型截距项；ε_{it} 为模型随机误差项。其中，$j=1$，2，…，n；$i=1$，2，…，m；$t=1$，2，…，T。

模型构建之前需进行模型检验，以确定所研究的问题适应于哪种面板数据模型。首先，建立两个假设条件：

$$H_1: \beta_1 = \beta_2 = \cdots = \beta_m$$
$$H_2: \alpha_1 = \alpha_2 = \cdots = \alpha_m$$
$$\beta_1 = \beta_2 = \cdots = \beta_m$$

其中，H_1 表示模型中的解释变量系数对所有截面样本个体相同，截距项对所有截面样本个体不同；H_2 表示解释变量系数和截距项对所有截面样本个体相同。其次，分别计算 H_1、H_2 对应的统计量 F_1、F_2，当所得统计量不小于给定置信度下的相应临界值时，拒绝对应的假设条件。最后，根据假设条件的拒绝情况选择相应回归模型，如接受 H_2 时选择混合回归模型；拒绝 H_2、接受 H_1 时选择变截距模型；拒绝 H_2、拒绝 H_1 时选择变系数模型。

$$F_1 = \frac{(S_2 - S_1)/[(N-1)k]}{S_1/[NT - N(k+1)]} - F[(N-1)k, N(T-K-1)] \qquad (4-11)$$

$$F_2 = \frac{(S_3 - S_1)/[(N-1)(k+1)]}{S_1/[NT - N(k+1)]} - F[(N-1)(k+1), N(T-K-1)] \qquad (4-12)$$

式中，S_1、S_2、S_3 分别是变系数模型、变截距模型和混合模型的残差平方和，$N=30$，代表截面样本个数；$T=8$，代表研究时间跨度；k 代表影响因素个数。

（三）数据来源

由于西藏、香港、澳门和台湾的指标数据缺失严重，故本书共选取我国30个省（市、自治区）作为研究对象，对其2012—2019年新型城镇化时空演进特征及影响因素进行分析。所用数据来源于2013—2020年的《中国统计年鉴》、《城乡建设统计年鉴》、国家数据统计局以及各省（市、自治区）统计年鉴，部分缺失数据采用线性插补法获得。

二、新型城镇化时空演进

（一）新型城镇化综合发展水平

总体来看，2012—2019年全国新型城镇化综合发展水平逐年上升（图4-1），由2012年的0.2385上升到2019年的0.3932，年均增长7.40%。从四大区域来看，东部地区新型城镇化长期处于领先发展地位，综合发展水平约为全国平均值的1.3倍；中部与西部地区新型城镇化分别以年均8.12%、7.66%的速度快速提升，但综合发展水平仍低于全国平均值；东北地区由于转型压力较大，区域经济发展缓慢，影响其新型城镇化进程，2019年新型城镇化综合发展水平不仅低于中部地区，也低于西部地区。从省际层面来看，2012—2019年全国30个省（市、自治区）新型城镇化综合发展水平均得到了显著提升，个别省区综合排名波动较大。上海、北京、天津、江苏、浙江常年稳居前五名，主要表现在这五个省区经济发达，社会公共服务以及人口城镇化水平较高；甘肃、贵州、广西常年排名靠后，主要表现在地理环境因素的制约作用；湖北综合排名由2012年的第24名提升到2019年的第17名，年均增长速度最快，达7.26%，主要表现在城镇居民可支配收入、人均GDP等经济因素的显著提升；吉林、新疆个别年份综合排名明显下降，主要表现在城区规模迅速扩张，远高于城镇人口转移速度。

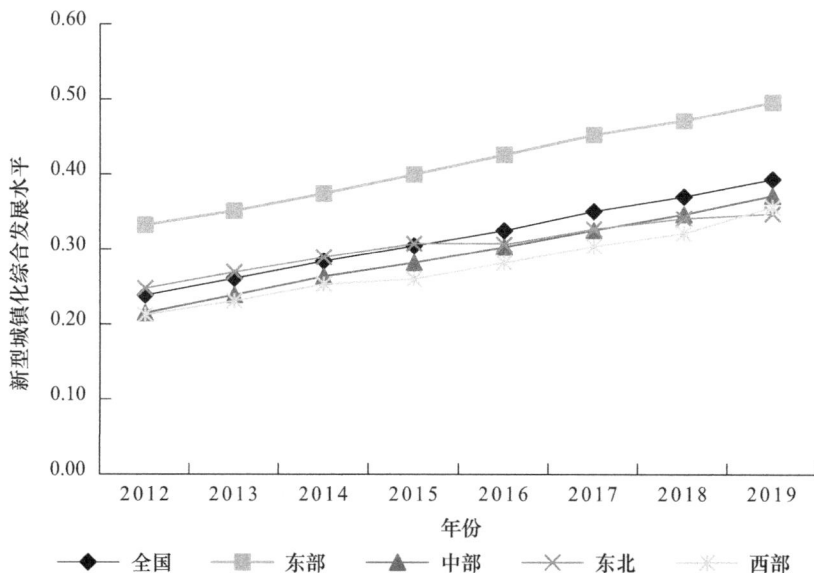

图4-1　2012—2019年全国及四大区域新型城镇化综合发展水平

（二）新型城镇化时空演进特征

为了描述我国各省（市、自治区）新型城镇化发展之间的空间差异程度，引入不平衡指数。结果显示，2012年以来我国各省（市、自治区）新型城镇化的不平衡指数逐年下降，由2012年的0.1719下降到2019年的0.1278（图4-2），表明我国新型城镇化的空间差异逐渐缩小。

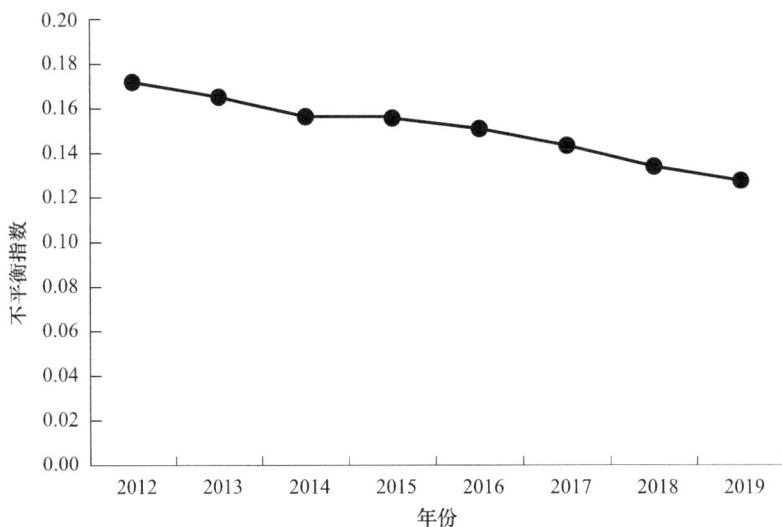

图4-2　2012—2019年我国新型城镇化空间格局差异

根据全国30个省（市、自治区）新型城镇化综合发展水平的测算结果，将综合发展水平等跨度划分为5个发展等级（表4-2）。依据综合发展水平等级划分标准，利用ArcGIS软件对2012—2019年全国30个省（市、自治区）新型城镇化综合发展水平进行可视化处理，剖析其空间分布格局及演变特征。

综合发展水平等级划分表　　　　　　　　　　表4-2

测算结果	（0.0, 0.2]	（0.2, 0.4]	（0.4, 0.6]	（0.6, 0.8]	（0.8, 1.0]
发展等级	低水平发展	较低水平发展	中等水平发展	较高水平发展	高水平发展

2012年新型城镇化综合发展水平空间分异显著。其中，北京、上海、天津新型城镇化处于中等水平发展阶段，上海新型城镇化综合发展水平最高，其次是北京、天津；青海、甘肃、广西、贵州、安徽新型城镇化处于低水平发展阶段，广西新型城镇化综合发展水平最低，不足上海的1/3，其次是贵州、甘肃、青海、安徽；73.33%的地区新型城镇化处于较低水平发展阶段。2012—2015年间，处于低

水平发展阶段的省区数量逐渐减少，至2015年数量清零；上海、江苏分别迈进较高水平发展阶段、中等水平发展阶段。2015—2018年间，处于中等水平发展阶段的省区空间范围在我国东部沿海地区进一步扩大，逐渐呈现出"东高西低"的空间分布格局；至2018年北京、上海均达到较高水平发展阶段，是推动我国新型城镇化发展的增长极，天津、江苏、浙江、福建、江苏等5个省区处于中等水平发展阶段，其余近80%的地区处于较低水平发展阶段。2018—2019年间，西部地区新型城镇化综合发展水平明显提升，至2019年宁夏、陕西由较低水平发展阶段转向中等水平发展阶段。综合来看，2012—2019年我国新型城镇化空间极化趋势增强，逐渐呈现出以北京—上海为核心，阶梯式递减的空间分布格局，高值区主要集中在东部沿海地区。

（三）新型城镇化空间相关性

1. 全局空间自相关

考虑到海南与其他省区无邻接，本书基于距离带构建空间距离权重矩阵，利用GeoDa软件测算我国新型城镇化的全局Moran's I 指数（表4-3）。结果显示，2012—2019年新型城镇化全局Moran's I 指数均通过了5%的显著性检验，且均为正数，Z 得分大于1.96（显著性水平 $\alpha=0.05$，临界值 $Z=1.96$），表明我国新型城镇化的空间分布是非随机的，呈现出高值（低值）省区与高值（低值）省区相邻的空间集聚现象。从空间相关性的演化趋势来看，全局Moran's I 指数总体呈"波动下降"的变化趋势，2012—2015年期间全局Moran's I 指数增长，2015年达到0.160，表明此阶段各省区新型城镇化发展空间相关性有所增强；2016—2019年期间全局Moran's I 指数下降，2019年仅为0.096，低于2012年水平，表明新型城镇化的省际全局空间自相关性有所减弱。

2012—2019年我国新型城镇化全局空间自相关分析结果　　表4-3

年份	2012	2013	2014	2015	2016	2017	2018	2019
Moran's I	0.100	0.119	0.126	0.160	0.135	0.125	0.132	0.096
Z	2.205	2.546	2.641	3.201	2.836	2.672	2.779	2.196
P	0.024	0.012	0.011	0.009	0.011	0.015	0.013	0.025

2. 局部空间自相关

全局Moran's *I*指数无法显示局部省区是否存在相似或相异的空间集聚性，因此利用GeoDa软件绘制Moran散点图，并列出对应省区表，对2012—2019年我国30个省（市、自治区）新型城镇化综合发展水平进行局部空间相关性分析。2012—2019年我国近60%的省区集中在散点图的第一、三象限内，进一步说明了我国新型城镇化存在显著的空间正相关（表4-4）。其中，北京、天津、上海、江苏、浙江等5个省区长期位于第一象限内，这类省区与其相邻省区新型城镇化综合发展水平均较高，属于高—高集聚型；青海、甘肃、四川、重庆、广西、贵州、云南、海南等8个省区长期位于第三象限，这类省区与其相邻省区新型城镇化综合发展说均较低，属于，低—低集聚型；吉林、河北、山西、河南、山东、安徽、湖北共7个省区长期位于第二象限，这类省区的相邻省区新型城镇化综合发展水平较高，但自身水平较低，属于低—高集聚型；陕西长期处于第四象限，这类省区自身新型城镇化综合发展水平较高，但相邻省区水平较低，属于高—低集聚型。从不同象限对应省区变化来看，总体变化幅度较小，局部空间相关性较稳定。2012—2015年间，辽宁因新型城镇化总体推进速度缓慢，从高—高集聚区退至低—高集聚区；新疆因城区扩张速度远高于城镇人口增长速度，由高—低集聚转为低—低集聚；内蒙古因在5个维度，尤其在生态城镇化维度上取得显著提升，从低—高集聚转变为高—高集聚；福建因与江西、浙江等高值区联系更为密切，转变为高—高集聚。2015—2019年间，内蒙古、黑龙江两省因经济生产总量下滑，抑制了新型城镇化发展，分别由高—高集聚、高—低集聚转为低—高集聚、低—低集聚；江西受城镇人口密度、建成区占城区比重下降影响，新型城镇化发展水平相对落后，落入低—高集聚区；宁夏因自身水平的提升最终落入高—低集聚区；湖南、广东因与高值区联系更为密切，分别转变为低—高集聚、高—高集聚。

2012年、2015年与2019年新型城镇化Moran散点图对应省区表　表4-4

	2012年	2015年	2019年
高高集聚	辽宁、北京、天津、上海、江苏、浙江、江西（7个）	内蒙古、北京、天津、上海、江苏、浙江、福建、江西（8个）	北京、天津、上海、江苏、浙江、福建、广东（7个）
低低集聚	青海、甘肃、宁夏、四川、重庆、广西、贵州、云南、海南、湖南（10个）	新疆、青海、甘肃、宁夏、四川、重庆、广西、贵州、云南、海南、湖南（11个）	新疆、青海、甘肃、四川、重庆、广西、贵州、云南、海南、黑龙江（10个）

续表

	2012年	2015年	2019年
低高集聚	内蒙古、吉林、河北、山西、河南、山东、安徽、湖北（8个）	吉林、辽宁、河北、山西、河南、山东、安徽、湖北（8个）	内蒙古、吉林、辽宁、河北、山西、河南、山东、安徽、湖北、江西、湖南（11个）
高低集聚	黑龙江、新疆、广东、福建、陕西（5个）	黑龙江、广东、陕西（3个）	陕西、宁夏（2个）

由于Moran散点图无法保证统计意义上的显著性，故在Z检验的基础上（P值≤0.05）绘制LISA集聚图。可以看出：大部分省区未出现显著的空间相关性，表明新型城镇化的省区联动效应有待提升；高—高集聚区集中在我国东部经济发达地区，低—低集聚区集中在我国西南欠发达地区；低—高集聚区逐渐向中部地区延展，高值区的辐射范围得到扩大，但近8年来，高—高集聚区未出现新增省区，表明高值区的辐射带动作用有待加强。

三、影响因素分析

（一）影响因子提取

本书利用SPSS软件进行主成分提取，首先进行KMO检验和Bartlett球形检验，其KMO值为0.727，显著性水平$P<0.001$，说明主成分分析结果显著性水平较高。根据特征值大于1的原则，共选取5个主成分，累计贡献率达79.18%，能够反映原始数据绝大部分信息，因此用这5个主成分代表原始的18项指标。其中，因子1在第三产业从业人员比重、城镇化率、人均地方财政收入上具有较大载荷，反映了经济发展；因子2在生活垃圾无害化处理率、污水处理率、经济密度上具有较大载荷，反映了环境治理；因子3在人均公园绿地面积、人均城市道路面积、建成区绿化覆盖率上具有较大载荷，反映了基础设施；因子4在建成区占城区面积比重、城镇人口密度上具有较大载荷，反映了城镇规模；因子5在每万人拥有卫生机构床位数上具有较大载荷，反映了公共服务（表4-5）。

旋转后的因子载荷矩阵 表4-5

	因子1	因子2	因子3	因子4	因子5
1	−0.073	−0.006	−0.354	0.903	−0.011
2	0.915	0.189	−0.060	−0.119	−0.089
3	0.924	0.009	−0.079	−0.120	0.039
4	0.857	0.351	−0.026	−0.141	−0.031
5	0.833	0.117	−0.073	−0.114	0.291
6	0.888	0.227	−0.230	−0.185	−0.061
7	0.774	0.477	−0.069	−0.153	0.224
8	0.648	0.245	−0.503	−0.238	0.024
9	0.641	0.147	0.197	0.341	−0.096
10	0.671	−0.106	0.296	−0.006	0.036
11	0.078	0.112	0.056	0.068	0.928
12	0.468	0.681	−0.306	0.022	−0.170
13	−0.259	−0.160	−0.003	0.903	0.109
14	−0.302	0.185	0.708	−0.058	0.047
15	0.083	0.688	0.317	0.055	0.356
16	0.059	0.063	0.791	−0.270	0.111
17	0.384	0.444	0.567	−0.038	−0.213
18	0.141	0.750	0.236	−0.195	0.072

旋转法：具有Kaiser标准化的正交旋转法；旋转在7次迭代后收敛。

（二）回归结果分析

本书利用面板数据模型定量分析各因子对我国新型城镇化发展水平的具体影响程度。运用Eviews软件分别计算混合回归模型、变截距模型、变系数模型的残差平方和，进而得出两种假设条件下的统计量F值，结果显示在0.05的显著性水平下，$F_2 = 27.13 > F_{0.95}(174, 60)$，故拒绝假设$H_2$；$F_1 = 2.64 > F_{0.95}(145, 60)$，故接受假设$H_2$，此时选择变系数模型。由于系数的数量大于截面数据，故本书选择固定效应变截距模型进行回归估计。回归结果显示，固定效应变系数模型拟合优度和修正的拟合优度均大于0.99，表明模型拟合效果较好，$D-W$值为2.48，可以认为回归残差不存在序列自相关，因此所选取的解释变量具有较强的解释力。其具体估算结果如表4-6所示。

模型估计结果

表4-6

	经济发展		环境治理		基础设施		城镇规模		公共服务	
	系数	概率P	系数	概率P	系数	概率P	系数	概率P	系数	概率P
北京	0.2397***	0.0000	-0.0422	0.3693	-0.0284	0.3522	0.0553	0.4741	0.2237*	0.0462
天津	0.2185	0.0613	0.0860	0.7554	-0.0645	0.4189	-0.0613	0.6907	0.1185	0.1458
河北	0.1709	0.1825	0.1289	0.4974	0.0223	0.8961	0.1485	0.1016	-0.0267	0.9114
上海	0.2668***	0.0001	-0.1203	0.2301	0.1343	0.2632	-0.2151	0.2932	0.2261**	0.0035
江苏	0.3007	0.3127	-0.0497	0.9110	-0.0300	0.8459	0.0352	0.9303	0.0686	0.8197
浙江	-0.3034	0.7143	0.3524	0.4913	-0.1642	0.3706	-0.1972	0.3027	0.2976	0.4602
福建	0.3669*	0.0446	-0.0180	0.8829	0.2546*	0.0229	0.2486	0.0797	-0.1936	0.2198
山东	0.1478*	0.0272	0.1404	0.0993	0.0047	0.9517	0.1199	0.6282	0.0351	0.5893
广东	0.2600**	0.0050	0.0258	0.7697	-0.0754	0.4847	0.0645	0.5845	0.0521	0.5363
海南	0.1255*	0.0172	0.0788**	0.0082	-0.0545	0.0868	0.0425	0.3643	0.0225	0.5193
山西	0.2234	0.4186	0.0616	0.4613	0.0622	0.5306	0.1114***	0.0001	-0.0372	0.8305
安徽	0.2068	0.2521	-0.0069	0.9610	-0.0229	0.7872	0.0040	0.9938	0.1268	0.2096
江西	0.3566	0.3889	0.4115	0.3590	-0.0884	0.2772	0.2058	0.2245	-0.3800	0.5678
河南	0.2417*	0.0118	-0.0494	0.4528	0.0981	0.4214	0.1608	0.3055	0.0328	0.6968
湖北	0.4200	0.0546	-0.1607	0.4798	0.1397	0.3245	0.2206	0.1113	0.0788	0.2473
湖南	0.2277	0.1080	-0.0630	0.8919	0.0953	0.3988	0.1331	0.3031	0.0609	0.8884

续表

	经济发展		环境治理		基础设施		城镇规模		公共服务	
	系数	概率P	系数	概率P	系数	概率P	系数	概率P	系数	概率P
内蒙古	0.2377*	0.0143	0.0589	0.4413	0.0699*	0.0108	0.1331**	0.0089	-0.0209	0.4928
新疆	0.2434*	0.0203	0.0198	0.9300	0.1021	0.8397	0.1450	0.1588	-0.0427	0.7626
青海	0.3599*	0.0233	-0.0933*	0.0186	0.0954*	0.0382	0.1296*	0.0343	0.0257	0.5565
陕西	0.1063	0.1692	0.0496	0.5194	0.0010	0.9814	0.1142***	0.0000	0.0997	0.0565
宁夏	0.2498**	0.0010	-0.1626**	0.0091	0.3595***	0.0000	0.1313***	0.0000	0.0174	0.8383
甘肃	0.2205*	0.0463	-0.0302	0.8300	0.0662	0.1622	0.1183***	0.0000	0.0503	0.3194
四川	0.1622	0.3252	0.1639	0.3737	-0.0281	0.8938	0.1323***	0.0000	-0.0227	0.8556
重庆	0.3704***	0.0007	-0.1084	0.3820	0.0678	0.4102	-0.3537	0.0940	0.0278	0.4588
贵州	0.2205*	0.0463	-0.0302	0.8300	0.0662	0.1622	0.1183***	0.0000	0.0503	0.3194
云南	0.3835*	0.0281	-0.0667	0.3579	0.1955*	0.0119	0.1710***	0.0000	-0.1044	0.3935
广西	0.1625	0.1637	-0.1388	0.4008	0.1661	0.2427	0.5698	0.1996	0.0178	0.8595
黑龙江	0.1993	0.2296	-0.0718	0.1700	0.0791	0.2989	0.1562*	0.0259	0.0917	0.1648
吉林	0.1142*	0.0442	0.0957*	0.0112	-0.0379	0.4923	0.0875***	0.0001	0.0120	0.7848
全国	0.2202		0.0205		0.0466		0.1010		0.0314	

注：***表示0.1%显著水平上显著，**表示1%显著水平上显著，*表示5%显著水平上显著。

从全国层面来看，面板模型计算得出经济发展、环境治理、基础设施、城镇规模和公共服务与新型城镇化相关系数平均值分别为0.2202、0.0205、0.0466、0.1010、0.0314，表明经济发展对我国新型城镇化建设的促进效果最强。根据不同省区5个影响因素对地区新型城镇化发展的影响效果，利用ArcGIS软件绘制作用效果空间分布图直观看出，各影响因素对新型城镇化建设的影响作用存在显著的空间异质性。

在经济发展方面，北京、上海、内蒙古、新疆、重庆、贵州等16个省区的经济发展对地区新型城镇化发展具有显著促进作用，其余近省区作用效果不显著。其中，云南提高经济发展水平对地区新型城镇化发展促进作用最强，达0.3835，其次是重庆、福建、青海；吉林促进效果最小。在环境治理方面，仅吉林、海南环境治理水平的提升显著促进了地区新型城镇化的发展，而宁夏、青海环境治理水平的提升却抑制了新型城镇化发展，其余省区作用效果不显著。宁夏、青海分别作为沿黄地区、"三江源"地区，生态环境脆弱，若加强环境治理，可能会影响城镇建设与开发；吉林、海南生态城镇化水平较弱，加强环境治理将有助于促进新型城镇化均衡发展。在基础设施方面，福建、青海、宁夏、内蒙古、云南等5个省区加强基础设施建设对地区新型城镇化发展起促进作用，其余省区作用效果不显著。其中，福建加强基础设施建设对地区新型城镇化发展的促进作用最强，达0.2546；内蒙古最小，仅为0.0699。在城镇规模方面，东北地区以及近80%的西部地区扩大城镇规模可以显著促进地区新型城镇化发展，主要表现在这些省区经济发展相对落后，城镇规模的扩张将为地区产业发展与人口向城镇转移创造空间条件，有助新型城镇化水平的提升。在公共服务方面，仅上海、北京、辽宁公共服务水平的提升显著促进了地区新型城镇化发展，其余省区作用效果不显著。其中，上海提高公共服务水平对新型城镇化发展促进效果最显著，达0.2261，北京次之；辽宁的促进作用最弱，仅为0.0290。

探索篇

第五章

东部地区新型城镇化进程——江苏昆山案例

昆山隶属苏州市，地处江苏省东南部、上海与苏州城区之间，北至东北与常熟、太仓两市相连，南至东南与上海嘉定、青浦两区接壤，西与吴江、苏州城区交界，市域总面积931平方公里，1989年撤县建市。根据《2020年昆山市国民经济和社会发展统计公报》，全年实现地区生产总值4276.76亿元；根据昆山市第七次全国人口普查结果，全市常住人口为209.25万人，城镇常住人口165.22万人，占78.95%。

一、昆山新型城镇化发展现状

（一）常住人口城镇化率快速增长

改革开放之前，昆山是苏州市所辖的一个县，经济以农业为主，工业基础十分薄弱，经济发展缓慢，城镇化水平低。1950年到1978年的28年间，昆山市人均工农业总产值年增长率只有3%，低于江苏省的平均增长率（4.9%），到1978年昆山市工业化水平为13.9%，其城镇化水平只有10.5%，低于同期全国平均工业化水平和城镇化水平（17.3%和17.9%）。1978年到1989年这段时期，昆山城镇化开始起步，但城镇化发展较缓慢且滞后于工业化进程。改革开放带动了昆山乡镇企业的发展，促进乡村工业化发展和小城镇建设，进而带动乡村城镇化进程，但昆山还未撤县设市，严格的户籍制度抑制着农村人口进入城市。1989年，昆山撤县设市，昆山城镇化发展进入中期阶段并开始加速发展。2000年以来大量的外来劳动力流入昆山，并且进入第二、三产业，外来人口推动昆山城镇化水平实现飞速增长。2005年，全市年末外来暂住人口由2001年的60.63万人迅速增加到68.72万人，首次超过了昆山本地户籍人口（65.46万人）；到2012年，年末暂住人口达到121.76万，常住人口城镇化率达到92.17%，高出江苏省29个百分点、高出全国约40个百分点（图5-1）。根据《2013中国中小城市绿皮书》，昆山名列全国中小城市新型城镇化质量十强的首位。

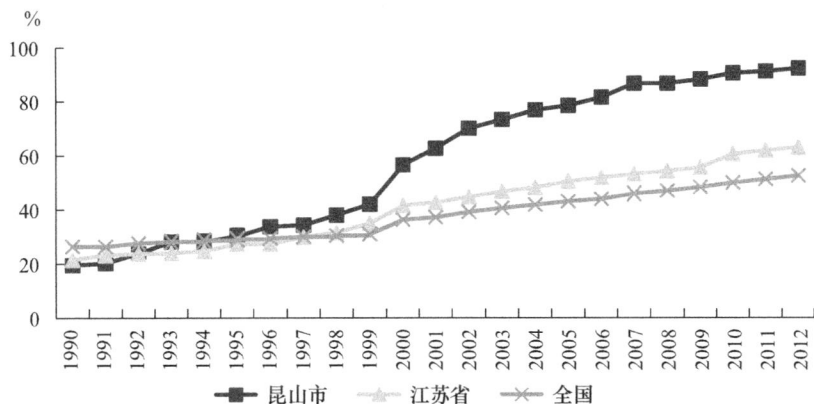

图5-1　1990—2012年昆山市、江苏省与全国城镇化率比较

备注：昆山市城镇化率以常住人口计算，并将外来常住人口都计算为常住城镇人口。

资料来源：昆山历年统计年鉴、昆山统计信息网、《江苏统计年鉴2013》、《国家统计年鉴2013》。

（二）支撑城镇化的产业基础不断加强

"十二五"以来，昆山加速主导产业高端化、新兴产业基地化、优势产业品牌化、产业发展集群化，推进一二三产融合发展，加快形成以高新技术产业为先导、先进制造业为支柱、现代服务业为支撑、现代都市农业为特色的现代产业体系。2013年，全市实现GDP 2920.08亿元，全市拥有亿元以上企业突破700家，达731家；从行业来看全市拥有1个千亿元级行业和12个百亿元级行业，百亿元级行业比2012年增加2个。产业质量不断提升，在带动城乡居民就业增收的同时，也为城镇化进程的加快提供了良好的财力保障。

全市产业集聚和产业发展相得益彰，昆山开发区、昆山高新区、花桥经济开发区、旅游度假区、阳澄湖科技园等载体集聚作用不断增强，向新区新城转型加快，支撑和引导城镇化发展。此外，区镇联动发展政策，促进资源整合、功能共享、优势互补。

（三）基础设施和公共服务显著提升

"十二五"以来，昆山市按照"大城市、现代化、可持续"的总体要求，深入实施城乡一体化发展战略，优化城市空间格局，推进基础设施现代化和生态宜居城市建设，加快形成"核心城区—东部新城—西部新城—南部新城—北部新城—花桥新城"一核五副的城市发展新格局，基本形成"中心城区（核心区和功能区）—特色镇—新型社区—自然村落"四层五级市域城市体系。

上海轨道交通11号线花桥延伸段通车运营、中环快速化改造工程、西城大道扩建、元丰路东延、前进西路西延等工程大大提高了昆山城市交通容量和运输能力，明显提高了市民出行的速度和舒适度，极大地提升工作、生活环境质量，使昆山成为更具有吸引力、更适宜居住的城市。

（四）区域发展环境不断优化

一是昆山市作为全省三个省直管县体制改革试点县（市）之一，于2012年10月开始试点，省政府各部门分配行政、经济资源对昆山实行计划单列，适当倾斜，昆山市将获得更多的审批、管理权限，有利于昆山实施制度创新，加快推进新型城镇化。二是2013年2月深化两岸产业合作试验区获国务院批准，要求昆山试验区努力打造成为两岸产业合作转型升级的先行先试区、两岸中小企业深度合作的重要载体、两岸交流合作模式创新的示范平台；国务院成立了由发展改革委牵头的部省际协调小组，协调落实相关政策措施，研究解决发展中的重大问题，支持昆山试验区建设。三是2013年8月昆山市入选国家智慧城市试点名单，将统筹城市发展的物质资源、信息资源和智力资源利用，推动物联网、云计算、大数据等新一代信息技术创新应用，实现与城市经济社会发展深度融合。

二、昆山外来人口市民化

（一）"新昆山人"主要特征

1."新昆山人"数量不断增加

如果历史地考察改革开放以来昆山外来人口的数量及特征的发展过程，大致可以把它划分为四个阶段：第一阶段是1978年至1983年，这一阶段政府仍然禁止劳动力自由流入，昆山小范围的流动人口大多只作短暂停留，基本上不直接参与昆山经济活动；第二阶段是1984年至1991年，这一阶段政府开始允许农民自带口粮进城经商务工，昆山自费办起了经济开发区，昆山本土农民非农化过程明显加快，但外来人口的变化依然不是很明显；第三阶段是1992年至2000年，是昆山外来人口数量快速上升的阶段。随着外向带动战略的深入实施，昆山经济社会的快速发展在促进本地劳动力充分就业的同时，也引发了对大量外来劳动力的需求，从而使昆山进入了外来人口快速增长的时期；第四阶段是2001年至今，这一阶段是昆山外来人口的急剧增长期（图5-2）。据调查统计，到2010年底，昆山户籍人口为仅为71.1万人，外来暂住人口则达到121.3万人，昆山成为名副其实的移民城市。

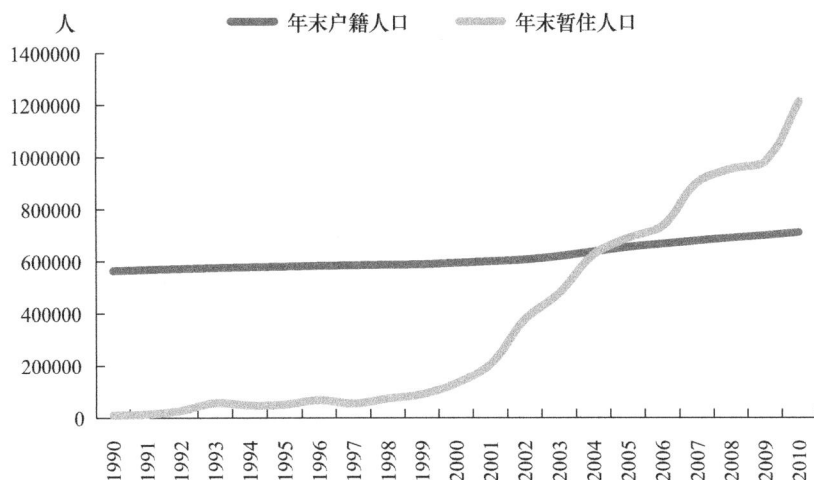

图5-2　1990—2010年昆山户籍人口和暂住人口变化

资料来源：2011年昆山统计年鉴。

2. 来源地：就近区域

除江苏本省以外，安徽是来昆人员流出的第二大省份。从安徽流入昆山市的人口均占到昆山市外来人口总数的1/5强；而长江中游地区的其他三省江西、湖北、湖南来昆人数基本保持平稳，均占外来总人口3%～5%；位于黄河中游的河南是我国人口大省，也是输出外来劳动力的大省，统计数据显示，其近年来昆人员也在不断增加，占到总人数的1/10以上；紧随其后的是另一个务工人员输出大省四川，其近年来昆人数也是在逐年上升；西南地区除四川以外，就数贵州来昆人员最多，而且从贵州来昆的人员增长速度最快。虽然流动人口属于自流性质，但是受到地域、交通、文化、饮食、习俗等各方面的影响，应该是就近区域流动占主导地位。目前根据昆山市公安局近年来的统计资料显示，昆山外来务工人员主要来自江苏苏北地区，以及江苏周边的安徽、河南和山东等地，其中来自外省市的占79%。

3. 来昆原因：就业为主

在不同的历史时期和不同的发展阶段，流动人口的流动原因和规模都不尽相同。工业化以前时期，其流动多是因为迁徙、劳作和亲朋往来。工业化时期，随着生产方式的规模化和集约化，流动人口的数量和流动范围均大幅度增加，其中以就业为目的的流动人口成为流动人口的主体。昆山的外来人口就是以就业为主要目的，这与改革开放以来出现的"百万民工下珠江"浪潮的原因是基本一致的。2000年从事务工经商、务农、服务的外来就业型人员占外来人口的92.67%，其他外来人员（包括借读培训、投靠亲友、探亲访友）仅占7.33%；2001年外来就业型人员占外来人口的95.8%，到达历史最高峰。以后绝对人数直线上升，但所占比例逐年下降，来昆的人员目的及原因进一步多元化，表明昆山的影响力已经不仅在解决外来劳工方面具有优势，其文化魅力、旅游吸引等得到了很好的提升，其综合影响力在江苏省乃至全国范围都在逐渐扩大。其中务工人员占78.37%，加上经商、服务等，则比例高达88%（2010年数据见图5-3），表明就业仍然是外来人口暂住昆山的主要原因。近年来，昆山开始产业结构的调整，对劳动密集型企业加以适当的控制和引导，也在一定程度上导致来昆外来务工人员所占比例呈逐年下降趋势。

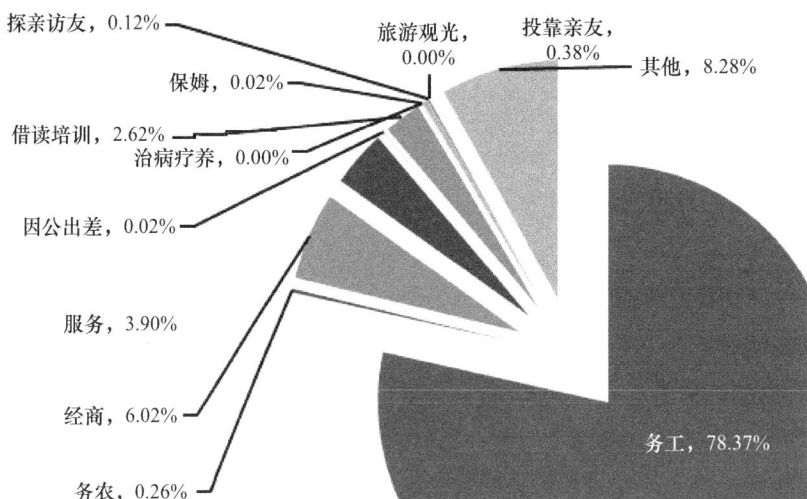

图5-3　2010年昆山外来人口暂住目的分类

资料来源：2011年昆山统计年鉴。

4. 性别构成：男性多于女性

从性别比例来看，男性对于女性。外来务工人员从事建筑业、务工经商等主要以青壮年男性为主。男性比重大于女性的主要原因在于迁移人口中有很大一部分是农民工，一方面，相对男性而言，农村妇女所受教育程度较低，无法满足昆山地区用工单位的岗位要求；另一方面，受传统思想的影响，广大农村妇女特别是已婚妇女，在农村男劳动力纷纷外出打工的情况下，留守家中，操持家务或者从事农业劳动。近年来，随着昆山产业转型升级的加快，对就业者劳动素质的要求进一步提升，女性就业难度加大，男性与女性的性别比有进一步扩大的趋势（图5-4）。

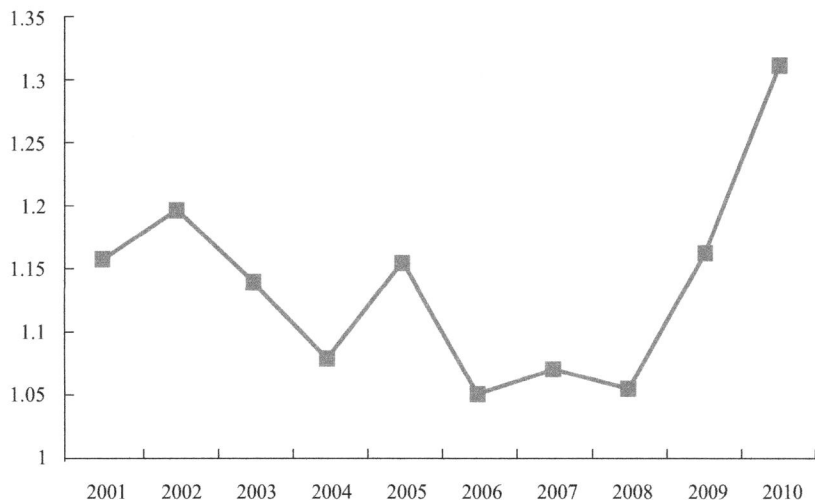

图5-4　2001—2010年昆山外来人口男女性别比例
资料来源：2001—2011年昆山统计年鉴。

5. 就业岗位：二产为主

就业结构伴随产业结构的升级而调整。昆山市1990年第一产业的就业人数占总体从业人员的33.7%，到2008年这一比例下降到4%。而第三产业就业比重则从19.6%上升到32.6%，上升了13个百分点。第二产业的就业比重也从1990年的46.7%上升到2008年的63.4%，上升16.7个百分点。就业结构发展根本的转变，从二、一、三转变为二、三、一就业产业分布。第二产业是昆山经济的支柱产业，产业增加值约占地区国民生产总值的2/3，就业人数也占总从业人数近2/3（表5-1）。

昆山主要年份三次产业从业人数比较　　　　　　表5-1

年份	从业人数	第一产业		第二产业		第三产业	
		人数（人）	比重（%）	人数（人）	比重（%）	人数（人）	比重（%）
1990	363354	122641	33.7	169601	46.7	71112	19.6
2000	351275	67517	19.2	188826	53.8	94932	27.0

年份	从业人数	第一产业		第二产业		第三产业	
		人数（人）	比重（%）	人数（人）	比重（%）	人数（人）	比重（%）
2006	571628	32818	5.8	359181	62.8	179629	31.4
2007	655822	30669	4.7	430837	65.7	194316	29.6
2008	706342	28286	4.0	447996	63.4	230060	32.6

注：由于历年昆山统计年鉴没有分行业就业人数统计，因此采用全国第二次经济普查数据，即2008年数据来说明昆山常住人口就业行业主要集中在第二产业，尽管近年来第三产业从业人数有所增长，但仍以第二产业为主。

资料来源：昆山市人口和计划生育委员会"昆山人口稳定区建设的产业政策导向研究"。

昆山的产业结构决定了外来人口就业结构。目前，吸纳从业人员总量最多的前十位行业依次为制造业、建筑业、批发和零售业、公共管理和社会组织、教育、房地产业、住宿和餐饮业、卫生社会保障和社会福利业、交通运输仓储和邮政业。根据昆山市外来人口管理办公室的抽样调查显示，在外来人口就业中，主要以从事二、三产业为主，比例超过80%。

6. 文化素质：整体偏低

从文化素质来看，整体水平偏低，学历以初中为主，平均受教育年限仅有8~9年。从专业技术人才构成分析，高技能人才数量明显不足。据2005年昆山第一次经济普查资料分析，昆山从业人员中具有技术职称的人员比例仅为6.74%，约相当于全国的三分之一；具有中级及以上技术职称的比例则不到全国水平的三分之一；从业人员中具有技术等级证书者仅占2.99%，不及全国平均水平的一半，而目前发达国家工人队伍中技术工人比例高达75%。尽管近几年来昆山市委市政府高度重视对人才和技工人员的大力引进和培育，外来人口文化素质水平显著提升，但由于受产业结构和产业层次的制约，外来人口整体素质仍然偏低，亟待发挥产业转型升级的"溢出效应"。

7. 空间分布：相对集中

从分布的区域来看，主要受就业单位、经济条件等因素影响，外来人口主要集聚在市区或离市区较近、经济较为发达的区域，其中在中心城区、开发区和高新区，占54%（2010年数据见图5-5）。在居住具体形式上，居住在企业单位内部和打工楼的占38%、工地4%、出租屋44%。

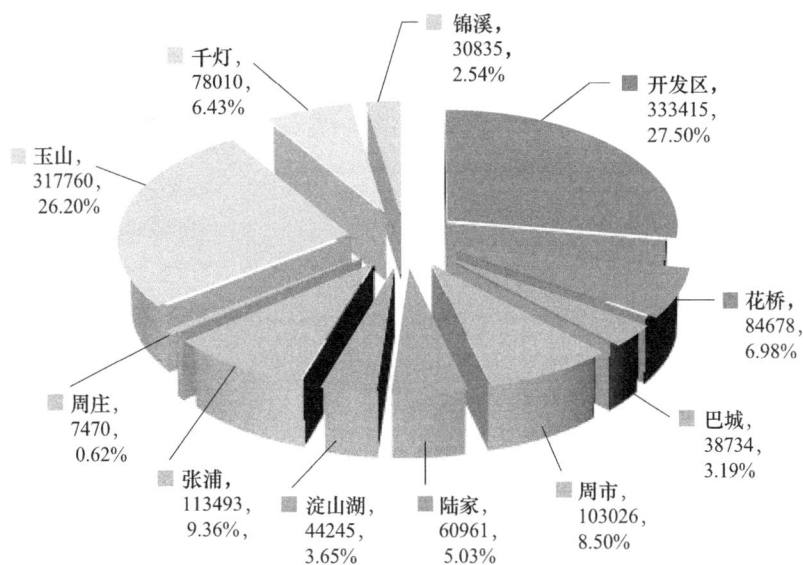

图5-5 2010年年末外来暂住人口地区分布

资料来源：2011年昆山统计年鉴。

8. 居住时间：一年以内为主

从暂住的时间来看，以一年以内时间为主，其中一个月以下的占7%，一个月至一年的占78%（2010年数据）；由于受经济形势、高房价、户籍等种种原因影响，一年以上的比重不稳定、变化较大，并呈现下降趋势，从2006年约45%下降到2009年的约5%，2010年有所回升，但也仅仅回升到15%，所占比例仍然较小（图5-6）。

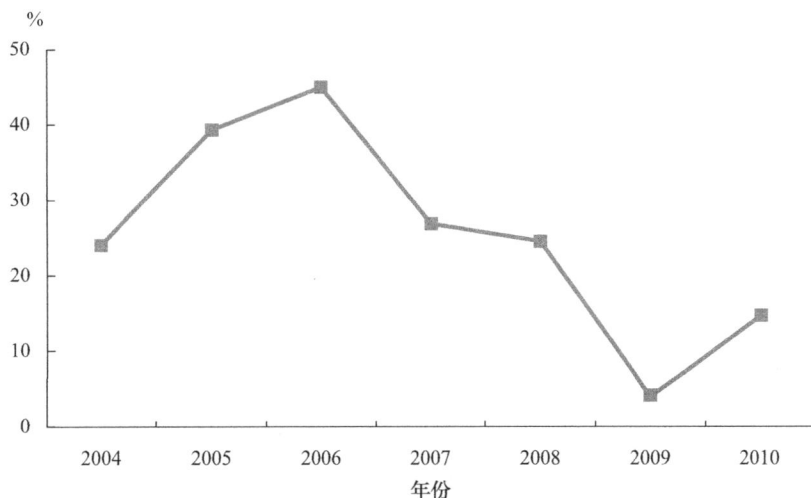

图5-6 2004—2010年年暂住一年以上人口占暂住人口的比重

资料来源：2011年昆山统计年鉴。

可见，外来人口已成为昆山人口的重要组成部分，这也是昆山近10年来城市人口结构变化最鲜明的特征。同时，由于外来人口的数量大、暂住流动性强、来源地广、暂住目标多、文化素质低和分布相当集中等特点，给昆山外来人口管理带来极大的困难。

（二）外来人口市民化存在的主要问题

1. 缺乏相应的外来流动人口管理和发展宏观规划

"十一五"时期，昆山市人口综合治理不断取得新进展，但在人口总量、结构、分布等方面存在一些不尽适应人口与经济社会协调发展要求的矛盾。全市统筹解决人口问题的合力还没完全形成；现行生育政策与群众生育意愿之间仍存在矛盾；流动人口管理服务体系与新昆山人数量的增长、日益增长的需求仍有一定的差距。"十二五"时期，是昆山率先基本实现现代化建设的关键时期。作为长三角重要的节点城市，在全国城市化快速发展的背景下，昆山人口总量发展仍将面临持续增长的压力，昆山经济发展方式转型对人口素质的快速提升提出了迫切的要求；在产业发展规划、交通和住宅建设的引导下，区域内人口的迁移流动将更加频繁；如何适应昆山经济发展转型的需要，进一步合理调控人口规模，优化人口结构，提升人口素质，处理好户籍人口和外来人口之间的关系，是当前外来人口管理中面临的重要挑战。

昆山市"十二五"规划提出到"十二五"期末昆山常住人口规模稳定在230万，人口规模与城市综合承载力基本相适应。因此，十分有必要对昆山适度人口规划进行研究，即"昆山到底适合多少人口居住"这一关键问题亟待从全市层面进行深化，进而制定科学合理的外来人口数量调控与管理机制。

2. 政府管理组织不健全，职责不清晰

目前，市外来人口管理办公室非一级政府机构，编制、机构、人员尚未明确，无法协调其他相关部门，同时政府将对外来人口的关注重点从监管转向利益保障和权利保护，此时"管"字当头的"外来人口管理办公室"，其体制机制和管理理念等方面有待进一步创新。同时，外来人口管理涉及市外来人口管理办公室、人保局、人口计生委、总工会、公安局、台办等机构，职责不清晰，容易形成多头管理、错位管理和失位管理。

3. 享受公共服务范围有限，保障水平有待进一步提升

2003年，"新昆山人"成为昆山"外来人口"的新称谓，政府先后出台了一系列保障"新昆山人"权利的文件规定，涉及就业、安居、就学、问医、计生等方面，改善外来人口的工作和生活环境。不可否认，外来人口边缘化的现象仍然存在。如昆山在计算人均GDP和核算国民经济主要指标时，没有把外来流动人口统计在内，尽管有说明是按户籍人均计算，但这等于是未承认其为城市发展所带来的效益。外来人口职业稳定性不高，以制造业、建筑业和传统服务业就业为主，往往是城市中经济收入最低的群体；在就业、医疗、养老、教育等方面，与本地居民相比，在实际操作中仍存在一定的差距。以子女在昆山就读为例，《"新昆山人"子女在昆就读实施意见（修订）》要求法定监护人监护下在昆山居住二年以上，并只能到指定的中小学借读，由于昆山外来人口子女就读人数众多、而就读学校名额有限，导致竞争激励，特别是一些教学质量高的公立学校，外来人口子女实际很难入学（图5-7）。医疗方面，由于新农合的报销限制、外来人口参加职工基本医疗保险的比例不高以及外来人口自身经济状况等原因，广大外来人口难以获得城市正规医院的医疗服务，患病后自我医疗的比例高。社会保险方面，由于外来人口社会保险缴费水平相对于其收入较高，同时外来人口流动性相对较大，城乡社会保险间跨制度转移办法尚未出台，影响了外来人口参保积极性。在住房保障方面，公租房、廉租房、经济适用房等保障性住房大多未对外来人口开放，农民工住房保障体系尚处于探索阶段，没有完整的制度安排。

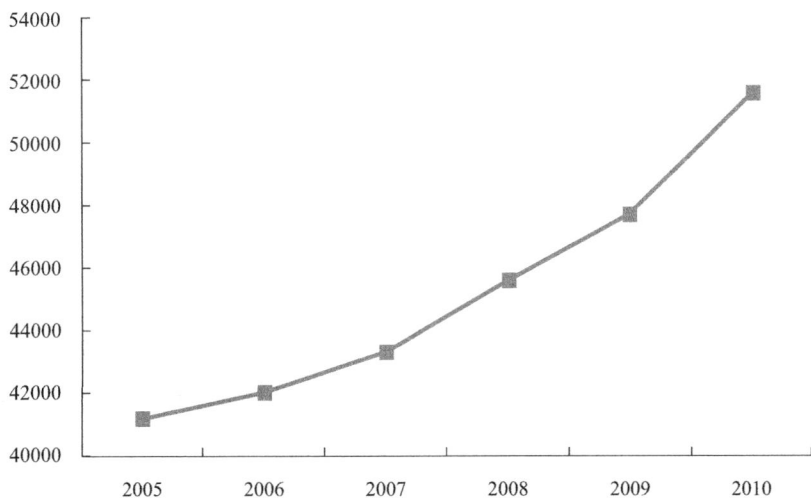

图5-7　2005—2010年小学在校生人数增长

资料来源：历年昆山统计年鉴。

4. "新昆山人"市民化路径缺失，市民化门槛较高

目前在昆山城市人口的各类人群中，除夫妻团聚、子女随迁、老年投靠等常规的户籍迁移途径外，其余几类人员由于户籍身份的不同，市民化途径也不尽相同。根据2005年出台的《昆山市户籍准入登记暂行办法》[①]，主要有三种市民化途径：外地居民通过购房入户实现市民化、外地来昆投资（纳税）入户实现市民化、人才引进入户实现市民化。尽管购房入户、投资（纳税）入户、人才入户的对象范围也包括了外来务工人员，但对照外来务工人员普遍学历较低、收入较低、资本积累和融资能力不足的实际，这些政策对外来务工人员不具有可行性，或者说只有少数的外来务工人员可实现市民化（图5-8）。以购房入户为例，要求购买本市成套商品住房，房产证办理3年以上，面积达80平方米以上，且被本市单位合法聘用5年以上（劳动合同由劳动和社会保障部门签订意见），参加社保、医保3年以上的，允许其本人、配偶及未成年子女整户迁入。以昆山商品住宅均价8000元/m²计算，80平方米房屋则需要64万元，对于普通外来务工人员，无疑是很难实现的。

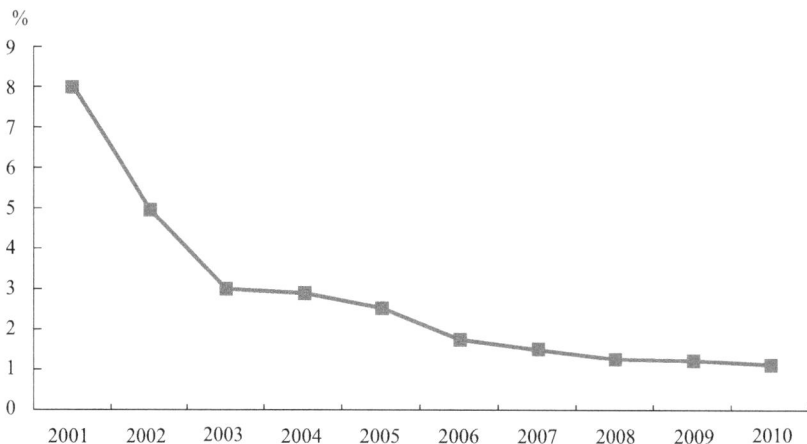

图5-8　2001—2010年迁入人口与年末暂住人口比重

资料来源：历年昆山统计年鉴。

国务院2012年2月发布了《关于积极稳妥推进户籍管理制度改革的通知》，提出"在县级市市区、县人民政府驻地镇和其他建制镇有合法稳定职业并有合法稳定住所（含租赁）的人员，本人及其共同居住生活的配偶、未婚子女、父母，可以在当地申请登记常住户口"。当时昆山户籍人口仅71万，"十二五"规划又提出建设"现

---

① 2011年12月，昆山市政府法制办公室在发布了《昆山市户籍准入登记暂行办法（草案）》征求意见公告，新的户籍准入登记还没有正式出台，此处仍以2005年颁布为依据。

代化大城市"目标，现代化的大城市必须有相适宜的人口规模，在此背景下，昆山必须探索现实可行、适用的具有昆山特色的外来人口市民化路径，创新外来人口管理机制，推进"新昆山人"向"昆山人"转型。

5. 社会融合问题凸显，包容性社会建设亟须加强

外来人口市民化不仅是一个社会问题、经济问题，也是一个政治问题，关系城镇发展的稳定。"新昆山人"长期处于昆山的边缘，通常从事最脏、最累、最危险的工作，居住条件较差、享受福利水平较低，与昆山当地市民在思想观念、文化水平、生活习惯等方面存在较大差异，难以融入昆山城市主流社会，自身的合法权益难以得到保障，甚至在社会管理上被视为影响扰乱城市社会治安而需要重点防范的"问题群体""敏感群体"。"边缘人"的尴尬身份和悬空心理，容易造成外来人口对昆山城市社会怀有疏离感和不满情绪，成为社会发展的不稳定群体。同时，由于昆山城市自身人口容量的约束和公共服务能力的有限，昆山当地市民受到外来人口在就业、子女教育、医疗、住房等方面的冲击，导致原本稀缺的公共服务资源更显不足，影响当地市民享受公共服务水平，因而对外来人口产生一定的抵触和排外心理，影响社会和谐发展。特别是在外来人口集聚地区，往往出现外来人口数量多于甚至数倍于昆山当地市民，对当地经济社会文化发展产生了重大影响，传统的社会管理模式也面临着较为严峻的考验。

（三）构建外来人口市民化路径

党的十八大提出，要加快户籍制度改革，有序推进农业转移人口市民化，努力实现城镇基本公共服务常住人口全覆盖。

1. 改革开放以来我国城市户籍改革的实践和探索

在人口城乡迁移和城市化过程的推动下，户籍制度必然将发生持续的改革。事实上，在城乡移民的不断发展过程中，城市户籍制度的改革一直没有止步。中央政府和城市地方政府在不断进行城市户籍体制改革的探索。如果对这一过程进行总结，可分为两个阶段：小城镇户籍制度改革阶段、大城市户籍制度改革阶段。

（1）小城镇户籍制度改革阶段

随着农村经济体制改革，大量农民就近进入集镇务工经商，带动了乡镇企业的蓬勃发展，促进了乡镇商业经济的初步繁荣。鉴于这样的事实，国务院发出了《国务院关于农民进入集镇落户问题的通知》，允许在集镇有固定住所、有经营能力、

或在乡镇企事业单位长期务工的农民落常住户口，并要求当地公安为他们及时办理入户手续，发给《自理口粮户口簿》，统计为非农业人口。至此，我国的户口登记制度上出现了既非农村户口又非城镇户口的"自理口粮户口"。它不同于以往的城市商品粮户口，享受不了城市户口所带来的很多权益，是一种介于城市和农村之间的折中户口。

"自理口粮"政策出台后不久，各地农民开始陆续办理自理口粮户口。1990年全国自理口粮人口428万人，1993年上升到470万，经历了初期快速增长后，增长缓慢，甚至部分地区出现自理口粮人口下降的现象。1992年8月，公安部发出了《关于实行当地有效镇居民户口的通知（征求意见稿）》，决定实行当地有效城镇户口制度。随后，各省先后在本地区试行"有效城镇居民户口"，即"蓝印户口"。它又是一种折中的户口，介于正式户口和暂住户口之间，其所有人基本上可以享受正式户口所带来的权益。由于附属权益增加，"蓝印户口"的吸引力较之前的自理口粮户口大为增加，并带来了一股各地以集资为由向社会公开出售这种户口的热潮。

1997年6月，国务院批转了公安部《小城镇户籍管理制度改革试点方案》和《完善农村户籍管理制度意见的通知》，实施小城镇户籍制度改革试点方案。方案要求，对在小城镇落户的人员，各地方、各部门均不得收取城镇增容费或者类似增容费的费用。2000年6月，中共中央、国务院颁布《关于促进小城镇健康发展的若干意见》；2001年3月，国务院批转公安部《关于推进小城镇户籍管理制度改革的意见》。该意见意在深化小城镇户籍制度改革，继续推进小城镇的健康发展。在1997年方案的基础上还规定，对进镇落户的农民，可根据本人意愿，保留其承包土地经营权，并允许依法有偿转让。较20世纪80年代实行的自理口粮政策，90年代及21世纪试行的蓝印户口等一系列小城镇户口改革制度无疑对农村人口进入城镇落户的条件大为放宽。

小城镇户籍制度改革是推进中国城镇化道路的重要一步，也是促进流动人口社会融合的重要举措。小城镇户籍改革的实质是承认大批在小城镇工作、生活的人口，他们的身份已经不是农民，其目的应该是方便人口管理。然而，从政策实行的结果来看，效果与制定政策的初衷却有一定差距，农民对城镇户口的热情远没有预想中的那么大。不可否认，小城镇户口制度基本上是随着小城镇户口对农民吸引力逐渐减弱而逐步放开的。小城镇户籍制度改革一方面表现为对农民进入小城镇的限制逐步放松，另一方面表现为城镇户口所附属的权益逐渐淡化。

（2）大城市户籍制度改革阶段

随着小城镇户籍制度改革不断深化和大城市外来人口数量的逐步增多，2000年以来，大城市户籍制度改革拉开了帷幕。

　　1）郑州案例

　　2001年11月，郑州市发布了《郑州市人民政府关于进一步完善和落实户籍制度改革政策的通知》，这标志河南省郑州市率先开始了大城市户籍制度改革。通知对七类人群的城市落户放宽了条件，包括亲属投靠、新生儿入户、购房入户、投资纳税入户、工作入户、大中专院校毕业生入户、成建制入户。随后，2003年8月21日，郑州市政府出台了《郑州市人民政府关于户籍管理制度改革的通知》，进一步深化了户籍制度改革。它在2001年文件的基础上，取消现行"农业户口""暂住户口""小城镇户口""非农业户口"二元户口性质，实行"一元制"户口管理模式，统称为"郑州居民户口"。此外，该文件对购房入户和大中专院校毕业生入户又进一步降低了门槛，规定：凡在我市辖区内购买住房的外省市公民，凭房屋产权证明即可办理本人及其直系亲属的迁郑户口；凡具有中等专业技术学校（含技工学校）以上文凭的毕业生，到郑州市人才中心存档后，凭毕业证即可办理迁郑户口。然而，政策执行的效果却没有预想中的好，所带来的问题让郑州市政府措手不及。由于人口的迅速增加致使城市交通拥挤、教育资源急剧紧张、社会保障部门压力增大、城市治安压力增大，郑州市公安部门规范了户籍办理的程序，暂停了户籍制度改革。最终，郑州市的这种"普惠制"户籍制度改革在不堪人口迅速涌入的压力之下停止了。

　　2）上海案例

　　自从上海实行居住证制度以来，上海市引进人才的制度环境得到了很好的改善，然而居住证与户口之间的待遇仍有一定差距，居住证与户口之间的制度通道没有建立。2009年3月23日，上海市政府公布了《持有〈上海市居住证〉人员申办本市常住户口试行办法》，试行期为3年，核心在于明确了居住证转户籍的具体路径。按照规定，符合以下条件者可以申办本市常住户口：持有《上海市居住证》满7年；持证期间按规定参加本市城镇社会保险满7年；持证期间依法在本市缴纳所得税；在本市被聘任为中级及以上专业技术职务或者具有技师（国家二级以上职业资格证书）以上职业资格，且专业及工种对应；无违反国家及本市计划生育政策规定行为、治安管理处罚以上违法犯罪记录及其他方面的不良行为记录。除五项基本申办条件外，该通知还规定了四条激励条件。同年6月，上海市人力资源社会保障局会同有关职能部门印发了《持有〈上海市居住证〉人员申办本市常住户口试行办法实施细则》，制定了与试行办法相对应的实施细则。上海2009年户籍改革的最大特点就是为市民身份的转变提供了一个通道，通过居住证与上海市户口衔接转换，建立了外来人口获取上海市常住户口的具体路径。此次户籍改革的目标指向群体也在扩大，更加强调能力与贡献。如果说2009年居住证转户籍是上海户籍改革的第一步，2010年上海执行人才直接落户政策，则是进一步放宽了城市户籍的限制，对于上海城市发展所急需的现代服务业和先进制造业人才，上海城市户籍提供了直接落户的绿色通道。

3）重庆案例

2010年7月28日，重庆市召开全市户籍改革工作会议，宣布正式启动全市的户籍改革。按照《重庆市人民政府关于统筹城乡户籍制度改革的意见》，此次改革以解决有条件农民工及新生代转户进城为突破口，坚持综合配套、有偿自愿、分阶段推进、分群体实施、分区域布局的总体思路，计划两年内解决338万人的城市户籍问题，并使重庆市到2020年城市化率达到60%。根据通知，重庆主城九区，具备下列条件之一，本人及其共同居住生活的配偶、子女、父母可登记为城镇居民：购买商品住房；务工经商五年以上，具有合法稳定住所；投资兴办实业，三年累计纳税10万元或一年纳税5万元以上的，具有合法稳定住所。此次户籍改革不仅是对农民及流动人口进城的落户门槛改革，还对与户籍制度相关的配套机制进行大规模的改革，涉及农村土地处置机制、住房保障机制、养老保险制度、医疗保险制度、社会救助和福利服务保障机制、就业保障机制、培训机制、城乡教育保障机制、卫生服务保障机制、计划生育相关政策。

4）成都案例

2010年11月16日，作为"全国统筹城乡综合配套改革试验区"的成都市宣布推出《关于全域成都城乡统一户籍实现居民自由迁徙的意见》。按照文件要求，成都市将建立户口登记地与实际居住地统一的户籍管理制度，统一就业失业登记，完善就业援助制度，进一步完善城乡统一的社会保险制度，建立分区域统一的城乡住房保障体系，分区域统一城乡"三无"人员供养标准和低保标准，建立城乡统一的计划生育政策，实现义务教育公平化，统一中职学生资助政策，城乡居民在户籍所在地享有平等的政治权利和民主管理权利，实行统一的退役士兵安置补偿和城乡义务兵家庭优待政策，市外人员入户享受与本地居民同等的待遇。自2003年以来，成都市包括这次调整在内，前后共进行了五次户籍政策调整。此次户籍制度改革在力度和范围上都是前所未有的，突破了户籍制度改革局限于落户门槛上，着手于实现城乡统一公共服务、社会保障体系和户籍管理制度。

总体来看，大城市户籍改革比小城镇户籍改革更难，是因为大城市户籍改革比小城镇户籍改革有更多的社会福利。因此照搬小城镇户籍改革经验的郑州改革，与其他类似城市的改革是以失败而结果的。大城市户籍改革是一个渐进放开的过程，而从近期的改革实践看。大城市的户籍改革的速度在加速，改革也更加深入。这种改革的日益深入表现在两个方面：一是户籍改革的开放性增强，对于入籍的门槛和条件总体上是更加放开的；二是更加重视户籍制度和农村土地制度、社会保障制度等改革联动日益增强。作为重庆市和成都市户籍制度改革与以往大城市户籍制度改革不同之处在于对农民利益的充分保障，尝试通过建立转户居民宅基地、承包地和林地的弹性退出机制，以合理的过渡期保障农民合法利益，并探索户籍改革和社会保障制度改革衔接。大城市户籍改革还处于逐步深化的过程中，改革正日益进入深水区，改革的力度和难度同时增强。但总体上看，大城市户籍改革还是滞后于农村人口进入城市和快速城市化的发展实际，需要进一步加快户籍改革，破解城乡二元结构，使我国社会结构从"二元社会"转变为"一元社会"，并以流动人口融入城市为标志，实现城市内部的社会整合和社会发展。

2. 昆山市户籍制度改革的困难分析

2010年5月31日，《国务院批转发展改革委关于2010年深化经济体制改革重点工作意见的通知》公布，全年经济体制改革的重点共11个领域。通知提出，"深化户籍制度改革，加快落实放宽中小城市、小城镇特别是县城和中心镇落户条件的政策。进一步完善暂住人口登记制度，逐步在全国范围内实行居住证制度。"

2012年2月23日，《国务院办公厅关于积极稳妥推进户籍管理制度改革的通知》（国办发〔2011〕9号）发布。该通知要求各地区、各有关部门认真贯彻国家有关推进城镇化和户籍管理制度改革的决策部署，积极稳妥推进户籍管理制度改革。通知提出要分类明确户口迁移政策；放开地级市户籍，清理造成暂住人口学习、工作、生活不便的有关政策措施；今后出台有关就业、义务教育、技能培训等政策措施，不要与户口性质挂钩。继续探索建立城乡统一的户口登记制度。逐步实行暂住人口居住证制度。但从实际来看，户籍制度改革迟迟落实不下去，原因就在于地方政府反对。在现行财税体制下，地方政府预算收入由上级支付，按其户籍人口核定。因此，地方政府如果要扩大城镇福利制度覆盖的范围，只会主要考虑本地户籍农业人口。

对于迁出地政府而言，人口流出虽然减少了本地劳动力供给，但能缓解当地居民的就业压力，降低当地的失业率。如果迁出者是农村居民，人口流出还有利于减少农村人口，从而增加当地农村的人均耕地面积，提高农民人均收入。如果允许建设用地在当地农村和城镇之间流转，农村居民迁出还能给当地带来宝贵的城镇建设用地指标。这其实也是许多地方政府热心推动以"土地换户口"的动力所在。由于迁出地能够从人口外迁中获得较多收益，因此，迁出地政府通常对外迁人口不予阻拦。

对于迁入地政府而言，流入不仅可以提高当地的总产出，而且有利于降低当地的劳动力成本，从而增强本地产业的竞争力，推动当地经济的发展。但由于我国当前的"福利地方化"安排，地方政府有义务为当地户籍居民提供教育、医疗、社会保障等公共服务和社会福利，外来人口户籍迁入必将增加地方政府在这些方面的财政支出。如果迁入地政府无需为外来人员提供公共服务和社会福利同样能够获得充分的劳动力供给，对于迁入地政府则是最有利的。对于迁入地居民而言，如果允许外来人口落户，他们将有权分享城市居民本已紧张的教育、医疗、廉租房、低保等公共资源，从而使原城市居民的利益直接受损。因此，城市政府和居民对外来人口落户城市大多持反对态度。

对于迁移者而言，其迁移动机主要来自获得更高的就业收入和享受城市政府所提供的公共服务和福利，因此，大城市会因为拥有更好的发展机会、更高的工资水平、更优厚的公共福利而对迁移者具有更大的吸引力。这也是大城市倾向于实施更严格的户籍管制的原因。如果能够落户城市，对于农村迁移者来说，往往意味着更高的收入和更好的福利，但他们也可能面临失去农村耕地和住房的代价。按照现行的政策，其耕地承包权将随着本轮承包期的结束而终止，其在农村的住房也会因无法在市场交易而很难获得充分补偿。对于来自其他城市的迁移者而言，则需要比较迁入和迁出城市在公共服务及社会福利方面的优劣才能判断其得失。在考虑迁移决策时，迁移者都会权衡其在迁入地的"收益"是否能够充分弥补其在迁出地的"损失"。

可见，由于户籍制度与众多的利益和权利紧密相连，从而形成了人口向高福利地区迁移的巨大势能，一旦放松户籍管制，大量"福利追逐者"的到来必然给高福利地区造成巨大的财政压力和人口管理困境。同时，户籍迁移还会导致迁移者原户籍地与迁入地之间出现严重的利益失衡问题。因此，顺利推进户籍改革必须妥善化解以下困境：一是如何在有效提高公民迁徙自由度的过程中确保社会稳定？二是如何实现各利益相关者在改革中的利益平衡以缓解改革面临的阻力？三是如何化解高福利地区的财政和人口管理困境并提供接纳外来人口的有效激励？显然，简单地实施自由迁徙无助于解决上述问题。在当前制度背景下，户籍改革仍需坚持渐进改革的道路。

就昆山市而言，首先，"钱从哪里来"。"新昆山人"是推动流昆山经济社会发展的重要力量，为昆山现代化建设做出了重大贡献，但由于现行分税制体制，财政转移支付仍按户籍人口划拨，尚未实现"钱随人走""钱随事走"，因此目前"新昆山人"市民化成本主要由昆山政府承担。昆山地政府出于自身财政属性、财政状况及维护城市市民利益的考虑，在"新昆山人"市民化的成本投入上压力较大，也缺乏很强的动力。相关测算表明，仅解决社会保障和公共服务，"新昆山人"市民化成本至少人均10万元，昆山政府财政压力较大，短时间内难以承受。同时，由于仍依据户籍人口对农民工流出地进行财政补助，容易出现资源浪费和设施重复建设等问题，形成公共服务资源"流入地稀缺、流出地闲置"等现象，进一步影响流入地政府推进农民工市民化的意愿。

其次，"地从哪里来"。"新昆山人"市民化，必须要解决"新昆山人"市民化所需要的建设用地。而国家实施严格的耕地保护政策，对农用地特别是耕地转为建设用地总量实施严格控制，对占用耕地和重大基础设施项目占用基本农田，实施耕地和基本农田占补平衡制度，但规定不得跨省域、市域进行耕地和基本农田占补平衡，昆山42万亩（280km²）基本农田不能突破，昆山土地供给数量相当有限，如2011年昆山建设用地计划供应量为845hm²，其中新增建设用地仅为300hm²，城市发展用地十分紧张，城市建设的规模和速度受到严重制约。

最后，"人往哪里去"。尽管那几年来昆山市委市政府高度重视对人才和技工人员的大力引进和培育，外来人口文化素质水平显著提升，但由于受产业结构和产业层次的制约，"新昆山人"整体素质仍然偏低。随着产业转型升级步伐的加快，先进制造业与现代服务业在经济总量中所占比重提升，必然会平抑经济增长对粗放劳动力的需求弹性，产生"倒逼效应"，对"新昆山人"整体素质和技能的要求进一步提升，"新昆山人"就业和再就业问题将进一步突出。

同时，"人到哪里住"问题凸显。以当时昆山商品住宅均价8000元/平方米计算，80m²房屋则需要64万元，对于普通外来务工人员，无疑是很难实现的。以公共租赁房为例，外来人口人均住房建筑面积按照相关规定的人均10m²，依据外来人口总量的18%左右安排公共租赁房，"十二五"期间共需290万m²。

整体而言，昆山城市承载力有限。结合前文"新昆山人"适度规模研究来看，我们认为：现阶段户籍仍然是调控昆山城市人口发展的有效手段。考虑到昆山建设现代化大城市对人口总量的适度控制和结构优化的要求，要有序推进"新昆山人"市民化，居住证与户籍的对接采取动态平衡的思路，通过对年度转办名额进行总量调控，防止"福利拉动型"的人口过度迁入，保持户籍人口总量的"理性"增长。

3. "新昆山人"市民化积分制研究

要进一步提高现有居住证的含金量，借鉴广东中山、浙江宁波、上海等"积分制"管理经验，结合昆山产业特点和城市承载力水平，探索构建具有昆山特色的"积分制"指标体系；加快实施"积分制"管理，推进居住证与昆山户口衔接转换，建立"新昆山人"获取常住户口的具体路径，让"新昆山人"看到希望、怀有梦想（表5-2）。昆山市"积分制"指标体系由基本要求、个人素质、参保情况和奖励加分组成。实行入户年度总指标控制，根据总得分情况由高到低排序，鼓励"新昆山人"向周边乡镇和园区申请落户。同时，指标体系中的指标及权重要根据"新昆山人"的实际需求和昆山经济社会发展情况及时进行调整和修正。

昆山市"积分制"指标体系及权重 表5-2

一级指标	二级指标	三级指标	指标分值	备注说明
基本要求	年龄情况	18~35周岁	5分	年龄超过40岁的每增长1岁减1分；持有昆山市居住证的年限每增加1年加1分，累计不超过10分；超生的每生育一个子女扣50分；近5年内曾受过劳动教养的扣20分，近5年内曾受过刑事处罚扣50分，近3年内曾受过行政拘留处罚的扣10分；个人信用存在不良记录的，每条扣10分
	身体状况	身体健康	1分	
	居住情况	持有昆山市居住证	4分	
	就业情况	纳入昆山市就业登记且当前正在昆山市缴纳社会保险	1分	
	计划生育	未超生	1分	
	守法情况与信用记录	无违法犯罪记录，无不良信用记录	2分	
个人素质	文化程度及技能水平	1. 博士研究生学历； 2. 硕士研究生学历并具有中级专业技术资格； 3. 高级专业技术资格； 4. 高级技师； 5. 专项职业能力一级	100分	1. 高中学历层次包括：普通高中、职高、中专、中技；大专学历层次包括：大专、高技。普通高等教育全日制大专以上学历的，另加10分；有学士以上学位的，另加5分。 2. 属于夫妻分居的，另加40分。 3. 由申请人提供学历、学位和技术技能水平证书原件，经验证或公证后得分。 4. 持有非昆山市评定的专业技术资格（不含经全国统考取得），须经我市人力资源保障部门审核确认；持有非在我市参加考试的技能职业资格证书的（含国、全省统考类），需进行公证后，方可得分。 5. 本项指标最高积分不超过100分，按就高不就低原则计分，不累计加分
		1. 硕士研究生学历； 2. 本科学历并具有初级专业技术资格； 3. 中级专业技术资格； 4. 技师； 5. 专项职业能力二级	90分	
		1. 本科学历； 2. 大专学历并具有初级专业技术资格、高级工	80分	
		1. 初级专业技术资格（助理级）； 2. 高级工； 3. 专项职业能力三级	70分	
		1. 大专学历； 2. 初级专业技术资格（员级）	60分	
		中级工	50分	
		初级工	30分	
		高中学历	20分	

续表

一级指标	二级指标	三级指标	指标分值	备注说明
个人素质	技能竞赛	在国家级一、二类职业技能竞赛中获奖；在江苏省、苏州市、昆山市人力资源保障部门举办或经上述部门备案核准由有关行业协会举办的职业技能竞赛中获奖	国家级一等奖60分；国家级二等奖或省级一等奖50分；国家级三等奖、省级二等奖或苏州市级一等奖40分；省级三等奖、苏州市级二等奖、昆山市一等奖30分；苏州市级三等奖、昆山市二等奖20分；昆山市三等奖10分	技能竞赛、发明创造两类指标只能任选其中一类进行积分，不叠加积分。其中技能竞赛由本人提供荣誉证书，经验证后得分。近5年内有效，不累积。发明创造由本人提供国家专利证书，经验证后得分。可累积，但最高不超过80分
	发明创造	发明专利	每获得1项积50分。多人共有专利的，申请人所得分数按50/（人数＋1）计算，申请人为第一专利人的，加计一份平均分，即得分再"乘以2"	
		实用新型专利	每获得1项积30分。多人共有专利的，申请人所得分数按30/（人数＋1）计算，申请人为第一专利人的，加计一份平均分，即得分再"乘以2"	
		外观设计专利	每获得1项积20分。多人共有专利的，申请人所得分数按20/（人数＋1）计算，申请人为第一专利人的，加计一份平均分，即得分再"乘以2"	

续表

一级指标	二级指标	三级指标	指标分值	备注说明
个人素质	表彰荣誉	获得国家部委及以上单位或江苏省委省政府、苏州及昆山市委市政府表彰、嘉奖或授予荣誉称号	获得国家部委及以上单位或江苏省委省政府表彰、嘉奖或授予荣誉称号的积40分；获得苏州市委市政府表彰、嘉奖或授予荣誉称号的积35分；获得昆山市委市政府表彰、嘉奖或授予荣誉称号的积30分	由本人提供荣誉证书，经验证后得分。近5年内有效，不累积
参保情况	昆山市参保情况	缴纳昆山市社会养老保险年限	每满1年积3分	参保情况总分最高不超过70分
		缴纳昆山市其他社会保险险种年限	每险种每满1年积1分	
奖励加分	社会服务（近五年内，昆山市范围）	参加献血（包括献造血干细胞）	每次2分，最高不超过6分	社会服务指标最高分值为20分，各三级指标累计超过20分的，按20分计
		参加义工、青年志愿者服务	服务每满50小时积2分，最高不超过10分	
		慈善捐赠，接受捐赠的单位必须是政府认定的慈善组织	每千元积1分，最高不超过3分	
		担任流动人口和出租屋服务管理兼职联络员	5分	
	落户区域	落户中心城区外的乡镇	3分	
	申办类型	单位申办，并在本单位连续缴纳工伤保险费6个月以上	10分	

4. 延伸积分制权益范围，更好"新昆山人"的实际需求

推动基本公共服务均等化，涉及广大居民的生活、教育、医疗、住房等诸多方面，是一个更大的系统工程。在大力推进基本公共均等化的同时，可以考虑借鉴积

分制的量化模式，结合"新昆山人"的需求，渐进式地提供更多的优质社会资源，将积分制的模式融入基本公共服务均等化的建设中，逐渐延伸积分制的权益范围。以"新昆山人"子女教育为例，由于昆山外来人口子女就读人数众多、而就读学校名额有限，导致竞争激励，特别是一些教学质量高的公立学校，外来人口子女实际很难入学，可以尝试通过积分制缓解"新昆山人"子女教育问题。

此外，根据"新昆山人"的不同需求提供区别式的服务。部分"新昆山人"没有申请积分制、或放弃入户的一个主要原因是不想放弃农村的土地。这不仅是简单的乡土情结，中国的农民更多地把土地作为其生存生活的最后一道防线，土地对他们来说意味着太多的东西。在这种情况下，是否可以考虑根据"新昆山人"的不同需求提供区别式的服务。比如针对部分"新昆山人"在教育、住房、卫生等方面不同层次的服务需求，可以将积分制分为三个层次区别对待：第一个层次针对只想解决小孩教育问题的流动人员，可以在教育资源允许的情况下给予最宽松的准入条件。第二个层次针对不愿放弃土地，但仍想获得城市居民待遇的流动人员，可以以入户的标准来要求这部分流动人员，但达到入户资格后不强迫其办理入户手续，成为真正的昆山本地人，给予特殊标记，使其在外籍户口的情况下享受与本地居民完全相同或部分相同的服务待遇。第三个层次是想入户的"新昆山人"，在达到入户资格后办理相关手续，成为实实在在的本地人，自然而然地享受所有当地的基本公共服务。这样一来，就可以惠及更多的"新昆山人"，扩大享受基本公共服务的群体，同时也兼顾部流动人员对土地的眷恋，真正做到以人为本。

（四）推进包容性社会建设，培育"新昆山人"精神家园

外来人口融合不仅是一个社会问题，也是一个政治问题，关系到昆山经济社会的稳定发展。

1. 加快昆山城市包容性发展

新中国成立60多年来，特别是改革开放30多年来，中国社会经济发展取得了举世瞩目的惊人成就，但我们同时需要清醒地认识到，已有的发展依然属于社会主义发展的初级阶段，城市的发展主要依靠土地、廉价劳动力和廉价自然资源等要素取得的，而对社会发展、环境发展所承担责任和义务则较少。伴随初级发展方式的社会问题、环境问题因而也就越来越凸显出来。按照科学发展观的要求，城市社会要转变发展方式就是要从这种初级发展转向包容性发展。

所谓包容性发展，与包容性增长理念密切相连，包容性增长就是"要对地区的和谐增长作出贡献"，其核心内涵主要包括通过可持续增长扩大就业，减少贫困；通过广泛公平参与促进机会均等；通过公共政策保障人们的基本社会福利。包容性发展也就是要对社会和谐发展作出贡献，具体而言，就是城市发展在利用对自己有利资源的同时，也要承担和谐发展的责任和义务，即包容可能的福利成本或负担。譬如说，城市发展与利用流动农民工的关系问题，按照包容性发展理念，城市和企业在使用农民工获得自身发展的同时，也要为农民工的进一步发展和社会保障承担一定的责任和义务，而不是把保障的责任全部推向农村或户籍所在地，唯有这样才能促进整个社会的和谐发展。

近年来，沿海地区出现的"民工荒"现象，以及劳资矛盾增多、劳资关系恶化等现象，其实质是类发展困境的一种显现。包容性发展将是城市发展的一种趋势和要求。城市发展要转向包容性发展，其目标就是使我们的城市和乡村、东部和西部、经济和社会、人和自然携手并进地共同发展，真正实现"民生为重，百姓至上"，更为合理地配置社会资源和社会机会。

就"新昆山人"管理而言，要充分认识到"新昆山人"为昆山经济社会快速发展所做出的巨大贡献，按照包容性发展理念，昆山市城市要加快转变管理思路和策略，各级城市在规划、市政建设、城市社会管理中，必须充分考虑"新昆山人"市民化的因素，积极主动地应对城市人口发展带来的挑战，充分发挥人口流动带来的发展机遇，同时积极主动地承担城市化的社会福利责任。要逐步将相对稳定的"新昆山人"容纳到城市统一的人口与经济社会管理体系之中，使在新兴产业内从业的"新昆山人"成为城市较为稳定的劳动力，降低流动人口的流动性，使流动人口尽快融入城市，促进城市和谐发展。

2. 推进"新昆山人"社会融合

"新昆山人"在昆山的社会融入是一个多方面的、逐步融入的过程。这样的社会融合受到包括教育、就业状况、居住状况、制度因素、社会资本等综合因素的影响。对于促进"新昆山人"社会融合，也需要根据社会融合过程的多样性和复合性进行分类引导。

一是加快流动人口的自然性融合和干预性融合。"新昆山人"的社会融合是一个自然过程，随着其就业、居住、交往、婚姻、生育等社会生活和社会联系的日益展开，会自然而然地促进社会融合过程。这种社会融合过程表现为部分"新昆山人"将逐步离开昆山返回户籍地，而另外一部分则沉淀下来的过程。对这个过程"拔苗助长"可能产生并不是流动人口所需要的融合。但这并非意味着政府不需要为流动人口在城市的融合提供促进和支持，政府导向型的干预能够在很大程度上加速或者实现融合的过程，包括直接的制度上的接纳、公共服务特别是社会保障的供给，也包括政府通过促进教育的支持、促进居住社区的社会支持、提供组织化的方式强化社会资本等。因此，政府要有为地提供实现干预性的融合，并在根本上促进"新昆山人"的福利，引导"新昆山人"与本地居民的融合。

二是鼓励流动人口的主动融合和促进双向融合。社会融合是指融合的主体对新的城市环境的适应。在这个过程中，"新昆山人"的主观能动性对其融合性发挥着重要的作用，其主观能动性主要表现为自我身份的认知和对昆山城市的态度。因此，在强调外在制度环境对融合的影响的同时，也应该重视加强流动人口自身的主动性，加强流动人口本身的人力资本和积极主动性。在一群流动人口同时进入城市，有些人积极地在城市设法生存和努力发展，而另一些人则成为竞争的"失败者"而离开城市。因此，为"新昆山人"在城市生存、创业和发展提供支持，加强"新昆山人"的能力建设就显得非常必要。同时，这种融合又取决于昆山本地人口对"新昆山人"的态度是否歧视，以及"新昆山人"和昆山本地城市人口的相互互动，社会融合不仅决定于"新昆山人"，更决定于昆山本地居民和地方政府，这就需要政府通过促进昆山本地人口和"新昆山人"的相互理解和相互接触，弥补二者存在的歧视和鸿沟就显得尤其必要。通过大众媒体等宣传，使得昆山当地人能够正确地认识和对待"新昆山人"，减少流动人口的被歧视感，不仅对普通市民需要进行这样的宣传，对地方政府也需要进行这样的宣传，以形成一种更加开放性的社会环境和公共政策。在这个过程中，通过建立各种社会组织，发挥工会、居委会和社区中心的作用，能够促进"新昆山人"相互之间，以及"新昆山人"和昆山本地居民之间的交流。例如，如果不仅我们的学校应该接纳"新昆山人"子女，社区如果也能为"新昆山人"子女提供教育、服务和社会支持，就能够更好地加强对"新昆山人"子女的市民道德教育，提高"新昆山人"子女的公民精神。

三是推动对流动人口的渐进性融合和多维度融合。社会融合是一个过程，但这个过程的发展方式是渐进的，从不融合到融合的程度越来越深。需要保持这个过程的方向性，尽量推动流动人口沿着这个方向加快融合，并避免对这个方向形成阻碍甚至倒退。同时，"新昆山人"的社会融合包括不同的方面，这也使"新昆山人"会在某些方面开始融合，而在另一些方面却可能完全没有融入。对此，政府可根据不同特征的流动人口群体制定对应的政策来促进融入，根据各影响因素的作用大小和各种因素重要性的高低，来不断破除融入过程中的障碍推进"新昆山人"不断融入昆山城市社会。

3. 培育"新昆山人"精神家园

经过20多年的发展,"新昆山人"已经成为昆山大家庭不可分割的重要成员,"如果没有外来人口也就没有昆山的今天"。要紧紧围绕广大"新昆山人"的现实需求,发挥昆山自身优势,进一步提升就业发展环境、宜居生活品质、融合社会氛围,增强"新昆山人"在昆山就业的成就感、生活的归属感和认同感,以"同创同乐、共建共融"为建设理念,努力把昆山打造成为"新昆山人""宜业、宜居、包容、认同"的精神家园。

一要培育家园意识,搭建"新昆山人"参与昆山发展与管理新平台。昆山所取得的成就与"新昆山人"息息相关,"新昆山人"在昆山生活工作的过程也伴随着与昆山本地的文化及精神的融合。昆山作为沿海地区外来人口主要集聚地,要研究提炼具有包容性城市精神和相互认同的价值理念,为"新昆山人"营造家园氛围,增强"新昆山人"家园意识,培育"新昆山人"在昆山的成就感、认同感与归属感,有利于发挥"新昆山人"的"主人翁"精神,为昆山经济社会发展提供永续动力和活力。要积极搭建"新昆山人"参与昆山发展与管理新平台,建立完善"新昆山人"与昆山市各级政府和部门规范化、制度化的沟通交流机制,成立由"新昆山人"代表等组成的昆山发展顾问委员会,提供一切方便让广大"新昆山人"共同参与到昆山经济、社会、科技、文化、生态等方方面面的建设,通过共同参与、共同建设、共享成果,最终达到"共融"的层次,实现"新昆山人"与昆山本地居民全面融合可持续发展。

二要提升宜业环境,完善公共服务均等化。广大"新昆山人"离开故土,来到昆山就是为就业发展。因此,"宜业"是建设"新昆山人""精神家园"的重要物质基础,只有"宜业","新昆山人"才会选择并扎根昆山。要做好产业转型升级过程中"新昆山人"就业服务工作,分类培训不同行业、不同年龄段的"新昆山人",创新培训方式,加强教育培训管理,确保培训实效。增加培训资源,新建一批"新昆山人"培训基地和培训学院,使教育资源深入乡镇、社区和企业,切实为广大"新昆山人"服务。各级政府要高度重视"新昆山人"素质提升工作,并纳入城市经济社会发展总体规划、目标考核工作总体部署。要设立"新昆山人"专项基金,增加财政资金投入,同时由工会或劳动保障部门设立专门机构,建立跨部门的有效协调机制,充分发挥各类教育、培训机构和工会、共青团、妇联组织的作用,多渠道、多层次、多形式开展"新昆山人"素质教育和培训。要多谋"新昆山人"之利、多解"新昆山人"之忧,解决好"新昆山人"最关心最直接最现实的利益问题,在学有所教、劳有所得、病有所医、老有所养、住有所居上持续取得新突破,努力让

"新昆山人"过上更好生活。

三要推进文化融合，开展丰富多彩的文化活动。采取社区居民喜闻乐见的形式，组织开展形式多样的宣传教育活动，在社区内形成"新昆山人"和本地居民的相互理解、尊重和包容。社区文体活动设施向"新昆山人"开放，吸引"新昆山人"参与社区文体组织和文体活动，丰富"新昆山人"的文化生活。通过宣传栏、普法教育、科普教育活动和文明家庭创建等有效载体，引导"新昆山人"遵纪守法、爱护公共环境、讲究文明礼貌，养成科学文明健康的生活方式和生活习惯。通过举办各种社区活动，加深本地居民与"新昆山人"的接触、交流和沟通，促进新老居民之间的情感交流和生活接触。通过举办公益性慈善救助、邻里互助和志愿服务等公益性活动，引导"新昆山人"与本地居民互帮互助、和谐相处。

四要增强宜居品质，搭建"新昆山人"生活交流新平台。"宜居"是"精神家园"的重要特征，只有"宜居"，"新昆山人"才会有"家"的感觉，才会"乐不思乡"。社区是"精神家园"的重要组成部分，要重点推进"新昆山人"社区建设，充分考虑"新昆山人"生活习俗和居住习惯，规划建设"新昆山人"居住聚居区，让"新昆山人"享受到更好的城市生活品质，便利、舒适、和谐。充分考虑"新昆山人"需求，社区建筑风格与建筑布局充分体现"新昆山人"文化要素，社区商业、教育、医疗、娱乐等配套功能齐全。社区全面实行事务公开、民主决策、重大事项听证制度，积极组织和有序引导广大"新昆山人"主动参与社区管理，培育"新昆山人"在昆山"家"的意识。努力拓宽"新昆山人"子女入学渠道，主动为"新昆山人"解除后顾之忧。

三、昆山新型城镇化与农业现代化协调发展

（一）新型城镇化与农业现代化协调发展研究重大意义

改革开放40多年来，我国农业农村快速发展，但总体上与城市相比仍存在较大差距，农业现代化明显滞后于城镇化进程，带来了严重的"半城镇化""农村空心化"等问题。城镇化是解决农业农村农民问题的重要途径。我国农村人口过多、农业水土资源紧缺，在城乡二元体制下，土地规模经营难以推行，传统生产方式难以改变，这是"三农"问题的根源。城镇化总体上有利于集约节约利用土地，为发展现代农业腾出宝贵空间。随着农村人口逐步向城镇转移，农民人均资源占有量相应

增加，可以促进农业生产规模化和机械化，提高农业现代化水平和农民生活水平。城镇经济实力提升，会进一步增强以工促农、以城带乡能力，加快农村经济社会发展。尽管城镇化是我国当前最大的内需潜力所在，但仅仅依靠城镇化，忽视农业现代化，很难从根本上改变农村的落后面貌，而且容易导致农业萎缩和引发"城市病"。城镇化与农业现代化都是农村、农业发展的路径和手段，相互依托，相互促进。新型城镇化通过城镇布局优化、城镇化质量提升引领农业现代化发展，农业现代化通过农业产业转型升级发展及其空间布局的优化，更好地呼应和配合新型城镇化。党的十八大报告指出，解决好农业农村农民问题是全党工作的重中之重，要坚持走中国特色新型工业化、信息化、城镇化、农业现代化道路，推动城镇化和农业现代化相互协调。《中共中央关于全面深化改革若干重大问题的决定》提出要健全城乡发展一体化体制机制，形成以工促农、以城带乡、工农互惠、城乡一体的新型工农城乡关系，让广大农民平等参与现代化进程、共同分享现代化成果。2014年3月，《国家新型城镇化规划（2014—2020年）》出台，明确了未来城镇化的发展路径、主要目标和战略任务，要求紧紧围绕全面提高城镇化质量，加快转变城镇化发展方式，以人的城镇化为核心，走以人为本、四化同步、优化布局、生态文明、文化传承的中国特色新型城镇化道路。

昆山是历史上有名的"鱼米之乡"，农耕文化源远流长，在昆山市的现代产业框架中，尽管农业占全市经济比重很小（不到1%），但农业不仅具有经济功能，还包含生态、文化、教育等功能，推进昆山农业现代化的意义不仅限于农业农村发展，实际上也是新型城镇化的基础。昆山率先基本实现现代化，最艰巨最繁重的任务在农村农业，最广泛最深厚的基础也在农村农业，抓住了农村农业率先基本实现现代化，就抓住了全市率先基本实现现代化的关键。农村将成为昆山市进一步发展的战略腹地和推进城乡一体化、提升城镇化质量的关键地区；农业现代化将成为建设宜居昆山、美丽昆山、生态昆山、文化昆山重要战略。

和全国相比，昆山市推进城镇化和农业现代化相互协调有基础、有优势，但任务也更加艰巨。由于受政府城镇化政策、产业发展政策以及土地、水、生态等资源制约，昆山农村地区城镇化质量低于全市平均水平。工商业高度发达的市情，决定了昆山现代农业的发展模式有别于一般地区。随着城市建设规模和城市人口的不断增加，昆山市都市农业发展空间及资源的刚性约束越发凸显，亟待加快转变农业发展方式，推动农业的集约化、高端化发展。因此，昆山市城镇化与农业现代化必须走具有昆山特色的城镇化和农业现代化道路。研究昆山市推进城镇化与农业现代化协调同步发展，有助于昆山市加快构建科学合理的城镇化格局、农业发展格局和生态安全格局，率先开创城乡经济社会发展一体化新局面。

（二）新型城镇化与农业现代化协调发展研究现状

城镇化和农业现代化相互关系来看，钱纳里和赛尔奎因（1975）在论述发展的形式时，提出了城镇化和农业现代化的发展模式，认为在经济发展过程中工业化的发展会促进产业结构的优化改变，带来人均收入水平（人均GDP）的提高，从而加快城镇化的发展，带动农村剩余劳动力不断向城镇转移，进而带动农业现代化的发展。从日本、美国等国家发展实践来看，加大对农业的扶持力度，充分发挥城镇化对农业现代化的引领作用，促进农业经营的现代化，有助于推进城镇化与农业现代化协调发展。

辜胜阻（1991）认为城镇化有利于农业的规模经营、为农业提供现代的物质技术基础和资金，在农业现代化和城镇化过程中，农业现代化道路的选择和土地制度会对城镇化产生制约。韩长赋（2002）认为，农村城镇化、农业现代化和农民实现小康是同一个历史过程，必须城乡统筹考虑，农村城镇化农业现代化两个题目一起解。尹成杰（2012）认为城镇化是释放农业农村需求的重要战略基点，城镇化是农业现代化的重要引擎，是实现城乡发展均等化的重要途径。董伟（2013）认为城镇化以农业现代化为基础，农业现代化以城镇化为引领，二者在相互促进中共同发展。在对我国城镇化与农业现代化协调发展研究方面，郑鑫（2005）论述了城镇化与农业现代化的相互关系，认为我国在城镇化发展的同时不够重视农业现代化，只有两者协调发展才能保证国民经济的健康。刘玉（2007）认为农业现代化与城镇化发展不协调，主要因素在于农业与现代工业、服务脱节，农民与城镇居民脱节，农村经济与城镇经济脱节。孙云霞（2009）通过构建区域城镇化与农业现代化发展指数来计算两者间的协调度，结果发现我国大陆各省市区城镇化与农业现代化协调发展水平整体不高，区域差异明显。曾福生等（2011）通过选择反映城乡差距的指标通过因子分析法加权计算城乡协调度水平，认为湖南省城乡协调度呈现不断下降趋势，对农业农村发展投入不足是主要原因。韩长赋（2012）认为工农城乡关系不协调是我国当前面临的最大社会经济结构矛盾，农业现代化滞后的问题越来越突出。赵颖智（2013）基于系统得分，建立了协调度测算函数来计算中国近20年城镇化和农业现代化之间的协调度，结果显示出城镇化系统与农业现代化系统之间的协调度呈现先下降后上升的趋势。

目前，学术界对昆山市城镇化与农业现代化研究主要其中在城镇化动力机制、现代农业和城乡一体化等方面。殷存毅（2003）提出制度是外生型城镇化的核心要素和主要动力机制，台商对昆山的大量投资有效地推动了当地经济结构和社会的变迁，成功地实现了工业化和城镇化的跨越式发展。顾理华（2009）认为昆山发展都市农业，有利于充分发挥紧靠大都市的区位优势，能更好地服务城市，为城市居民提供农副产品，为城市提供生态功能，为城市居民提供休闲观光场所。姚鑫等（2010）指出昆山市耕地流失的最主要影响因素是地区社会经济水平的提高，同时工业的发展和人口增长带来的用地需求加剧了耕地流失的状况。韦薇等（2011）提出尽管昆山城镇化水平较高，但作为城镇化高级阶段的城乡一体化程度，还处于中等水平。宋秋泉等（2012）指出人增地减的趋势不断加剧，人均占有耕地面积大大低于全国人均水平，农业发展与资源约束的矛盾越来越突出。

综合来看，学术界从农村劳动力转移、农业结构转变等方面探讨了城镇化和农业现代化之间的关系时，认为二者均为对方发展提供了基础条件，也在资源配置方面产生一定的相互制约。对我国城镇化与农业现代化协调发展研究，学者们大多通过对历史过程的分析认为二者发展不协调的原因主要是农业现代化发展滞后；在研究的视角上，多数以城镇化或都市农业发展着手，缺乏城镇化与农业现代化耦合发展及综合性研究，对两者影响机制的内在联系揭示不够，规范化的理论总结有待加强。

（三）昆山农业现代化发展现状

1. 全省率先实现农业基本现代化，城乡差距逐步减小

在冲刺农业现代化过程中，昆山市紧紧围绕建设"四个10万亩"和率先基本实现现代化的总目标，在工业化、城镇化深入发展中同步推进农业现代化，进一步强化农业生态、生产、生活"三生"功能定位，着力发展科技农业、培养职业农民、建设生态农村，积极开展农业增产创优、科技创新支撑、农业基础装备改造、农业服务体系建设、农产品质量安全、生态环境改善"六大工程"，加快构建以"生产发达、生态优美、产业融合、营销现代"为主要标志的现代农业发展体系。根据《2011年江苏省农业基本现代化进程监测报告》，昆山市以86.42分的考评总分位居全省县级市（区）第一，在农业现代化的道路上一路领先，也为全省其他县市区提供了借鉴和经验。根据2014年8月农业部发布的《2013国家现代农业示范区建设水平监测评价报告》，昆山市已率先进入基本实现农业现代化阶段。

此外，昆山在城乡统筹、推进城乡一体化方面取得了显著的成效，2003年昆山就开始实施农保全覆盖；2004年又率先推出农村合作医疗保险；2007年全市范围内取消农业户口、非农业户口性质，凡居民在昆山市登记的户口，统称为"居民户口"；2009年通过补缴、并轨，90%的农民进了城保，在全国率先实施城乡养老保险

和医疗保险并轨，并率先在低保政策上实行城乡统一标准。当前，昆山正处在城市转型升级和向现代化迈进的关键时期，城乡发展差距逐步缩小，2012年城乡收入比仅为1.71（图5-9）[①]。

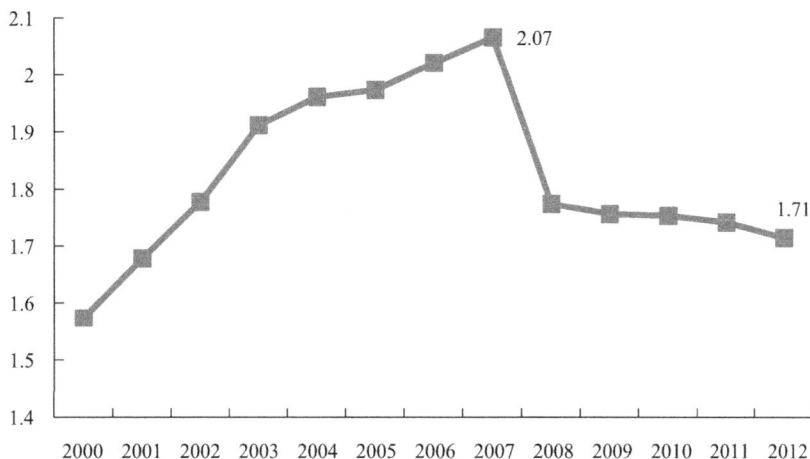

图5-9 2000—2012年昆山市城乡收入比

资料来源：昆山历年统计年鉴。

2. 产业融合加快，农业综合功能不断提升

创新经营理念，发展休闲观光农业。积极引进台湾现代农业产业经营的先进管理经验和开发模式，精心打造精致农业、高效农业、设施农业、生态休闲农业，高水平建设了一批农业专业园区、休闲农庄、农业公园，实现了农村与城市互动、农业与旅游业互补。据统计，2012年底全市有休闲观光农业企业23家，占地面积1.50万亩，从业人员2433人，全年接待游客51万人次，接待收入2.17亿元，其中门票收入360多万元、农产品销售收入1.2亿元、餐饮收入9400万元。农业观光旅游，让久住都市烦嚣的人们回归自然，亲近自然，呼吸最新鲜的空气，体验久违的田园生活，享受"农家乐"的情趣，让疲惫的身心在绿色自然中得到放松。尽管昆山市第一产业增加值占GDP比重不断下降，由1990年的22.6%下降到2013年的0.92%，但昆山农业的综合功能不断提升和完善（表5-3）。

---

① 我国城乡收入比达到3.1（2012年数据），而美国、英国等西方发达国家的城乡收入比一般是在1.5左右（中国社会科学院城市发展与环境研究所发布《中国城市发展报告 NO.4——聚焦民生》）。

昆山农业综合功能   表5-3

一级功能	二级功能	内涵
经济功能	生产功能	提供农业物质产品与非物质产品
	拉动功能	第二产业——农资生产与制造，农产品加工；第三产业——农产品物流（贮、运、销等）、会展、旅游、餐饮、金融、咨询等
生态功能	生态屏障功能	城市外来污染物的屏蔽，防风固沙，涵养水资源
	接纳、净化功能	对城市产生的废气、污水、垃圾等，接纳并净化
	景观功能	乡村幽美、恬静的田园风光
	防灾、减灾功能	缓解气候、地质等自然灾害以及人为灾害，并提供避难空间
社会功能	生活功能	满足衣、食等生存需求，以及康体、养生、休闲、娱乐等精神需求
	就业功能	除自身就业外，还包括涉农第二、第三产业的就业
	安定社会功能	非常时期，粮、菜、肉蛋奶等生活必需品的应急保障
	文化功能	哲学、伦理道德、科技、文学、艺术的源泉，对自然界及人类自我的认知，教育与科普
服务功能	城乡一体化功能	城乡统筹发展，为城市发展提供人、物、空间等资源
	区域农业一体化功能	为周边农业提供加工、科技、信息、人才和资金等服务，起示范、辐射以及带动作用
	全球化功能	为世界农业发展服务，提供跨境消费

3. 空间布局不断优化，园区建设成效显著

按照《昆山市国家现代农业示范区发展"十二五"规划（2011—2015年）》，昆山市全力打造"四区三核"总体空间布局，即精准绿色种植业集中区、生态精品水产业集中区、健康高档园艺业集中区、精致休闲农游业集中区和千灯高效种植农业产业核心区、巴城大闸蟹综合产业核心区、周庄渔耕文化农业产业核心区。积极推进农业园区建设。按照苏州市人民政府于2012年12月10日出台的《关于进一步保护和发展农业"四个百万亩"的实施意见》，与国土、规划等部门和各区镇一道积极开展前期工作，拟定了"四个百万亩"保护任务的落实办法。充分利用区位

和资源优势，集中发展地区优势产品和规模经营，大力推进高效农业的示范园区
（基地）建设。2013—2018年，昆山市财政先后投入10亿元，用于新建玉叶蔬菜基
地、千灯大唐生态园、巴城现代渔业产业园、张浦蔬菜基地、花桥镇现代农业园和
昆山市水产良种基地（图5-10）。2006年，由国台办、商务部、农业部联合批准"海
峡两岸（昆山）农业合作试验区"，2010年由农业部认定"昆山市国家现代农业示
范区"。依托两个国家级园区，昆山市着力引入台湾优良品种、先进技术、管理经
验和科研成果，促进了昆山农业结构的调整。目前，全区设施种植面积累计达到
6万亩。

图5-10　花桥万顷良田，昆山城市新风景

（四）当前城镇化与农业现代化存在的挑战

1."新昆山人"市民化滞后，城镇化质量不高

2003年，"新昆山人"成为昆山"外来人口"的新称谓，政府先后出台了一系列
保障"新昆山人"权利的文件规定，涉及就业、安居、就学、问医、计生等方面，
改善外来人口的工作和生活环境。不可否认，外来人口边缘化的现象仍然存在，在
就业、医疗、养老、教育等方面，与本地居民相比，在实际操作中仍存在一定的差
距。截至2012年底，昆山市年末暂住人口达到121.77万人，是户籍人口的1.65倍，
如何使"新昆山人"，即新生代"新昆山人"享有与城镇居民同等的公共服务和发
展权利，真正融入城镇生活，消除"半城镇化"状态，这是当前昆山城镇化发展面
临的最大难题和挑战。如扣除"半城镇化"状态下的"新昆山人"数量，昆山城镇
化率大概只有79.25%，且常住人口城镇化率与户籍人口城镇化率之间差距有进一步
拉大的趋势（图5-11）。

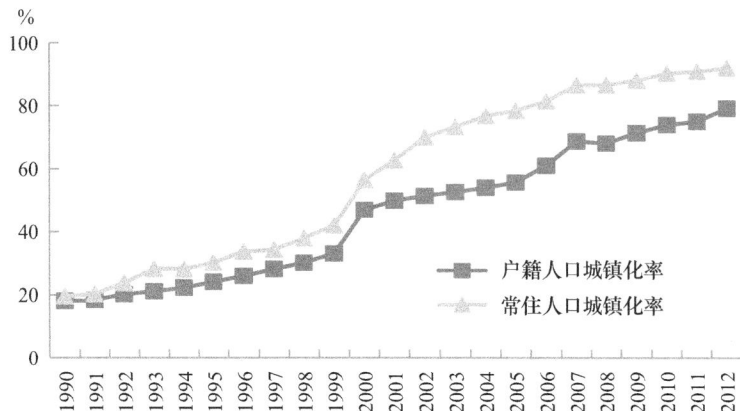

图5-11 常住人口城镇化率与户籍人口城镇化率差距
资料来源：昆山历年统计年鉴、昆山统计信息网

2. "土地城镇化" 快于人口城镇化，城市空间增长方式亟待创新

在过去的30多年里，昆山一直以外延式的增量发展为主。1986年昆山市城镇建设用地规模和太仓、常熟、吴江相当，但是经过了20多年的发展，2008年昆山市城城镇建设用地达到342.76km²，用地规模不仅远超太仓、常熟和吴江市等周边城市，且完全突破了规划预测211km²的规模。尤其是在2002年以后，城镇建设用地年平均增长24km²，平均增长率高达16%；2000年建成区面积仅为13.06km²，2009年则扩张到46km²，比2000年增加了2.5倍（图5-12）。用地的快速拓展导致了城市蔓延发展，"摊大饼"式的城市扩展，导致现代城市病日益加剧，尤其是单一扁平的空间布局模式造成"钟摆式交通"，"行路停车难"日趋严重。

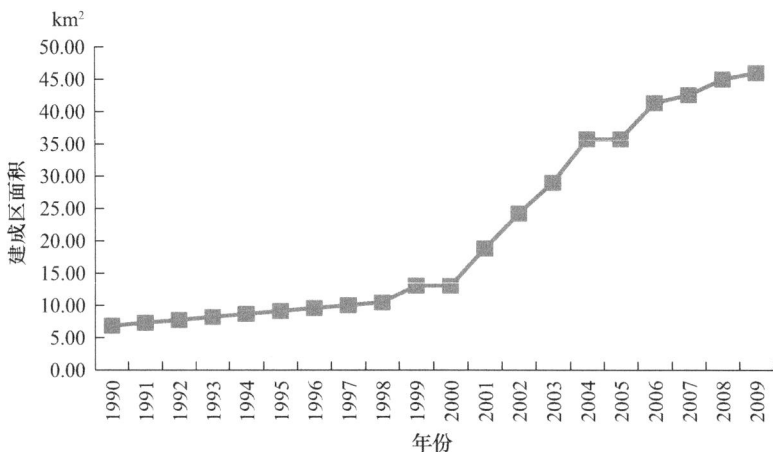

图5-12 1990—2009年昆山城市建成区面积增长
资料来源：历年中国城市统计年鉴。

3. 城镇空间结构"失控","城市病"问题凸显

一是周边乡镇的蔓延式拓展。昆山用地拓展主要表现在中心城区外拓和周边城镇蔓延两个层面上的增长。尤其是外围城镇形成了非常庞大的建设规模,2002—2008年,50.45%的市域增量用地集中在周边张浦、陆家、花桥、周市、千灯等镇,玉山镇、经济技术开发区、花桥经济开发区、陆家镇以及周市镇、张浦镇、千灯镇的大部分用地已连绵成片,形成蔓延之势。二是工业用地的包围式发展。工业发展的重心不断由开发区向各镇倾斜,基本形成"工业包围城市"的格局。从近几年的土地出让数据分析表明,以玉山、周市、千灯、花桥的工业用地增长最为明显,2006年四镇合计工业用地出让量占全市的58.1%,另一方面,开发区工业用地出让规模逐年减少,占全市的比例由2000年的46.6%降到2006年的12.4%。2008年工业用地规模达到121.68km²,相比2001年增加90km²,年增幅约22%,超过了城镇建设用地的平均增幅。工业用地的外移表现为各乡镇工业园区遍地开花,在经济发展的诉求下,各镇和中心城区都依赖工业用地的扩张来实现GDP的增长,工业用地进一步挤压中心城区,中心城区内可开发利用的空间资源更趋紧缺。

此外,外来人口主要集聚在市区或离市区较近、经济较为发达的区域,其中在中心城区、开发区和高新区,占58%(2012年数据见图5-13),主城区人口压力偏大,与综合承载能力之间的矛盾加剧,"城市病"问题凸显。

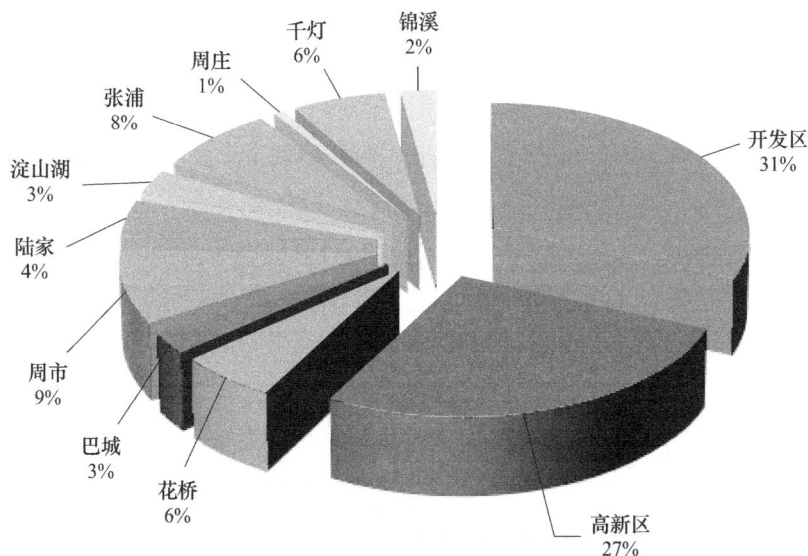

图5-13　2012年年末外来暂住人口地区分布
资料来源:2013年昆山统计年鉴。

4. 城镇化与农业现代化"争地"矛盾突出

城镇化推进过程中需要建设用地，而国家实施严格的耕地保护政策，对农用地特别是耕地转为建设用地总量实施严格控制，对占用耕地和重大基础设施项目占用基本农田，实施耕地和基本农田占补平衡制度，但规定不得跨省域、市域进行耕地和基本农田占补平衡，昆山42万亩（280km²）基本农田不能突破，昆山土地供给数量相当有限，如2011年昆山建设用地计划供应量为845hm²（图5-14），其中新增建设用地仅为300hm²，城市发展用地十分紧张，城市建设的规模和速度受到严重制约。

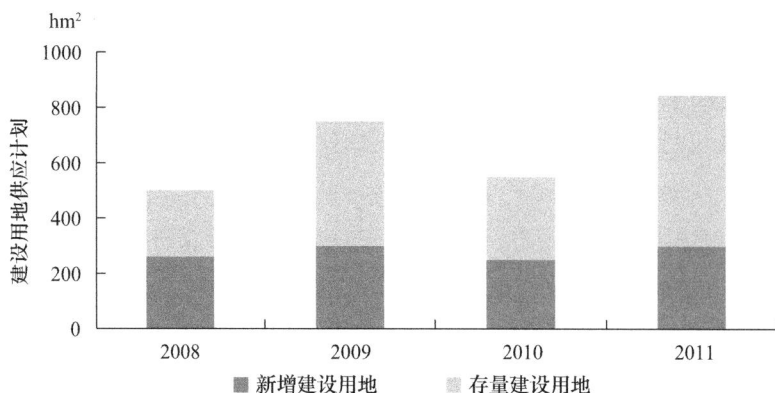

图5-14　2008—2011年昆山建设用地供应计划
资料来源：昆山国土资源网。

根据2009年数据，昆山基本农田42万亩（280km²）的保有量，在扣除175km²的河湖水域、358.76km²的已建设用地[1]的基础上，推断昆山可建设用地仅为114km²，在现有土地利用速度下[2]，仅可以维持5年的发展（表5-4）。未来昆山城镇化建设用地与农业现代化用地的矛盾将极为突出。

昆山市2009年土地利用现状调查数据统计表　　　　表5-4

一级地类	面积（km²）	二级地类	面积（km²）
农用地	434.51	耕地	187.04
		园地	26.56
		林地	4.95

---

① 此数据包括待建用地和高尔夫球场用地。
② 根据《昆山市城市总体规划（2009—2030）》，2000年以来昆山市城镇建设用地年平均增长约24km²。

续表

一级地类	面积（km^2）	二级地类		面积（km^2）
农用地	434.51	牧草地		—
		其他农用地		215.96
建设用地	318.11	居民点及工矿用地	小计	280.01
			城镇	109.51
			农村居民点	54.95
			独立工矿	114.56
			特殊用地	1.00
		交通用地		36.40
		水利设施用地		1.70
未利用地	175.06	未利用地		0.02
		其他土地	小计	175.03
			河流水面	95.29
			湖泊水面	79.46
			苇地	0.28
合计	927.68	合计		927.68

备注：现状建设用地不包含待建用地37.40km^2、高尔夫球场用地5.95km^2，若包含在内则总建设用地为358.76km^2。

资料来源：昆山国土资源网。

5. 工商资本"下乡"加快，耕地资源与粮食安全受到挑战

对于以逐利为目标的工商资本而言，投资于传统农业的投资回报率是非常低的，如果再受到自然风险、市场风险的双重负向影响，那么投资传统农业基本无利可图，甚至亏本。因此，对于工商资本而言，在农业领域要想挣钱，只有改变农地用途，将种植粮食作物的农地改为种植经济作物、果树作物等高产、高效作物的土地，提升农地价值，从而获取收益。农地用途改变带来的问题是：违反基本农田保护制度规定，保障粮食安全的目标受到挑战。有的工商资本看到土地越来越成为短缺资源、政府对农业的项目支持越来越多，着眼于长期的战略投资，并不急于在农业求得快速收益，而是在于"跑马圈地"并"圈而不用"，随着土地作为稀缺资源的不断升值，再相机而动，导致农田抛荒闲置浪费。目前昆山市工商资本投资农业的"非农化"倾向尚不明显，但"非粮化"与"贵族化"倾向已初见端倪，大量工

商资本都投往短期经济效益较高的项目，其中较常见的就是面向高消费人群的高端农副产品的种植、养殖和加工业以及都市型休闲农业，休闲农庄遍地开花，大量土地用于和老百姓日常消费的口粮无关的领域。

（五）国际经验借鉴

1. 日本

日本的农业现代化大体可分为两个阶段：第一阶段是第二次世界大战结束到1961年，是以增加粮食产量为主要目的技术革命阶段。在这个阶段，随着农业现代化和城镇化的发展，农村人口急速向城市集聚。1961年至今为第二阶段，为适应城镇化发展，日本对农业作出了调整，以节省劳动时间为主要目的，以农业机械化为中心，以便从农业中抽出劳动力服务工业。日本现代农业的发展又进一步促进了城镇化，但也带来一系列问题：第一，农村人口稀疏、基础设施奇缺、文化水平落后；第二，农业生产费用大增。每一农户经营农业的平均年投入从1950年的4.6万日元增加到1987年的171.4万日元，增加了36倍多。第三，农业用地被大量占用，粮食产量及自给率大大降低。其做法主要有：

一是在城镇化过程中，用法律手段加强对农业的改造和保护。日本在城镇化中期，农业资源大量流向城市，耕地被大量占用，农业人口转移过多，农业生产出现了一定程度的萎缩，粮食自给率大幅下降，农产品需求不能满足。日本在城镇化中后期注意到农业、农村发展问题，制定了大量法律促进农村发展。借鉴日本农业现代化和城镇化的经验与教训，在城镇化中既要促进城镇化快速发展，又要协调好城镇化与农业发展的关系。二是科学规划小城镇，有序推进农业农村人口的转移与集聚。战后日本政府先后制定并实施了多层次、多种类型的城市发展计划，对日本的城镇化及小城市的发展起了积极的指导作用。日本城镇化率早已超过了90%，城镇化的任务基本完成，其中，小城镇作为大中城市的卫星城或城镇体系中的重要一环，在数量上占绝对优势，为有序推进农业农村人口的转移与集聚作出了重要贡献。昆山市经济多年来位居全国百强县（市）之首，农村人口非农就业率较高，2012年常住人口城镇化水平超过全国40个百分点，城镇化水平区域差距明显，但人口集中在高新区、开发区等主城区，部分乡镇产业发展、公共服务、吸纳就业、人口集聚功能相对不足，需要加快市域城镇建设，引起城镇常住人口的合理分布。三是在大力实施城镇化战略的同时，注重以城带乡、强工补农。日本选择高度集中城镇化战略，促进了城镇化的快速发展，同时十分注意城乡的协调发展。日本各个城市的建设规划都包括城乡两大主体的统筹统建。与日本相比，昆山市以城带乡、以工促农的措施和力度相对薄弱，在城镇化过程中同步推进农业现代化，实现城乡协调发展，需要对现行的行政体制、财税制度等进行改革，建立中心城区带动市域城镇和工业反哺农业农村的途径与机制。

2. 美国

美国自"二战"后开始大规模实行农业现代化，是世界现代农业的代表。美国的城市规模差别很大，但以10万人以下的小城市（镇）居多，大约占城市总数的99.3%，20世纪末城镇化率已达到85%以上。美国在城镇化的过程中，农业一直发展较快，农业生产率迅速提高。农业生产率的提高，保障了城镇化过程中的粮食安全。美国在城镇化进程中几乎没有出现过粮食问题。同时农业生产率的提高也为城镇化释放了大量的劳动力并积累了大量资金。美国的城镇化、工业化和农业现代化相互协调发展。一是城镇工业促进了农业的现代化。美国在农业机械化的过程中，城镇工业对农业的促进作用非常突出。农业生产资料部门不断加强科学研究，努力改进农用生产资料的性能和质量，加强各种修理和安装服务，农业关联企业极为发达。二是城镇工业的发展加快了城镇化过程。"二战"后，美国的人口向城市集中的过程仍在继续，乡村人口主要流向中小城镇，大城市甚至出现人口向郊区小城镇迁移的郊区化或逆城镇化趋势。随着中小城市（镇）产业的扩张和企业数量的增加，中小城市（镇）的商业活动日益活跃，带动了中小城市（镇）经济的发展。从美国经验看，城镇化是伴随着工业化和农业现代化而出现的一种现象，农业现代化的发展与城镇化的发展是相互促进的。其做法主要有：

一是高度重视现代农业发展，采取系列支持政策。伴随着经济重心由农业转向工业、由农村转向城镇以及农村人口流向城镇所引起的农业资源尤其是人力资源外流可能对农业造成不利影响，美国政府采取了一系列措施加强农业发展。加强对农地的保护，从土地制度上为农业发展奠定坚实基础。值得注意的是美国政府扶持农业发展的制度、经济和技术的措施，是相互结合、相互配合的，从而形成了一个系统的快速扶持农业发展的政策体系。昆山市作为一个资源相对匮乏，随着农业就业人口的减少和农产品总消费量的增加，保证城镇化过程中的农产品消费安全将是农业现代化进程中的一个重要课题。二是在农村城镇化过程中，促进农业经营的现代化。美国在工业化、城镇化过程中，农业劳动力转移速度较快，促进了农业规模经营的发展。规模经营的发展，又大大地提高了农业劳动生产率。城镇工业化也促进了农业产后相关产业的发展。此外，高速公路的贯通及城镇化建设与城乡一体化，为农业产业化、规模化、一体化生产经营创造了条件。从昆山实际情况看，城市与农村界限较为明显，在推动城镇化的过程中，需要引导农业进行合理规模经营，引导乡镇企业向城镇集中，加快农业人口动态转移，促进农业产业化的发展。三是农业现代化、城镇化与城乡一体化协调推进。经过几十年发展，美国农村发展立法内容更为广泛、政府职能更加重要、支持力度更大、农村发展政策与农场支持政策不断融合，持续推动了美国农村地区进步，促进了城乡一体化。各州在消费税（州政府的主要收入来源）上向城郊和农村地区倾斜。昆山市尽管在统筹城乡发展方面采取了多项措施，但经济杠杆的作用有待进一步提升，通过差额税率等方式将城市消费引向农村、促进农村市场的繁荣。美国在统筹城乡一体化上的系列做法，为昆山市进一步统筹城乡发展提供了重要政策参考。

3. 经验启示

一是城镇化是产业发展的必然结果。西方发达国家早期的城镇化兴起，均源于工业化浪潮的推动，导致人口迅速向城市和大城市汇集。如美国的城镇化则是随着工业革命的完成，工业逐步发展成为国民经济的主体，促使农业人口大规模涌入城市。日本始终把工业化作为城镇化的第一推动力，而城镇化又可带动工业化，为工业化提供发展载体。昆山市在现代化进程中，要探索走出具有昆山特色的新型工业化、新型城镇化道路，并实现农业现代化的同步协调发展。这就要求在推进城镇化与农业现代化协调进程中，始终重视推动产业结构的优化升级，提高产业综合竞争力。

二是城镇化发展带动农业现代化。发达国家近200年的经验证明，不同国家的发展道路表明，农业革命是城镇化和工业化加速发展的第一动力；农业现代化则是工业化和城镇化发展的延伸和继续。美国农业现代化的发展，是伴随着市场经济制度在美国的发展而发展，美国坚持"以农立国"的传统，政府支持和保护农业发展，注重农业科技的应用，高度重视完善农村基础设施建设，使农业加速现代化，并为工业化、城镇化的发展提供了支撑。日本通过土地私有化，为城镇化、工业化和农业现代化奠定了扎实基础，更为日后经济高速发展创造了有利条件。在大力实施城镇化战略的同时，日本注重以城带乡、强工补农，加大农业投入，促进了农业现代化发展。由此可见，城镇化与农业现代化是相互依存、互为条件的，两者发展的不同步必将影响整个国民经济的发展和稳定，只有使两者相互促进、协调发展，才能保证国民经济的健康运行。

三是市场机制与政府调控共同促进城镇化、农业现代化协调发展。发达资本主义国家城镇化的历史前提大多是比较典型的私有制基础上的资本主义商品经济制度，市场机制对其城镇化进程产生了重大的推动作用，是城镇化起步早、发展快、质量高的重要原因。但是，仅仅依靠市场经济自身发展的规律来实现城乡差距是远远不够的，在一定的时间内其至还可能会产生负面效应。对此，发达国家十分重视政府调控和规划在促进城镇化和农业现代化协调发展中的作用。如美国注重城市与农村的均衡发展，制定《联邦公路法案》《新城市开发法》，实行"示范城市"计划等，推进区域城乡一体化、公共服务均等化，消除城乡差别，实现均衡发展。日本针对其城镇化的早期和中期，农业资源大量流向城市，耕地被大量占用，农业发展出现严重衰退等弊端，建立了多重农业保护体系，进一步推进新农村建设，不仅避免了农村空心化问题，而且使城乡差距逐渐缩小，促进了产业互动、城乡融合、一体化发展。

四是农民市民化是城镇化与农业现代化协调发展的核心。国外经验表明，无论是工业化、城镇化，还是农业现代化，其核心都是农民市民化。目前，英国、美国等西方发达国家的城市与农村没有多大差别，农业人口已经非常稀少。日本的农民市民化是与人口城镇化以及农村地区的现代化相伴而生的，随着人口城镇化水平的不断提高，农民市民化的速度如影随形，农业就业人口所占比重越来越低，农民越来越少。2003年日本农业就业人口只剩下368万，仅占总人口的3%左右。但日本农民的兼业化程度非常高（1994年兼业农户即已达70%以上），且非农收入为主的农民占日本农民的大多数，传统意义上的"农村"已经不存在了。我国农民市民化进程是缓慢的。一方面，由于农民进城客观上缩小了城市居民的就业渠道，压低了城市居民的收入；另一方面，进城农民既有转移流动的强烈愿望，又深受传统思想观念的影响，害怕"离土又离乡"。同时，由于农村土地制度、传统户籍管理制度以及城市管理制度、农民自身素质等原因，增加了进城农民在城市生存和发展的成本，各种不平等因素使得进城农民融入城市社会的难度加大。因此促进城镇化与农业现代化协调发展，必须高度重视农民市民化问题。

（六）推进新型城镇化与农业现代化协调发展的路径

1. 基本原则

一是先行先试、机制优先。坚持政府主导、市场运作的方针，以开放带改革，以改革促发展，率先进行新型城镇化与农业现代化协调发展的体制机制创新，开展相关试点试验，加快形成规模各异、层次有别的新型城镇化与农业现代化协调发展示范体系。坚持试点先行，以重点领域、关键环节改革为突破口，增强新型城镇化与农业现代化协调发展的内生动力和活力。

二是以人为本、和谐包容。在推进新型城镇化与农业现代化进程中，要尊重市民的意愿，切实保护"新昆山人"与农民利益，避免"被城镇化"和"被农业现代化"。要坚持民生为本、就业优先、普惠公平的方针，着力推进体面就业、人居环境和公共服务协调发展，做实做好推进人的城镇化。有序促进"新昆山人"市民化，努力打造宜居昆山、和谐包容、创新创业、蓬勃向上的发展环境，促进全体居民更好地参与城镇化与农业现代化过程、更好地分享现代化进程成果。

三是规划引导、合理布局。加快编制昆山市新型城镇化与农业现代化协调发展规划，发挥规划的统领作用，以综合交通运输网络、信息网络和"四个百万亩"为依托，优化城镇化战略格局和农业发展格局，促进城镇化与农业现代化空间耦合发展。统筹引导产业集聚集群、城镇组团布局、人口集中分布，联动加强城镇、产业园区和城乡社区建设，增进人口、经济布局和环境承载能力的协调性，完善区域之间资源共享、设施共建的协调机制。

四是产城相依、城乡统筹。以园兴城，以城促产，园产城联动。推动昆山经济技术开发区从工业型园区向城市综合型经济园区和东部新城全面转型，建设成为转型升级示范区、新兴产业引领区、低碳经济试验区、城市发展先导区和机制创新先行区，形成承担研发制造、商贸展示、商务金融等综合功能的东部新城；加快建设创新型昆山国家高新区，推进高新区从投资驱动向创新驱动、工业经济向知识经济、工业园区向科技新城转变，为全市发展创新型经济、建设创新型城市发挥引领作用。打造国际一流的花桥现代商务新城，加快丰富城市内涵，提升城市形象，塑造城市品质，率先把商务城打造成为具有国际水准的智慧之城、低碳之城、宜居之城。统筹城乡改革试验，强化城乡接合部在统筹城乡中的纽带作用，着力促进以工促农、以城带乡、工农互惠。统筹推进旧城棚户区改造、新城公共服务能力，增进产业融合，带动城乡协同，促进城乡一体。

五是创新驱动、品质发展。以建设国家级创新型城市为目标，以构筑人才高地为支撑，以大力发展创新型经济为关键，大幅提升自主创新对经济转型升级的驱动力，创新城镇化、农业现代化理念和推进方式，提升城镇化与农业现代化品质。坚持环境亲和、适度开发，完善资源节约集约和可持续利用机制，促进城镇与人口、资源、环境协调发展。树立生态文明理念，倡导绿色、低碳生产方式、生活方式和消费模式，强化节能减排，推广绿色建筑，发展绿色交通，加快内涵发展。促进信息化与工业化、城镇化、农业现代化深度融合，发挥信息化引领作用，加强智慧城市和城镇化、农业现代化综合信息平台建设。加强区域特色文化的开发利用，走富有昆山特色的城镇化与农业现代化转型发展道路。

2. 主要任务

（1）加快建成现代产业体系，为城镇化与农业现代化协调发展奠定坚实基础。

第一，加快建设现代产业体系，推进现代化进程。加速主导产业高端化、新兴产业基地化、优势产业品牌化、产业发展集群化，推进三次产业融合发展，加快形成以高新技术产业为先导、先进制造业为支柱、现代服务业为支撑、现代都市农业为特色的现代产业体系。以战略性新兴产业为导向，形成若干个有较高科技水平的制造业产业集群。在着力优化提升电子信息产业的同时，积极发展新一代信息技术产业、新能源汽车产业、高端装备制造产业、生物和节能环保产业，使新兴产业成为全市经济发展的新动力。在全市形成"高端电子信息、新显示、新整车、新装备、新技术"五大制造业产业集群；大力实施服务业提升战略，加快推进总部经济、服务外包、现代物流、休闲旅游、金融服务、文化创意、现代商贸等重点行业发展，打造现代服务业产业集群；以服务城市、改善生态和增加农民收入为目标，大力发展现代都市农业，不断推进农业现代化、工业化、城市化"三化"融合，建立与城市发展相协调的现代农业产业体系。

第二，规范和引导工商资本投资农业，提高农业现代化水平。支持现代工商业向农业延伸产业链，依托特色农业产业园区，以龙头企业和合作社的产业链、产业群集聚为纽带，积极推动"龙头企业＋农户""合作社＋农户"的组织形态向上下游进行产业链的延伸，上游连接产地，重点打造一批农产品基地与加工和生产基地，下游连接消费市场，紧跟需求结构变化加快结构调整与产品升级，形成"种植—加工—销售"一体化的现代产业体系。支持现代工商业向农业延伸管理链。围绕上中下游一体化产业链，支持现代工商业企业在科技、装备、人才、服务以及标准化对现代农业的注入，把标准化、高质量、高知识含量的管理输入农业产业中，使农业、农民等要素纳入现代工商业的管理链条中，提高产业化、规模化水平。支持现代工商业向农业延伸资金链。积极培育农产品加工龙头企业，支持农业化龙头企业向上游种植环节延伸，以各种方式加大对上游的资金投入，通过塑造品牌、培育基地、链条延伸等方式，积极介入农业生产，解决农业基础设施投入资金不足的问题，分担农业种植风险，提高农业的科技水平与产业化水平。把以资金支持为主的输血式反哺模式，更加注重转向农业延伸产业链、技术链、管理链的造血式反哺模式，用工商业理念与手段改造提升传统农业，提高农产品的加工度与附加值，带动农业种植结构与经济结构优化升级，提升农业劳动者素质，实现传统农业向现代农业的转型。

第三，以产业转型升级为动力，促进城镇化良性发展。国际经验表明，城镇化是自然的历史进程，必须尽力避免"过度城镇化"与"滞后城镇化"两种倾向。要因势利导、趋利避害，把城镇化牢固建立在产业发展的基础上，在提升工业化水平的同时同步推进城镇化建设，不断提高城镇化质量，积极引导城镇化，走集约、智能、绿色、低碳的新型城镇化道路，以城镇化健康发展实现工业化、城镇化双轮驱动。一是要强化产业分工功能，优化城市结构，按照产业集聚与土地集约利用的原则，建立和完善"一带四区十基地"的空间格局，形成既分工又协作的空间体系，实现功能合理、定位明确的产业布局。二是要以城市功能提升推进产业升级。坚持复合型城市建设理念，加大投入提高城市基础设施水平与管理水平，发挥昆山中心城区集聚高端要素的核心作用，积极推动城区基础设施向产业集聚区延伸，以城市功能完善促进产业集聚，以产业集聚增强"新昆山人"和农村转移人口的吸纳能力。三是立足昆山全市经济、社会、生态和城乡空间的整体性，积极引导特色城镇做好主导产业发展空间布局规划，强化特色城镇的支撑与纽带作用，坚持规划与产业结合，规划与项目结合，促进城乡规划与产业规划协调发展，促进城市功能提升与布局优化，加快推进城乡一体化进程。

（2）优化空间，构建科学合理的城镇化格局与农业发展格局。

第一，优化城镇空间结构，加快形成现代化新兴大城市格局。按照"大城市、现代化、可持续"的总体要求，深入实施城乡一体化发展战略，根据现代产业发展布局，注重新城市、新产业、新人才融合发展，推动城市功能与产业功能、社会功能与经济功能、生活功能与生态功能同步规划、协调发展，明确城镇功能定位，加快形成"核心城区—东部新城—西部新城—南部新城—北部新城—花桥新城"一核五副的城市发展新格局，形成"中心城区（核心区和功能区）—特色镇—新型社区—自然村落①"四层五级市域城市体系（表5–5）。

昆山四层五级市域城市体系与功能定位　　　　　　　　　　　表5–5

功能区		功能定位
中心城区	核心城区	包含高新区（玉山）和经济技术开发区，是城市经济发达、功能配套完善、人居环境优良的城市核心区域
	功能区 花桥功能区	以现代服务业为主导的综合性功能区
	张浦功能区	以高新技术产业为主导的综合性功能区
	周市功能区	以新兴制造业为主导的综合性功能区

---

① 2012年昆山市政府下发《昆山市保留村庄规划建设意见》，确定了120个保留村庄。这些确定下来的保留村庄是昆山市在未来需要保留的农村居民点，也是快速城镇化过程中对农村风貌、农业传统和农耕文化的一种传承。

续表

功能区		功能定位
特色镇	周庄	以水乡古镇特色旅游为主导功能，以文化创意产业为主要发展方向，积极拓展休闲度假、会议会展等综合服务功能，适度发展传感器产业，成为国际知名的旅游度假镇
	锦溪	以水乡古镇特色旅游为主导功能，形成民俗文化特色，发挥湖荡资源优势，拓展综合休闲度假功能，适度发展体育产业，成为全国知名的旅游度假镇
	千灯	以古镇旅游为特色完善综合服务功能，以高新技术产业为导向提升制造业发展层次，成为环沪地带综合
	淀山湖	利用淀山湖的自然环境资源优势，发挥紧邻上海的区位优势，以省级淀山湖旅游度假区为载体，强化高端度假、时尚休闲功能，择机发展航空产业，成为全国知名的"新江南特色镇"
	巴城	以阳澄湖大闸蟹为品牌，以省级阳澄湖旅游度假区为载体，发挥沪宁城际铁路阳澄湖站的引导作用，完善旅游服务功能，适度发展软件产业和先进装备制造业，成为全国知名的休闲度假镇
新型社区		整治撤并的街道办事处集中建成区，按照城镇标准实现集约发展，合理利用既有服务设施，重点完善与其社会结构相适应的养老服务设施，提高公共服务水平，作为促进同步现代化的城乡衔接载体
自然村落	特色村庄	保持原生态的江南水乡传统村落空间形态和生活形态，使其成为乡村旅游的景观点、服务点和乡村生活的体验点
	一般保留村庄	根据高效都市农业发展要求和空间布局，结合现状特点，适当保留既有村庄，作为第一产业从业人员的生活空间

资料来源：《昆山市城市总体规划（2009—2030）》。

第二，以"四个十万亩"为依托，打造"四区三核"农业布局。全面落实并深入推进农业"四个十万亩"建设（图5–15），全力打造"四区三核"农业总体空间布局。精准绿色种植业集中区为机场路—淞沪路—环镇路—千灯浦—千灯淀山湖交界–昆山西南边界之间地区，以"绿色稻麦"为主，发展适度规模（不超过10万头生猪出栏量）的畜牧业构建生态循环结构；生态精品水产业集中区包括娄江、苏州东绕城高速、苏昆太高速以北地区，规划蟹虾精养鱼塘生态混养为主，保留阳澄湖周边现有葡萄园艺产业基础，发展以蟹文化、葡萄酒文化为基础的商务休闲旅游；健康高档园艺业集中区包括机场路—千灯浦—千灯镇边界—千灯浦—环镇路—淞沪路之间地区，主要生产特色果蔬，发展相应规模的畜牧业构建生态循环结构；精致休闲农游业集中区将结合昆山乡村旅游特色，分成北部集中片区和南部集中片区，发展江南古镇水乡渔耕文化、大闸蟹葡萄酒餐饮文化、现代高新生态农业科技文化三大文化旅游，带动3大产业特色基地的建设。千灯高效种植农业产业核心区位于千灯镇，多元主体合作协同参与农业产业化现代开发经营机制，推行稻麦、果蔬、花卉高科技设施栽培精准控制技术、农产品精深加工技术，实现生产高效率与高效益。巴城大闸蟹综合产业核心区位于巴城镇，依托阳澄湖美景、大闸蟹品牌，建设现代渔业基地，发展现代物流商务，集聚众多特色各异的休闲观光项目，打造文化特色突显的中华第一蟹园，同时也可向建成主导产业鲜明的省级现代农业产业园区发展。周庄渔耕文化农业产业核心区主体位于周庄镇，部分位于锦溪镇，利用周庄古镇的文化声誉和锦溪水乡的渔耕传统，完善农耕生态休闲设施，建成集生产、文化、科普、休闲、养生于一体的农业观光旅游景区。

图5-15 昆山市"四个十万亩"特色农业示意图

资料来源：昆山市农委。

　　第三，强化基础设施对城镇化与农业现代化布局的引导支撑作用。在完善城镇和农业、农村基础设施建设，增强城镇及农村综合承载能力的同时，要充分发挥基础设施对城镇化与农业现代化布局的支撑和引导作用，推进城镇化和农业现代化布局与基础设施布局同步协调发展，统筹城乡基础设施建设，着力构建以中心城区为枢纽、各城镇为节点，规模合理、互联互通、功能完备、无缝对接、安全高效的具有大城市格局的基础设施体系。一是顺应城市建设由高速公路时代向轨道交通时代转变的大势，大手笔推进大交通建设，加快构建以"三环四轨五高"为重点，纵横贯通、内畅外联、安全高效的立体式、快捷化现代城市交通支撑体系（图5-16）。二是实施河塘水系和排灌系统整治工程，对农田周边的河沟坑塘全面清理淤污，每三年定期清理一次；根据产业特点，结合河塘水系、周边交通环境，以便于组织连片规模化生产经营为原则，划分生产单元；完善农业路网系统建设，其中田间道路面宽3.5m以上，连片千亩以上的蔬菜园艺区设置路面宽5m以上的产业区田间主干道。

图5-16　昆山市公路网"十二五"规划布局图

资料来源：《昆山市交通运输"十二五"规划》。

第四，推进城镇化格局、农业发展格局、生态安全格局融合发展。积极推进人口按功能区合理分布，促进市域人口与产业、资源、环境相协调，推进全市城镇化格局、农业发展格局与生态安全格局融合发展。严守生态红线，注重城乡空间、产业、功能相协调。以旅游度假开发区建设为重点，系统编制绿色开敞空间设计等专项规划。以"四个十万亩"上图落地为契机，认真落实《关于优化调整昆山市重要生态功能保护区区域规划的报告》的红线划定，促进沿湖、沿江生态带的修复和保护，严格保护重要水源、湿地、水体、林木等生态资源，守住生态功能保障的基线、环境安全的底线、资源利用的上线，建设"水绿相依""城林交融"的生态宜居城市。加强农业面源污染治理，推进种植业、内塘水产品养殖业氮磷拦截工程，深入开展农村环境综合整治，实施农村废弃物和人畜粪便无害化综合利用。依据全市主体功能区划、土地利用规划和各级城镇的功能定位，将市域划分为禁止开发区、限制开发区、优化开发区和重点开发区四类主导功能区，合理确定保护土地面积，合理划定与布局重要生态功能保护区、水源涵养区、备用水源地（表5-6）。

昆山市主体功能区划范围与策略   表5-6

功能区	管制策略	范围
禁止开发区	严禁任何开发、种植等人为活动	庙泾河饮用水源地一级保护区、傀儡湖饮用水源地一级保护区
限制开发区	不再新增建设用地，有限制地发展旅游、休闲、生态农业等产业	昆山市森林公园、丹桂园风景名胜区、阳澄湖（昆山）重要湿地、淀山湖（昆山）重要湿地、庙泾河饮用水源地二级保护区和傀儡湖饮用水源地二级保护区
优化开发区	加大该类区域的基础设施和公共服务设施投资力度，改善投资环境，注重提高土地的利用效率，充分发挥交通优越条件，推行昆山新型工业化和新型城镇化，推动区域经济统筹协调发展	玉山镇为中心的昆山城市中心区、中心镇、昆山经济开发区和花桥经济开发区
重点开发区	重点调整优化用地结构，促进农民集中居住，置换出的土地及时复垦耕种。开发建设过程要注意自然生态和人文建筑的保护，根据各地特色适度发展旅游、服务业等。严格保护基本农田，除用于重大基础设施项目外，不得进行其他建设	一般建制镇和农村居民点

资料来源：《昆山市环境保护"十二五"规划》。

（3）加快制度创新，增强新型城镇化与农业现代化协调发展的内生动力。

第一，实施"积分制"管理，构建"新昆山人"市民化路径。2014年7月国务院出台《国务院关于进一步推进户籍制度改革的意见》，提出要全面放开建制镇和小城市落户限制、有序放开中等城市落户限制、合理确定大城市落户条件。昆山市建设"现代化大城市"的目标以及昆山市资源、生态等自然条件，要求深入研究昆山城市综合承载力和适度人口规模，合理确定落户条件。现阶段，户籍仍然是调控昆山城市人口发展的有效手段，要有序推进"新昆山人"市民化，保持户籍人口总量的"理性"增长。可以参考广东中山、浙江宁波等地"积分制"经验，结合昆山产业特点和城市承载力水平，探索构建具有昆山特色的"积分制"指标体系，推进居住证与昆山户口衔接转换，建立"新昆山人"获取常住户口的具体路径，让"新昆山人"市民化可预期、可操作、可实现，让"新昆山人"看到希望、有梦想，破解市民化"天花板"效应。昆山市"积分制"指标体系由基本要求、个人素质、参保情况和奖励加分组成。实行入户年度总指标控制，根据总得分情况由高到低排序，鼓励"新昆山人"向周边乡镇和园区申请落户。同时，指标体系中的指标及权重要根据"新昆山人"的实际需求和昆山经济社会发展情况及时进行调整和修正。

第二，推进土地制度改革，加快土地承包经营权流转。推进农地合理流转和规模经营。在城镇化的过程中，农民面临着进城后与原有土地的关系怎样处理、农地的使用权能否转让、原有宅基地是否还耕等问题，这些是影响农民进城安居乐业的重要因素，也是农业现代化能否顺利推进的重要因素。要明晰土地产权，强化土地物权，让农民充分享有土地用益物权。加快推进农地承包权、宅基地及其附属设施用地用益物权的登记、确权和发证工作，建立和完善科学的农村土地流转市场，探索建立离农人口土地承包经营权和宅基地的退出机制和补偿机制，制订合理的农村土地流转政策，促进农村土地资源的优化配置。处理好稳定农地家庭经营和农地流转制度创新的关系，通过转包、转让、互换、入股、租赁、返租倒包等多种途径引导农地逐渐相对集中并与城镇化进程和农业发展相适应。建立城乡统一的土地市场。完善集体非农业建设用地使用权流转管理办法，继续试行城乡建设用地增减挂钩试点政策，以推进农村集体土地产权制度、征地制度和农村宅基地有偿退出制度为主要内容的农村土地管理制度改革为基础，使农民可以利用土地使用权做抵押取得贷款融资，增强致富发展能力。开展以完善土地招标拍卖挂牌出让制度、探索建立农村土地交易制度为主要内容的土地有偿使用制度改革。集约节约使用城乡存量土地。在城镇化与农业现代化协调发展过程中，一方面要加大农村土地依法、规范流转；另一方面要加强管理，集约节约使用城乡存量土地。健全各类建设用地标准体系，建立集约节约用地评估指标，加强土地供应政策调控，推进存量建设用地挖潜和集约利用，加大闲置建设用地清理处置力度，健全节约集约用地考核评价与激励约束机制。

第三，创新农业经营主体，完善农业金融服务体系。积极推进农村社区股份合作社、土地股份合作社、农民专业合作社"三大合作"改革，加快农村社区股份合作社股权固化，将其量化到个人，有利于长远保障农村居民财产权利。各区镇要以确权赋能、维护农村居民根本利益为基础，试点先行有序开展清产核资，摸清农户家庭成员信息和目前股权享受情况，以户为单位合理配置股权，提升股权管理和运作规范化水平，加快建立"产权明晰、权属稳定、流转有序、政经分设"的农村社区股份专业合作社管理运行机制。在金融政策方面，要择优向有关银行和小额贷款公司、民间资本管理公司、融资担保机构等新型金融组织推荐有融资需求的农业经营主体，探索建立农业企业信用评级和项目数据库，促进农业企业、项目与金融机构对接。金融机构要优化信贷服务，简化贷款手续，创新金融产品，提高金融服务农业的针对性。要扩大有效抵（质）押物范围，依法开展大型农用生产设施设备、土地承包经营权、土地流转使用权、参保渔船、林权、水域（水面）使用权等抵押贷款和应收账款、仓（订）单、可转让股权、专利权、注册商标专用权等权利质押贷款。加快完善涉农担保体系建设，制订完善涉农担保行业标准和监管办法，鼓励和支持各类涉农担保机构为工商资本提供担保，对由其提供担保的贷款，银行业金融机构应简化审批程序，合理确定利率水平。各类政策性农业担保公司要加大涉农担保力度，提高涉农担保比重和服务质量。逐步建立涉农贷款担保基金，完善涉农贷款风险补偿机制。积极探索"农业信贷+政府贴息""重大项目财政补助担保+农业信贷"等模式，建立信贷财政奖补机制，提高财政支农政策效益。完善政策性农业保险制度，提高保障标准，优化理赔程序，积极开发农业保险新品种，鼓励各地加快地方特色农业保险险种开发。探索、支持农业生产经营者联合发展农村合作经济组织保险互助会。

（4）提高基本公共服务均等化水平，加快城乡一体化进程。

第一，提升"新昆山人"公共服务水平，建设精神家园。要充分认识到"新昆山人"为昆山经济社会快速发展所做出的巨大贡献，按照包容性发展理念，昆山市在规划、市政建设、城市社会管理中，需要充分考虑"新昆山人"市民化的因素，积极主动地应对城市人口发展带来的挑战，充分发挥人口流动带来的发展机遇，同时积极主动地承担城镇化的社会福利责任。要多谋"新昆山人"之利、多解"新昆山人"之忧，解决好"新昆山人"最关心最直接最现实的利益问题，在学有所教、劳有所得、病有所医、老有所养、住有所居上持续取得新突破，努力让"新昆山人"过上更好生活。要紧紧围绕广大"新昆山人"的现实需求，发挥昆山自身优势，进一步提升就业发展环境、宜居生活品质、融合社会氛围，增强"新昆山人"在昆山就业的成就感、生活的归属感和认同感，以"同创同乐、共建共融"为建设理念，努力把昆山打造成为"新昆山人""宜业、宜居、包容、认同"的精神家园。

第二，优化公共服务布局，实现公共服务城乡均等化。优化公共服务资源布局，着重提升优质教育、医疗、文化等公共资源供给能力，实现城乡公共服务全覆盖。在教育方面，加快建立城乡一体化的义务教育发展机制，逐步实现城乡学校统一办学标准、统一办学经费、统一管理体制、统一教师配置；推进义务教育学校标准化建设，进一步加大对相对薄弱学校特别是外来工子女学校的扶持力度。在医疗卫生方面，构筑以城市综合医院为主导，以专科性、功能性医疗机构为特色，以市镇区域性医疗机构为骨干，以社区卫生服务机构为基础，以民办医疗机构为补充的医疗服务新体系，全面形成"小病在社区、大病进医院"的医疗服务格局和双向转诊机制，不断优化卫生资源配置。在文化方面，积极推进文化惠民工程，建设各具特点、群众参与性强的文体场所，建成布局合理、功能明确的现代化体育设施体系。在养老服务方面，加快建设以居家养老为基础、社区服务为依托、机构养老为补充的养老服务体系，建成区镇（街道）居家养老服务中心、村（社区）居家养老服务站的标准化服务网络。

（七）相关政策建议

1. 完善和创新资金保障机制

以政府财政投入为引导、以企业和社会资金投入为主体，以金融信贷为辅助，形成促进城镇化与农业现代化协调发展的多元化投入格局。一要加大财政对城镇化发展的支持力度。落实公共财政对城镇建设的投入责任，保证公共财政投入城镇建设和"三农"资金的增幅高于一般性预算支出增幅。设立促进城镇化与农业现代化协调发展专项引导资金，通过贴息贷款、研发补助、信用担保等方式，重点支持新兴产业、公用基础设施、生态环保和民生项目建设。专项引导资金应逐年增加，增长幅度高于财政经常性收入增长幅度。综合运用财政奖励、补助和税费优惠等财政政策，健全完善有利于特色优势产业集群发展的财政支持体系，促进生产要素向优势行业、优势园区、优势企业集聚。推进新型城镇化与农业现代化建设资金统筹。一是统筹各类城镇建设专项资金，主要用于城镇基础设施建设、维护和保障性住房建设。二是统筹各类涉企专项资金，主要用于对产业集聚区入驻企业的扶持。同时，要结合规划明确支持方向和重点，避免遍地开花、分散投入。三是统筹各类涉农专项资金，主要用于新型农村社区建设，其中要明确较大比例资金用于新型农村社区的基础设施建设。二要创新融资机制。鼓励金融机构加大对昆山市新型城镇化与农业现代化的信贷投入，完善政府融资平台建设。着力培育、壮大综合性融资平台公司，整合专业融资平台公司，完善投融资平台内控制度和公司治理，促使融资平台成为资本规模大、投融资能力强、市场化程度高的独立法人。鼓励符合条件的投融资平台采取发行城市建设债券、上市融资、信托计划等形式筹集建设资金。进一步放宽新增贷款的投向范围，逐步允许有条件的平台贷款实行延期偿付或展期。鼓励金融机构加强对政府投融资平台的支持，建立财政性资金存放与金融机构支持地方经济发展挂钩机制。三要积极引导民间、社会资本参与城市建设和农业发展。强化财政资金和政策引导作用，通过财政奖补、以奖代补、贷款贴息等方式调动社会资本参与城乡基础设施、城中村改造、新型农村社区和教育、医疗、住房保障等发展的积极性。探索实行城市基础设施特许经营制度，吸引社会资金参与城镇建设，降低社会资金在公共服务领域的准入门槛。优化金融环境、引入竞争机制，通过土地、存量资产、国有资产收益等注资的方式，加快发行城镇化建设债券，大力发展包括债券市场、股票市场等直接金融渠道。根据农业产业特点，创新农业债券的品种；加快完善农业上市企业培育机制，推动优质企业上市融资。

2. 建立促进城镇化与农业现代化协调发展的用地保障机制

一要确定城市合理规模，严格控制城市建设用地总量。结合昆山市新的总体规划修编工作，首先，要严控建设用地规模，到2030年，昆山市建设用地总规模要依据城市总体规划，控制在规划目标范围内，并适度留出发展空间。通过合理安排建设用地规模、布局、结构和开发时序，实施土地利用总体规划的定期评估和适时修编，努力实现规划建设用地总规模"零增长"；其次，巩固生态保护红线，全面落实基本生态网络规划，形成以基本农田保护区为基底的生态管控核心区，实现基本农田保护红线与基本生态控制线的"双线保护"；再次，逐步减少新增建设用地规模，按照严控建设用地总量和保障新型城镇化建设的要求，对新增建设用地实行稳中有降、逐年递减的办法，推进土地利用计划差别化、精细化管理，统筹安排新增建设用地计划、补充耕地计划、城乡建设用地增减挂钩计划、集中建设区外低效建设用地减量化计划等。

二要加快城市土地整理，有序推进存量建设用地优化利用。首先，优化城乡建设用地布局。强化"建设用地控制线、产业区块控制线、基本农田控制线、生态网络控制线"四线管控。结合昆山市新一轮城市总体规划编制，调整完善工业用地布局。其次，促进存量工业用地调整升级；研究制定存量工业用地结构转型专项规划，明确存量工业用地转型的区域、规模、结构和功能布局；按照"提质增效、分类处置"的原则，允许采取升级改造、结构调整、用途调整等多种形式进行二次开发；建立镇（区）政府主导、以原土地权利人为主体的转型开发机制，推动成片区域整体转型；积极探索零星存量工业用地的多渠道转型开发模式。再次，开展中心城区城市更新，探索存量商业、服务业等功能性项目升级改造路径，提升中心城区服务功能。最后，支持多渠道实施"城中村"改造，在符合规划、用途管制和尊重群众意愿的前提下，实施"城中村"整体改造，完善基础设施和公共服务设施，改善地区环境面貌。

三要提高土地市场周转效率，强化土地利用全生命周期管理。优化调整基础设施、社会事业设施、公共服务设施等各类公共设施用地标准，构建覆盖城乡、各类产（行）业的建设用地节约集约使用标准体系，根据企业规模与经营类别，合理确定用地范围，明确建设周期，避免"圈地""圈而不建"行为。实行新增工业用地出让弹性年期制，一般工业项目用地出让年期为20年，出让年限届满后，对项目综合效益和合同履约等情况进行评估，采取有偿协议方式，续期或收回土地使用权。对用地有特殊要求的市重点产业项目，经有关部门批准后，出让年期可为20～50年。加强项目在土地使用期限内全过程动态管理，将项目建设、运行质量与综合效益等相关要素纳入土地出让合同管理，通过土地核验、定期评估、诚信管理等，实施全过程监管。

四要稳步推进农村集体建设用地创新，加快推进征地制度改革。稳步推进农村集体建设用地改革。推进村庄规划编制，提升农村公共资源配置水平，建设美丽乡村。稳步开展农村集体土地使用权调查和确权登记工作。在符合规划和用途管制的前提下，探索完善出让、租赁、入股等多种形式的农村集体经营性建设用地流转试点，形成兼顾国家、集体经济组织、农民的土地增值收益分配机制和公共利益平衡制度，逐步建立城乡统一的建设用地市场。推进利用集体建设用地建设租赁房和养老设施试点。改革完善宅基地制度，切实保障农民合理的住房需求。推进征地制度改革。缩小征地范围，规范征地程序，完善对被征地农民的多元保障机制。建立完善集体土地征收、基本农田保护、生态空间保育区域的空间发展权补偿机制，依据实际征收或保育区域土地面积，按照一定比例，给予相应建设用地发展空间。研究在城镇建设用地范围内统筹安排留用地，支持农村集体经济发展。

3. 构建新型城镇化与农业现代化协调发展实施机制

一要坚持规划引领。坚持规划先行，结合昆山市总体规划修编，加快编制昆山市新型城镇化与农业现代化协调发展规划，通过规划引领新型镇化与农业现代化协调、健康发展。

二要强化组织领导。成立昆山市新型城镇化与农业现代化协调发展工作领导小组，由市主要领导任组长，市领导任副组长，市发展改革委、财政局、农委（农业局）、自然资源和规划局、住房和城乡建设局、经济和信息化委、人力资源和社会保障局、交通运输局和环保局等市直部门和单位为成员单位。领导小组下设办公室，负责日常工作，协调落实有关事项；办公室设在市发改委。新型城镇化建设工作领导小组每年至少召开一次工作会议，总结经验，发现问题，明确新目标，拿出新举措，推进新型城镇化与农业现代化协调发展。各镇（区）、市级各部门要明确工作职责，强化协调配合，认真研究推进新型城镇化的措施办法，确保下达任务按期完成。

三要完善评价考核机制。加快制定并完善有利于推动新型城镇化与农业现代化协调发展的绩效评价考核体系和具体考核办法。考核结果作为镇（区）和市级各职能部门领导班子调整和领导干部选拔任用、奖励惩戒的重要依据。昆山市每年对新型城镇化与农业现代化协调发展工作成绩突出的镇（区）、市级各职能部门予以表彰奖励；对工作落后的镇（区）和市级职能部门给予通报批评，主要领导不得提拔。

第六章

中东部地区新型城镇化进程——黄河下游地区案例

2019年9月黄河流域生态保护和高质量发展上升为国家重大战略，习近平总书记要求沿黄河各地区从实际出发，积极探索富有地域特色的高质量发展新路子。城镇化是现代化的必由之路，也是推动区域高质量发展的强大引擎。深入实施以人为核心的新型城镇化战略，是黄河流域推进生态保护和高质量发展的重要抓手。国家"十四五"规划提出要优化黄河流域中心城市和城市群发展格局，统筹沿黄河县城和乡村建设。与中上游地区相比，黄河下游地区长期受洪水影响，泥沙沉积严重、生态环境脆弱，经济、人口、资源与环境矛盾突出，贫困地区集中连片。因此，黄河下游地区加快实施新型城镇化战略尤为重要、也更为迫切。

目前有关黄河下游的研究主要集中在水沙变化、河道滩区治理、河道滩槽治理、生态保护等方面，对其城镇化进程、发展水平等研究亟须加强。本书以黄河下游地区为研究对象，基于人口、经济、社会、空间、生态城镇化和城乡一体化共六个层面构建评价指标体系，从整体、省级和地市等不同空间尺度，系统分析2012年以来黄河下游地区新型城镇化发展水平及时空分异特征，并通过面板数据模型定量研究影响该地区城镇化发展水平的主要因素，以期为新阶段黄河下游地区加快推进新型城镇化进程、促进生态保护与高质量发展提供决策参考。

一、黄河下游地区概况

黄河下游地区是指以郑州市桃花峪为分界点的黄河下游沿岸区域，横跨河南与山东两省，即河南省郑州市、开封市、新乡市、焦作市、濮阳市5个地级市，山东省济南市、济宁市、泰安市、菏泽市、淄博市、滨州市、德州市、聊城市、东营市9个地级市，共计14个地级市，行政区划面积共计11.41万km²（图6–1）。2019年黄河下游地区常住人口达8227.6万人，城镇化率达到60.54%，与全国平均水平相当；地区生产总值达5.54万亿元，人均GDP 6.73万元，比全国平均水平低0.36万元。

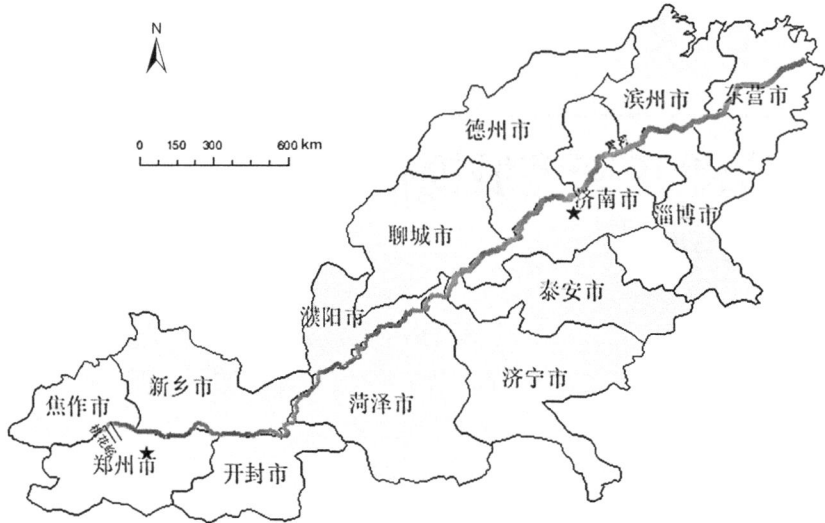

图6-1　研究区域示意图

二、数据来源与研究方法

（一）数据来源

研究数据来源于2013—2020年间的《河南统计年鉴》《山东统计年鉴》《中国城市建设统计年鉴》以及各城市相关年份政府统计公报。对于缺失的个别数据，采用线性插补法进行测算。

（二）构建指标体系

在参考相关研究成果基础上，结合黄河下游地区实际，依据指标选取的系统性、科学性以及可获得性等原则，分别从人口城镇化、经济城镇化、社会城镇化、空间城镇化、生态城镇化以及城乡一体化共六个子系统构建黄河下游新型城镇化发展水平评价指标体系（表6-1）。其中，社会城镇化、生态城镇化以及城乡一体化是对新型城镇化中"以人为本"内涵式发展的集中体现。

新型城镇化发展水平评价指标体系　　　　表6-1

一级指标	二级指标	单位	指标属性	变量
人口城镇化	城镇人口密度	人/km²	+	X_1
	城镇化率	%	+	X_2
	城镇登记失业率	%	−	X_3
经济城镇化	人均GDP	元	+	X_4
	第二、三产业产值比重	%	+	X_5
	人均地方财政收入	亿元	+	X_6
	城镇居民人均可支配收入	元	+	X_7
社会城镇化	每万人拥有图书馆藏书量	册	+	X_8
	每万人高等学校在校生人数	人	+	X_9
	每万人拥有卫生机构床位数	张	+	X_{10}
空间城镇化	地均GDP	万元/km²	+	X_{11}
	建成区占城区面积	%	+	X_{12}
	人均城市道路面积	m²	+	X_{13}
生态城镇化	污水处理率	%	+	X_{14}
	人均公园绿地面积	m²	+	X_{15}
	建成区绿化覆盖率	%	+	X_{16}
	生活垃圾无害处理率	%	+	X_{17}
城乡一体化	城乡居民收入比		−	X_{18}
	城乡消费水平比		−	X_{19}
	城乡恩格尔系数比		−	X_{20}

（三）定基熵值法

关于新型城镇化发展水平测算，学者们主要采用熵值法进行测算。然而单一的熵值法只能测算某一时间序列数据或截面数据的发展水平，无法同时兼顾时间与空间两个维度。故本书使用定基熵值法进行计算。定基熵值法是熵值法与定基极差法的综合运用。首先，采用传统的极差标准化法对原始数据进行标准化处理；其次，利用熵值法确定各项指标的权重；再次，结合定基极差处理后的无量纲指标值计算新型城镇化发展水平。该方法不仅保留了熵值法赋予指标权重的客观性，而且还考虑到时间与空间两个维度，使得测算结果更为科学。具体步骤如下：

第一步：数据标准化处理。本书采用极差标准化消除原始数据量纲、数量级等因素的影响，并根据指标属性选择相应公式。为了避免标准化后数据出现0的情况，在原有公式后面加上0.01，具体计算公式如下：

正向指标：
$$x'_{tij} = \frac{x_{tij} - x_{\min}}{x_{\max} - x_{\min}} + 0.01 \tag{6-1}$$

负向指标：
$$x'_{tij} = \frac{x_{\max} - x_{tij}}{x_{\max} - x_{\min}} + 0.01 \tag{6-2}$$

式中，x_{tij} 表示第 t 年第 i 个城市第 j 项指标的原始数据，x'_{tij} 为标准化后的数据，$t_{\max}$ 与 $t_{\min}$ 分别代表第 t 年第 j 项指标的最大值与最小值。其中，$i = 1,2,\cdots,m$；$j = 1,2,\cdots,n$；m 代表城市个数；n 代表指标个数。其中，由于城乡居民收入比、城乡消费水平比以及城乡恩格尔系数比越接近于1越好，故先将这三项指标的原始数据减1，再取其绝对值，然后再利用负向指标的极差标准化公式进行标准化处理。

第二步：利用熵值法确定权重。熵值法通过信息熵判断指标的具体价值和有效性，权重的赋予更具客观性，其计算步骤为：

（1）确定指标比重：
$$P_{tij} = \frac{x'_{tij}}{\sum_{t=1}^{T} \sum_{i=1}^{m} x'_{tij}} \tag{6-3}$$

（2）计算信息熵：
$$E_j = -\frac{1}{\ln(T \times m)} \sum_{t=1}^{T} \sum_{i=1}^{m} P_{tij} \ln P_{tij} \tag{6-4}$$

（3）确定指标权重：
$$W_j = \frac{1 - E_j}{\sum_{j=1}^{n}(1 - E_j)} \tag{6-5}$$

第三步：定基极差法处理数据。本书选择2012年即样本的起始年作为基准年，Y_{tij} 表示第 i 个城市第 j 项指标第 t 年用定基极差法处理后的无量纲指标值，计算公式为：

$$Y_{tij} = \frac{x_{tij} - x_{\min}^{2012}}{x_{\max}^{2012} - x_{\min}^{2012}} \tag{6-6}$$

第四步：计算城镇化发展水平：

$$U_{it} = \sum_{j=1}^{n} Y_{itj} \times W_j \tag{6-7}$$

（四）面板数据模型

面板数据模型分为混合回归模型、变截距模型以及变系数模型三种，其一般形式可写成：

$$y_{it} = \alpha_i + \sum_{j=1}^{n} x_{jit}\beta_{ji} + \varepsilon_{it}\,(j=1,\,2,\,\cdots,\,n;\;i=1,\,2,\,\cdots,\,m;\;t=1,\,2,\,\cdots,\,T)$$

（6-8）

式中，y_t 表示被解释变量在样本 i 和时间 t 上的观测值，x_{jit} 为第 t 年 i 样本第 j 个解释变量的观测值，β_{ji} 为带估计参数，α_i 为模型截距项，ε_{it} 为模型随机误差项。

模型构建之前需进行模型检验，以确定所研究的问题适应于哪种面板数据模型。首先，建立两个假设条件：

$$H_1:\ \beta_1 = \beta_2 = \cdots = \beta_m$$

$$H_2:\ \alpha_1 = \alpha_2 = \cdots = \alpha_m$$

$$\beta_1 = \beta_2 = \cdots = \beta_m$$

其中，H_1 表示模型中的解释变量系数对所有截面样本个体相同，截距项对所有截面样本个体不同；H_2 表示解释变量系数和截距项对所有截面样本个体相同。其次，分别计算 H_1、H_2 对应的统计量 F_1、F_2，当所得统计量不小于给定置信度下的相应临界值时，拒绝对应的假设条件。最后，根据假设条件的拒绝情况选择相应回归模型，如接受 H_2 时选择混合回归模型；拒绝 H_2 接受 H_1 时选择变截距模型；拒绝 H_2 拒绝 H_1 时选择变系数模型。

三、结果与分析

（一）黄河下游地区新型城镇化发展水平动态演进

（1）整体层面

总体来看，2012年以来黄河下游地区新型城镇化发展水平不断提升（图6-2），由2012年的0.45上升到2019年的0.72。从子系统来看，经济城镇化发展水平最高，且年均增速达到9.55%，表明该地区近年来经济发展较快；城乡一体化发展水平次之，表明该地区城镇与乡村辐射带动作用较强；人口城镇化发展水平最低，年均增速仅达到5.08%，约为经济增速的一半，这归因于该地区现有产业对人口集聚作用不强，跨区域外出务工人员较多。城乡一体化发展水平与生态城镇化发展水平虽分别位列第2、第3位，但与经济城镇化发展水平差距显著，表明该地区新型城镇化系统内部发展不均衡。

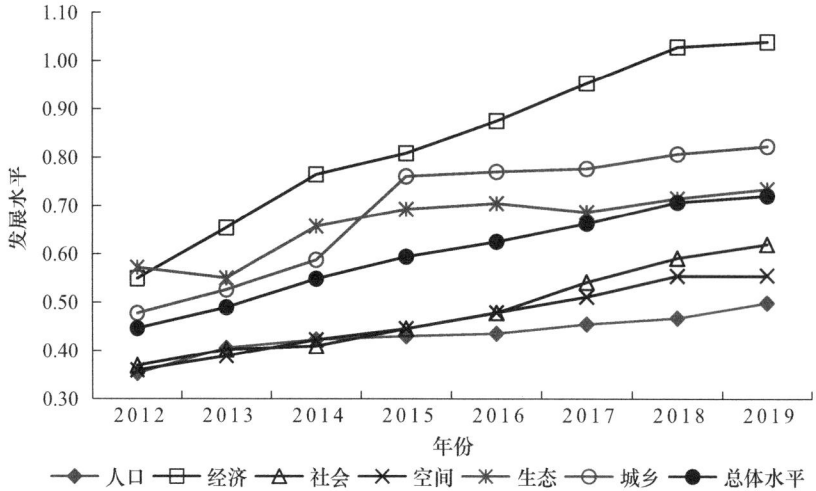

图6-2　2012年以来黄河下游地区新型城镇化发展水平演进比较

（2）省级层面

河南段与山东段新型城镇化总体发展水平呈现交替上升趋势（表6-2）；2012—2018年山东段新型城镇化总体发展水平高于河南段，2019年则低于河南段。其中，在人口、社会城镇化以及城乡一体化方面，河南段发展优于山东段，表明河南段城镇对人口的吸引能力更强，社会公共服务水平相对较高，城乡差距较小；在经济与生态城镇化方面，山东段发展优于河南段，表明山东段经济发展水平较高，并为居民创造了较宜居的生活环境；在空间城镇化方面，自2016年起，河南段空间城镇化加速，发展水平反超山东段，由河南段滞后阶段（2012—2015年）转向山东段滞后阶段（2016—2019年），但河南段城市扩张速度大于人口市民化速度，空间城镇化明显。

（3）地市层面

通过分析比较2012年以来各地市新型城镇化发展水平可以发现，14个地级市新型城镇化总体发展水平与6个子系统发展水平均呈现出增长态势。其中，开封新型城镇化总体发展水平年均增长速度最快，达到10.56%，归因于开封近年坚持以产兴城，扩容提质，坚持城乡一体化统筹发展卓见成效，其经济城镇化与城乡一体化显著加快；淄博增速最慢，仅达到4.82%，主要归因于其城乡一体化发展水平较低且增速缓慢，城乡二元结构制约新型城镇化快速发展。各地市新型城镇化总体发展水平排名相对稳定（表6-3）。其中，郑州与济南作为省会城市，相对于其他城市而言，在推进新型城镇化建设中更具政策、资源与区域等优势，故新型城镇化总体发展水平一直稳居前两名；淄博与东营水平相当，位居第三或第四名，焦作稳居第五名；菏泽由于城镇建设起步晚、底子薄、欠账多，在顶层设计、产业发展、设施配套等方面存在较大差距，与其他城市相比总体发展水平靠后。

表6-2

2012年以来黄河下游河南段与山东段新型城镇化发展水平演进比较

年份	人口城镇化		经济城镇化		社会城镇化		空间城镇化		生态城镇化		城乡一体化		总体发展水平	
	河南段	山东段	河南段	山东段	河南段	山东段	河南段	山东段	河南段	山东段	河南段	山东段	河南段	山东段
2012	0.4909	0.2758	0.4510	0.6032	0.3863	0.3595	0.3407	0.3693	0.3522	0.6935	0.6125	0.4019	0.4331	0.4530
2013	0.5033	0.3512	0.5520	0.7107	0.4000	0.4029	0.3696	0.3995	0.2575	0.7121	0.6800	0.4403	0.4624	0.5040
2014	0.5301	0.3632	0.6608	0.8216	0.4330	0.3961	0.4053	0.4316	0.4581	0.7675	0.7390	0.5027	0.5377	0.5539
2015	0.5143	0.3830	0.7375	0.8474	0.4813	0.4250	0.4398	0.4482	0.5058	0.7958	0.8130	0.7311	0.5775	0.6027
2016	0.5230	0.3865	0.7987	0.9172	0.5275	0.4504	0.4808	0.4772	0.5505	0.7898	0.8103	0.7475	0.6133	0.6314
2017	0.5335	0.4104	0.8792	0.9939	0.5742	0.5227	0.5360	0.4970	0.5334	0.7710	0.8171	0.7538	0.6522	0.6684
2018	0.5404	0.4265	0.9518	1.0709	0.6046	0.5835	0.5948	0.5316	0.5863	0.7865	0.8761	0.7685	0.6973	0.7121
2019	0.5399	0.4760	1.0039	1.0591	0.6438	0.6064	0.6828	0.4847	0.6310	0.7919	0.8237	0.8226	0.7331	0.7138

表6-3

2012年以来黄河下游14个地级市新型城镇化总体发展水平演进比较

地区	2012		2013		2014		2015		2016		2017		2018		2019	
	得分	排名	得分	排名	得分	排名	得分	排名	得分	排名	得分	排名	得分	排名	得分	排名
郑州	0.7299	1	0.7822	1	0.8755	1	0.9298	1	0.9899	1	1.0380	1	1.1240	1	1.2126	1
开封	0.2940	12	0.2701	14	0.4211	12	0.4434	12	0.4600	13	0.4969	13	0.5505	11	0.5970	9

续表

地区	2012		2013		2014		2015		2016		2017		2018		2019	
	得分	排名	得分	排名	得分	排名	得分	排名	得分	排名	得分	排名	得分	排名	得分	排名
新乡	0.4030	8	0.4185	9	0.4446	10	0.4707	11	0.4990	11	0.5193	12	0.5530	10	0.5840	10
焦作	0.4805	5	0.5339	5	0.5756	5	0.6057	5	0.6315	5	0.6867	5	0.7137	5	0.7657	5
濮阳	0.2581	13	0.3073	13	0.3718	14	0.4380	13	0.4858	12	0.5201	11	0.5456	12	0.5062	14
济南	0.6250	3	0.6837	2	0.7614	2	0.7983	2	0.8562	2	0.9156	2	1.0037	2	1.0420	2
淄博	0.6419	2	0.6790	3	0.7299	3	0.7619	3	0.8021	3	0.8501	3	0.9044	4	0.8926	4
东营	0.5714	4	0.6662	4	0.6952	4	0.7479	4	0.7603	4	0.8485	4	0.9448	3	0.9076	3
济宁	0.3513	10	0.4055	10	0.4497	9	0.5227	9	0.5534	9	0.6039	7	0.6358	7	0.6343	8
泰安	0.4317	7	0.4878	7	0.5306	7	0.5959	6	0.6271	6	0.6501	6	0.6884	6	0.6774	6
德州	0.3945	9	0.4262	8	0.4737	8	0.5401	8	0.5650	8	0.5716	9	0.5870	9	0.5729	11
聊城	0.3311	11	0.3767	11	0.4382	11	0.4847	10	0.5076	10	0.5214	10	0.5365	13	0.5292	12
滨州	0.4736	6	0.4975	6	0.5340	6	0.5591	7	0.5777	7	0.6033	8	0.6208	8	0.6599	7
菏泽	0.2569	14	0.3133	12	0.3727	13	0.4138	14	0.4331	14	0.4509	14	0.4873	14	0.5079	13

从2012年以来黄河下游地区城市间新型城镇化总体发展水平的变异系数来看（图6-3），呈"U"形态势，即在2012—2015年期间逐渐减小，2015年降到0.2652；2016年以来由于受各地市土地供应政策、土地外延扩张条件和实施进度等影响，又逐渐增大，2019年达到0.3002，城镇化发展不均衡呈加剧趋势。从六个子系统来看，空间城镇化变异系数最大，平均达到0.69，是影响黄河下游地区新型城镇化均衡发展的主要因素。其中以郑州和济南两个省会城市空间城镇化发展水平最高，其他城市普遍较低。归因于近年郑州的二七新区、郑东新区，济南的滨河新区、济南新旧动能转换先行区等新区土地外延较其他城市更为明显。然而，两市的空间城镇化大于人口城镇化，说明土地利用较为粗放，与新型城镇化节约集约发展要求存在差距，城镇化质量有待进一步提升。社会城镇化变异系数较高且呈下降趋势，是影响新型城镇化均衡发展的次要因素；经济城镇化变异系数最低，对新型城镇化均衡发展影响力度较小。

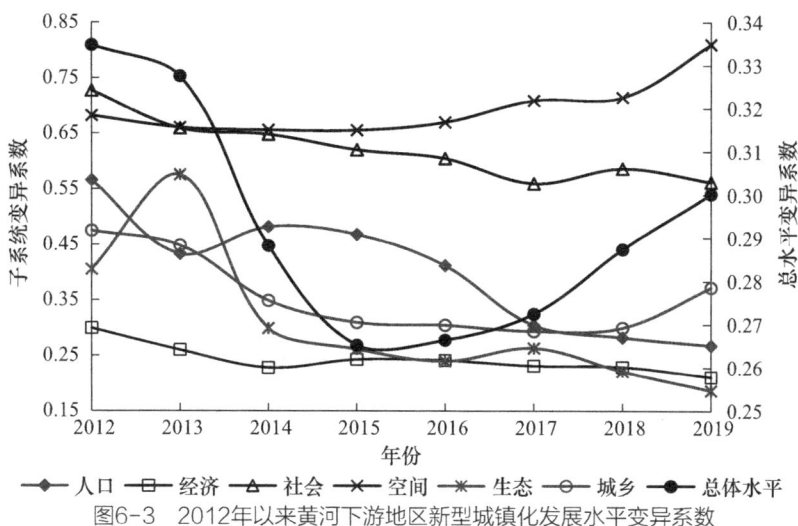

图6-3　2012年以来黄河下游地区新型城镇化发展水平变异系数

从14个地级市的6大子系统来看，多数城市新型城镇化内部发展差距较大。如郑州人口城镇化、经济城镇化、社会城镇化、空间城镇化以及城乡一体化水平都达到0.9以上，但生态城镇化发展水平落后，平均值仅达到0.4935。济南城乡二元结构明显，其城乡一体化平均水平仅为0.2339，远低于其他子系统发展水平。焦作城乡一体化水平较高，平均达到1.0425，明显高于其他子系统发展水平，与其近年来城乡一体化示范区的快速发展息息相关。

（二）黄河下游地区新型城镇化发展水平空间演进分析

为直观反映并便于比较该地区新型城镇化总体发展水平空间布局特征，本书根据其得分结果将其等比例划分为五个区间段，即0.0～0.3为第一区间段、0.3～0.6为第二区间段、0.6～0.9为第三区间段、0.9～1.2为第四区间段、1.2～1.5为第五区间段。用ArcGIS软件对2012年以来黄河下游各地级市的新型城镇化总体发展水平得分结果进行可视化处理，剖析其空间分布特征及演变过程（图6-4）。综合来看，2012年以来黄河下游地区新型城镇化总体发展水平空间差异性显著，中心城市的辐射带动作用有待加强；随时间推移，逐步呈现出以省会城市为增长极、发展水平阶梯式递减的空间布局，整体呈"哑铃"形分布；山东段流域新型城镇化总体发展水平相比于河南段较好；南岸城市新型城镇化总体发展水平高于北岸。郑州新型城镇化发展较快，于2019年就进入第五区间段，成为该地区新型城镇化总体发展水平最高的城市，但郑州作为河南段推进新型城镇化建设的增长极，辐射带动作用较弱。济南新型城镇化总体发展水平以2017年为分界点，由第三区间段转向第四区间段，成为山东段地区的增长极。相比郑州，济南新型城镇化推进速度相对较慢，但与周边城市联系较密切，辐射带动作用较强，对泰安、济宁、滨州等市新型城镇化发展起到明显促进作用。2012—2019年，山东段新型城镇化总体发展水平达到0.6以上的城市数量约是河南段的3倍；黄河南北两岸差距明显，北岸新型城镇化总体发展水平低于0.6的城市个数是南岸的2倍，北岸新型城镇化总体发展水平有待进一步提升。

（三）黄河下游地区新型城镇化发展水平影响因素分析

1. 影响因子提取

利用SPSS软件对面板数据进行主成分分析，首先进行KMO检验和Bartlett球形检验，其KMO值为0.781，显著性水平$P<0.001$，说明主成分分析结果显著性水平较高。根据特征值大于1的原则，共选取5个主成分，累计贡献率达83.62%，能够反映原始数据绝大部分信息，因此选取这5个主成分代表原始的20项指标（表6-4）。其中：因子1在人均地方财政收入、人均GDP等指标上具有较大载荷，反映了经济发展水平；因子2在人均城市道路面积、人均公园绿地面等指标上具有较大载荷，反映了基础设施水平；因子3在城乡消费水平比、城乡居民收入比等指标上具有较大载荷，反映了城乡收入差距；因子4在城乡恩格尔系数比、城镇登记失业率等指标上具有较大载荷，反映了城乡生活差距；因子5在生活垃圾无害化处理率、污水处理率等指标上具有较大载荷，反映了环境治理水平。

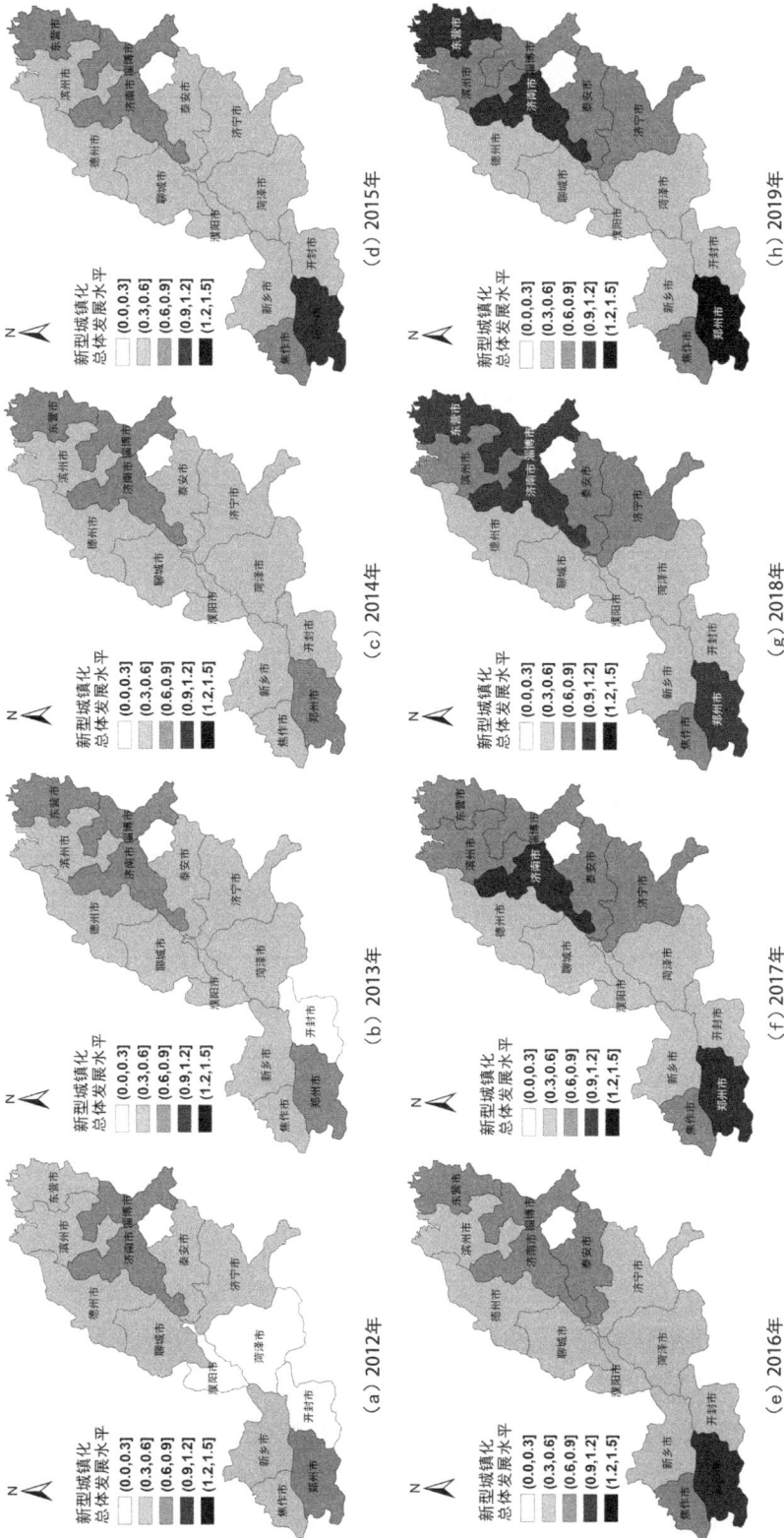

图6-4　2012年以来黄河下游地区新型城镇化总体发展水平空间分布差异

旋转后的因子载荷矩阵　　　　　　　　　表6-4

变量	因子1	因子2	因子3	因子4	因子5
X_1	0.167	−0.776	0.387	0.207	−0.242
X_2	0.871	0.009	0.202	0.202	0.148
X_3	0.471	0.326	−0.067	0.596	−0.060
X_4	0.885	0.299	−0.139	−0.117	−0.043
X_5	0.844	0.066	0.178	0.196	0.108
X_6	0.953	0.056	−0.052	0.149	0.018
X_7	0.853	0.189	−0.206	0.082	0.245
X_8	0.830	0.275	−0.251	−0.210	0.003
X_9	0.626	−0.544	0.054	0.434	0.046
X_{10}	0.745	−0.440	0.196	0.221	0.185
X_{11}	0.780	−0.345	0.170	0.366	0.084
X_{12}	0.733	−0.434	0.096	0.387	0.063
X_{13}	−0.008	0.784	−0.255	−0.078	0.283
X_{14}	0.425	0.227	0.193	0.275	0.685
X_{15}	0.222	0.888	0.040	−0.125	0.043
X_{16}	0.155	0.738	0.271	0.168	0.101
X_{17}	0.072	0.207	0.023	−0.132	0.880
X_{18}	−0.107	−0.186	0.900	−0.050	0.053
X_{19}	0.080	0.073	0.885	−0.062	0.064
X_{20}	−0.105	0.247	0.099	−0.816	0.001

旋转法：具有 Kaiser 标准化的正交旋转法；旋转在7次迭代后收敛。

2. 模型回归结果分析

本书利用面板数据模型定量分析各因子对黄河下游地区新型城镇化发展水平的具体影响程度。运用Eviews软件分别计算混合回归模型、变截距模型、变系数模型的残差平方和，进而得出两种假设条件下的统计量F值，结果显示在0.05的显著性水平下，$F_2 = 9.47 > F_{0.95}(78, 28)$，故拒绝假设$H_2$；$F_1 = 1.68 < F_{0.95}(65, 28)$，故接受假设$H_1$，此时选择变截距模型。变截距模型分为固定效应模型与随机效应模型，故利用Hausman检验进行确定，检验结果Chi-Sq统计值对应概率$P < 0.001$，故拒绝原假设，

选择固定效应变截距模型对黄河下游14个地区的面板数据进行回归估计。经检验，固定效应变截距模型的F值为989.66，P值=0.0000＜0.01，拟合优度和修正的拟合优度均大于0.99，表明模型整体显著，拟合效果较好，其具体估算结果如表6-5所示。

<table>
<tr><td colspan="5" align="center">黄河下游地区新型城镇化发展水平面板模型估算结果　　　　表6-5</td></tr>
<tr><td>变量</td><td>系数</td><td>标准差</td><td>T统计量</td><td>概率</td></tr>
<tr><td>C</td><td>0.0392</td><td>0.0105</td><td>3.7313</td><td>0.0003</td></tr>
<tr><td>经济发展水平</td><td>0.2455***</td><td>0.0080</td><td>30.6654</td><td>0.0000</td></tr>
<tr><td>基础设施水平</td><td>0.0441*</td><td>0.0173</td><td>2.5517</td><td>0.0123</td></tr>
<tr><td>城乡收入差距</td><td>0.0612***</td><td>0.0059</td><td>10.3051</td><td>0.0000</td></tr>
<tr><td>城乡生活差距</td><td>−0.0462***</td><td>0.0124</td><td>−3.7380</td><td>0.0003</td></tr>
<tr><td>环境治理水平</td><td>−0.0091</td><td>0.0063</td><td>−1.4371</td><td>0.1540</td></tr>
</table>

注：***表示0.1%显著水平上显著，**表示1%显著水平上显著，*表示5%显著水平上显著。

从表6-5中可知，除环境治理水平外，其余影响因素均通过了5%的显著性检验，说明环境治理水平对新型城镇化发展无显著影响。经济发展水平、城乡收入差距、基础设施水平对黄河下游地区新型城镇化发展具有正向效应，且影响程度依次递减，每提升1个单位，该地区新型城镇化总体发展水平分别提升0.2445、0.0612、0.0441个单位。经济发展在黄河下游新型城镇化建设中发挥了主导作用，表明经济发展是该地区城镇化的根本动力，这也是新型城镇化的基础和内在要求；城乡生活差距的影响程度次之，城市较高的收入水平，吸引着农业转移人口进城务工、向城市转移，人口城镇化的提升一定程度上也会促进新型城镇化发展；基础设施水平的不断提升，凸显出以人为本的城镇化发展理念，推进新型城镇化高质量发展。城乡生活差距对该地区新型城镇化发展具有负向效应，即每提升1个单位，新型城镇化总体发展水平下降0.0462，说明较大的生活差距可能使农业转移人口难以适应城市生活，进而降低其进城意愿其至"返乡"。

四、推进黄河下游地区新型城镇化进程的相关建议

根据上述研究，从整体层面来看，2012年以来黄河下游地区新型城镇化发展水平不断提升，由2012年的0.45上升到2019年的0.72；在六大子系统中，经济城镇化发展水平最高，且年均增速达到9.55%。从省级层面来看，河南段与山东段新型城

镇化总体发展水平呈现交替上升趋势，2012—2018年山东段高于河南段，2019年则低于河南段；在六大子系统中，河南段与山东段各具优势。从地市层面来看，14个地级市新型城镇化总体发展水平逐年提升，排名波动较小；受空间城镇化不均衡发展影响，近年来新型城镇化不均衡发展加剧，变异系数呈先减后增的"U"形态势，且内部子系统发展不均衡。黄河下游地区新型城镇化总体发展水平空间差异性显著，逐步呈现出以郑州、济南两大省会城市为增长极的阶梯式递减空间布局，整体呈"哑铃"形分布结构；南岸地区发展水平高于北岸地区；山东段发展水平高于河南段。经济发展水平、城乡收入差距、基础设施水平对黄河下游地区新型城镇化发展具有正向促进作用，城乡生活差距则有负向抑制作用；经济发展水平影响程度最显著，每提升1个单位，该地区新型城镇化总体发展水平提升0.2445个单位。

根据上述结论，结合黄河流域生态保护和高质量发展国家战略部署，提出以下建议：

（1）全面提升城镇化发展质量。郑州、济南等市应强化国土空间管控，划定城市增长边界，合理控制城镇空间外延速度，使之与人口市民化相适应。菏泽、聊城、德州等市应健全以常住人口规模为标准的公共服务体系，加大教育、医疗、文化领域投入，促进公共服务均等化，满足居民多元公共服务需求，增强农业转移人口的幸福感归属感。

（2）加快产业转型升级与绿色发展。发挥不同层级城镇资源禀赋优势，推进黄河下游城市特色错位发展；挖掘各地优质文化旅游资源，打造沿黄文化旅游生态廊道；郑州、济南作为黄河下游中心城市，应着力吸引高端要素集聚，实现新旧动能转换；其他城市应加快发展新业态，培育新增长点，提升城市产业能级。统筹产业发展与生态保护，严格控制好滩涂、湿地的开发利用，加强下游沿黄地区生态环境保护，推动黄河流域生态保护和高质量发展战略落地落实；积极探索绿色低碳、集约高效的城镇化模式，推动绿色循环发展。

（3）促进黄河下游区域一体化与城乡融合发展。加快黄河下游城市间高速公路、城际铁路建设，强化各城市间的互动联系，推进黄河下游地区向一体化方向发展；突破行政区划制约，做强省会经济圈，推动郑州与济南人才、资本、技术等优势资源外溢，增强其辐射带动作用，带动黄河下游其他中小城市和县城发展，加快打造"双核（郑州与济南两市）—一般地级市—县城—重点镇"为框架的黄河下游城镇体系新格局。与此同时，与沿黄中上游地区携手共建黄河流域现代产业合作带。推动新型城镇化与乡村振兴战略相结合，宜农则农，宜工则工，宜商则商，打造新型工农城乡关系；要大力发展县域经济，把县域作为城乡融合发展的重要切入点，赋予县域更多资源整合使用自主权，提升县域产业发展与就业吸纳能力。

第七章

中部地区新型城镇化进程——基于 ZZ 县农村集体经营性建设用地试点改革视角

一、ZZ县基本情况

（一）行政区划与自然资源

ZZ县位于山西省东南端，太行山最南麓，晋豫两省交汇处，自古为三晋通向中原的要冲，史称"河东屏翰，冀南雄镇"。ZZ县东西宽62.75km，南北长58.85km，总面积2023km²。ZZ县下辖14个镇和3个乡。2015年底，全县常住人口约49万人，其中户籍农业人口约44万人。

ZZ县矿产资源丰富，素有"煤铁之乡"美誉。含煤面积528km²，占全县总面积的26.1%，探明地质储量48亿t，且煤层厚、煤质好、埋藏浅、易开采，属无烟煤，2015年煤炭产量达到714.3万t。铁矿分布广泛，储量约为2500万t，品位在25%~40%。铝矾土储量在5000万t以上。适用于发展建材的石灰石、石膏、瓷土、大理石等矿储量也较丰富。

（二）经济社会发展现状

"十二五"以来，ZZ县面对国内外复杂形势和一系列重大挑战，经济社会发展在诸多方面取得了重大突破，综合实力不断增强，进入了一个崭新的发展阶段。全县地区生产总值由2010年的156.1亿元提高到2015年的215.7亿元，年均增长8.5%；公共财政预算收入由2010年的9.3亿元提高到2015年的11.48亿元，年均增长4.2%，2013年最高达到13.3亿元（图7-1）。产业结构持续优化，形成了"优农、稳煤、强铸、兴旅、育新"产业发展新体系和"两带四板块""四化"同步推进产业新格局。

三次产业比例由2010年的5.0∶68.8∶26.2调整为2015年的6.0∶63.9∶30.1，第一产业比重提高了1个百分点，第三产业比重提高了3.9个百分点。现代农业迈上新台阶，园区经济、庄园经济成为新亮点，先后荣获"全国生猪调出大县""全国粮食生产先进大县"等称号。资源型产业向精深加工转化，天泽4060、兰花己内酰胺、纳米新型材料、晋煤高硫煤洁净利用循环经济工业园等一批煤化工项目相继落地；装备制造业向中高端发展，被中铸协确定为"中国铸造行业集群试点县"。现代服务业、文化旅游业迈出新步伐，城东物流园区成效初显，珏山、青莲寺、围滩、太极湖四大景区整合组建为珏山大景区。

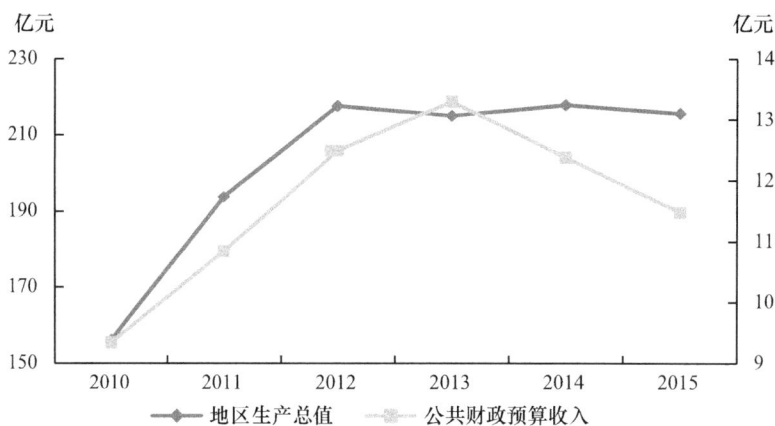

图7-1　2010—2015年ZZ县地区生产总值与公共财政预算收入增长

2015年，城乡常住居民人均可支配收入分别达到27381元、12217元，是2010年的1.7倍和1.8倍（图7–2），且城乡常住居民人均可支配收入之比由2010年的2.4下降到2015年的2.2，城乡差距总体呈现缩小趋势。全县城镇化率达到45.5%，比2010年提高了8.5个百分点。

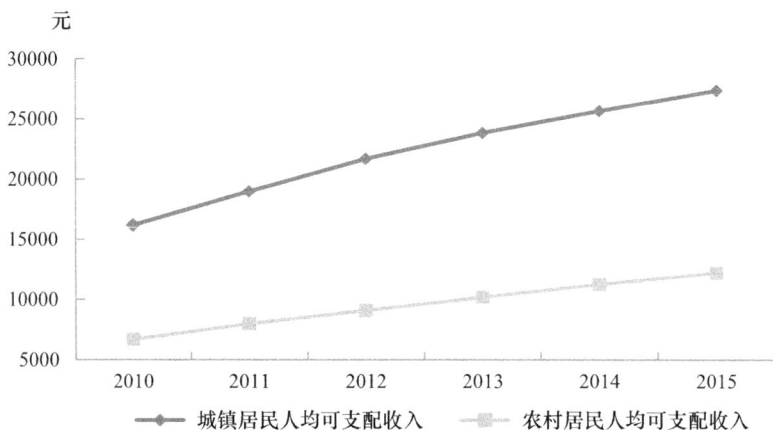

图7-2　2010—2015年ZZ县城乡常住居民人均可支配收入增长

（三）改革全面推进

早在1997年，ZZ县就成为山西省首批小康县，2001年被省委、省政府确定为全省农业和农村现代化试点县。近年来ZZ县先后荣获"全国文化工作先进县""全国科技工作先进县""全国绿化先进县""全国电气化建设先进县""全国'两基'教育先进县""全省饮水解困红旗县""全省小康建设十强县""全国新农村建设示范县"等荣誉，成为全省首家"国家级可持续发展实验区"。

其中，2015年2月，ZZ被确定为全国农村土地制度改革33个试点县之一；2015年6月，巴公镇成为全省转型综改试验扩权强镇试点；2015年11月，ZZ县和巴公镇被确定为第二批国家新型城镇化综合试点地区，入选第二批创建"国家全域旅游示范区"名单；2016年12月，国土资源部批复ZZ县在农村集体经营性建设用地入市试点工作的基础上，同时进行农村土地征收制度改革试点工作。ZZ县先后出台了《ZZ县农村集体经营性建设用地入市试点实施方案》《ZZ县国家资源型经济转型综合配套改革试验实施方案（2016—2020年）》《ZZ县农村土地征收、集体经营性建设用地入市制度改革试点实施方案》及相关配套制度；围绕南岭贫困地区转型综改试点，先后出台了《南岭乡农村转型综改总体规划》和《南岭乡农村转型综改实施方案》，激发了全县经济社会发展的活力和动力。

二、ZZ县土地利用结构现状与规划

ZZ县土地总面积2024km²，其中农用地面积190.79万亩（耕地保有量74.68万亩，基本农田62.1万亩），建设用地面积24.91万亩，未利用地面积87.96万亩。

（一）土地利用特点

一是林地比例高，森林资源总量丰富。ZZ县林业资源丰富，森林覆盖率较高。目前，ZZ县林地面积约占全县土地总面积的32%，远高于全国平均水平。二是未利用地面积数量可观，耕地开发难度大。未利用地面积约占全县土地总面积的29%，且以自然保留地为主。由于自然保留地分布以山地、丘陵为主，存在粗、旱、坡、薄等制约因素，因此土地开发，特别是开发为耕地的难度比较大。三是农村居民点用地比重大，有一定的整治潜力。由于自然条件和历史原因，ZZ县农村居民点比较分散，面积也比较大，人均居民点面积266.30m²，超过国家村镇规划标准所规定的上限——人均150m²，村庄集约程度不高，有一定的土地整治潜力。

（二）土地利用中存在的问题与挑战

一是土地利用制约因素比较多，利用不充分。ZZ县土地利用的主要制约因素：首先，山区地形复杂，高差大，大部分地区坡度较大，土层薄，肥力低。受其制约，全县土地利用并不充分，主要表现为土地利用率不高，自然保留地面积相对较大；其次，土地利用多以粗放经营为主，主要是受地理条件制约，使大型机械无法展开。

二是建设用地集约利用程度低，城乡土地利用缺乏系统规划。首先，城镇用地建筑密度和容积率总体较低，土地利用效率不高，均不同程度存在闲置土地和低效利用土地现象；其次，工矿企业用地集约利用水平还较低，加上近几年，由于转型发展的产业政策，有的企业被关闭，还有不少处于停产或半停产状态，造成土地的闲置浪费；再次，农村居民点分散，土地利用率较低。ZZ县人均居民点用地266.30m²，高于国家规定人均标准的上限，土地资源浪费现象突出。

三是土地生态问题日益严重。ZZ县山地、丘陵区面积约占全县土地总面积的90%以上，在长期的土地开发活动中，农民自主开发虽然占主导地位，但由于缺乏合理引导、综合规划，导致局部地区水土流失严重，土地生态遭到破坏。与此同时耕地用养失调，导致土壤肥力下降，丘陵区尤其明显；化肥农药使用方法落后，利用率低，部分农化物质残留在大气、水体、土壤和农作物中，对农业生态环境造成一定的污染。此外，由于ZZ县煤化工发展迅速，工业"三废"排放明显增多，目前境内长河、丹河的水质都存在不同程度的污染。巴公、下村的煤矿塌陷问题也越来越多，造成耕地的大量破坏。

四是统筹各业和协调城乡区域土地利用的任务相当艰巨。ZZ县区位特殊，环绕晋城中心城区，承担了多方面的用地需求，造成了巨大的用地需求和有限的土地资源供给之间的矛盾，对未来合理规划用地结构和布局，大力提倡节约集约用地提出了更高的要求。在用地需求全面持续增长和土地资源约束的双重压力下，全县行业间、城乡间和区域间的土地利用矛盾日益突出。

（三）土地利用规划与土地整治

2012年实施的《ZZ县土地利用总体规划（2006—2020年）》，依据ZZ县经济社会发展战略目标，规划期内土地利用具体目标为（表7-1）：一是确保耕地和基本农田保护面积。全县耕地保有量到2020年保持在50857.63hm²；基本农田保护面积始终保持在41401.34hm²。二是保障可持续发展，节约集约用地。规划期内严格执行建设地定额标准，完善节约集约用地奖惩机制，提高土地利用效率，推动土地利用方式向集约高效转变，在保障省市重点建设项目用地的同时兼顾ZZ县的各项用地。有效控制新增建设用地，规划期安排新增建设用2726.00hm²（指标2274.34hm²），其中占用农用地2305.39hm²（指标1895.04hm²），占用耕地1800.22hm²（指标1468.19hm²）。三是基本形成城乡一体化土地利用格局。按照ZZ县城镇体系规划和城乡一体化总体发展规划所确定的城镇体系空间结构和产业体系空间分布，要不断优化城乡用地空间布局。在保障经济平稳较快发展的前提下，充分考虑经济社会发展的阶段性和集约性发展趋势，严格控制建设用地总规模。规划期，建设用地总规模控制在15736.88hm²，城乡建设用地规模控制在12867.47hm²，城镇工矿用地规模控制在4857.60hm²。四是土地利用结构不断优化。严格控制建设用地规模，农用地面积在规划期内稳步增加，在不影响生态环境的前提下，适度开发其他土地，优化农用地、建设用地和其他土地的比例结构。到2020年，园地面积达到4283.87hm²，林地面积达到73158.59hm²。五是土地整治全面推进。大力开展基本农田整理，逐步提高基本农田质量。"田、水、路、林、村"综合整治和建设用地复垦取得明显成效，工矿废弃地全面复垦，后备资源得到适度开发。规划期间通过土地整治补充耕地2646.57hm²（含挂钩补充1021.80hm²）。六是水土流失和土地污染状况明显改善。退耕还林成果得到进一步巩固，森林覆盖率到达40%以上，水土流失得到有效控制，土地污染特别是耕地污染的防治取得明显成效，城乡生态环境明显改善。

2014年实施的《ZZ县土地整治规划（2011—2015年）》，提出农用地整治主要安排在巴公镇、高都镇等9个乡镇，整治面积4747.04hm²，通过整治可增加耕地204.73hm²；农村建设用地整治主要安排在巴公镇、金村镇等17个乡镇，整治面积为810.87hm²，通过整治可增加耕地689.22hm²；土地复垦主要安排在巴公镇、川底乡等13个乡镇，复垦面积为1456.75hm²，通过土地复垦可增加耕地145.67hm²；土地开发主要分布在川底乡、大东沟镇等13个乡镇，开发区面积744.01hm²，可开发出耕地446.41hm²；高标准基本农田重点安排在川底乡、下村镇等5个乡镇，通过农田设施配套建设，完成18个高标准基本农田建设项目，建设规模不低于5333.3hm²。

表7-1

ZZ县土地利用总体规划土地利用结构调整表

地类/项目	2005年规划基期 (hm²)	2005年规划基期 (%)	期内减少 (hm²)	期内增加 (hm²)	净增减(±) (hm²)	2020年规划目标 (hm²)	2020年规划目标 (%)
土地总面积	202440.67	100.00	18227.78	18227.78	0.00	202440.67	100.00
（一）农用地　合计	127550.25	63.01	3889.98	15501.78	11611.74	139161.99	68.74
1.耕地	51536.31	40.40	3325.25	2646.57	-678.68	50857.63	36.55
2.园地	959.29	0.75	14.67	3339.25	3324.58	4283.87	3.08
3.林地	63959.27	50.14	270.08	9469.40	9199.32	73158.59	52.57
4.其他农用地	11095.38	8.70	279.98	46.56	-233.48	10861.90	7.81
（二）建设用地　合计	15115.00	7.47	2104.18	2726.00	621.88	15736.88	7.77
1.城乡建设用地　小计	12911.98	85.42	2715.47	2670.96	-44.51	12867.47	81.77
①城镇用地	1961.75	15.19	32.66	1204.84	1172.18	3133.93	24.36
②农村居民点	10023.63	77.63	2499.54	485.78	-2013.76	8009.87	62.25
③采矿用地	926.60	7.18	183.27	256.73	73.46	1000.06	7.77
④其他独立建设用地	0.00	0.00	0.00	723.61	723.61	723.61	5.62
2.交通水利用地　小计	1614.46	10.68	93.98	701.14	607.16	2221.62	14.12
①交通运输用地	1236.22	76.57	93.93	634.47	540.54	1776.76	79.98
②水利设施用地	378.24	23.43	0.05	66.67	66.62	444.86	20.02
3.其他建设用地	588.56	3.89	10.48	69.71	59.23	647.79	4.12
（三）其他土地　合计	59775.42	29.53	12233.66	0.00	-12233.66	47541.80	23.48
1.水域	2253.43	3.77	19.52	0.00	-19.52	2233.91	4.70
2.自然保留地	57521.99	96.23	12214.10	0.00	-12214.10	45307.89	95.30

三、ZZ县改革进展与做法

（一）入市进展情况

截至2016年9月底，ZZ县农村集体经营性建设用地入市地块共13宗，面积192.8亩，占全县存量经营性建设用地4万亩的0.48%。按入市途径分，就地入市10宗，村庄整治入市3宗。按入市方式分，出让2宗，租赁3宗，作价入股8宗。按入市用途分，商服用地6宗，面积44.05亩，占总面积的23%；住宅兼容商业1宗，面积5.55亩，占总面积的3%；工业用地2宗，面积79.97亩，占总面积的41%；旅游业用地4宗，面积63.24亩，占总面积的33%。另外还有7宗640亩土地调整入市实施方案已批复。目前，ZZ县入市项目大部分为小型的商业、工业项目，重点建设项目使用集体经营性建设用地目前正在准备资料1宗。该县南村铸造工业园区拟占地700亩，拟按调整入市途径入市。

从入市后企业的反应看，大部分民营企业由于土地征收挂牌程序周期较长，而入市形式、周期、使用方式较为灵活，愿意使用集体经营性建设用地，而国有企业对使用集体经营性建设用地持观望态度。特别是在城中村改造中涉及的房屋产权性质的时候，房地产企业更多地选择国有土地出让。

（二）试点改革具体做法

ZZ县按照中央深化农村土地制度改革的有关要求，紧紧围绕"完善农村集体经营性建设用地产权制度，明确农村集体经营性建设用地入市主体、范围和途径，建立健全市场交易规则、服务监管制度以及争议调处机制，建立兼顾国家、集体、个人的土地增值收益分配机制"试点目标和任务，结合ZZ县实际，积极探索具有ZZ特点的农村集体经营性建设用地入市路径和措施，加快推动全县建立城乡统一的建设用地市场，使市场在土地资源配置中起决定性作用和更好发挥政府作用。

1. 提前摸清"家底"，夯实基础工作

ZZ县2012年就率先开展了工矿废弃地、未利用地、空心村、压煤村"四项调查"，在此基础上，通过开展农村集体土地所有权、宅基地使用权、集体建设用地使用权三权发证工作，摸清了全县共有4万亩集体经营性建设用地，符合入市条件的有1.1万亩，近3年有入市意向的近2000亩。加强农村集体经营性建设用地不动产

登记工作，并于2016年5月18日颁发了全省第一本入市农村集体经营性建设用地不动产证书。此外，ZZ县还先后建立了覆盖全县城乡一体的建设用地基准地价控制体系和集体经营性建设用地交易信息平台，对拟入市的地块、已复垦地块、已入市地块等情况及时进行信息发布。

2. 由农民自己说了算，坚守"农民权益不受损"的改革底线

充分发扬村民民主权利，农村集体经营性建设用地是否入市、怎样入市，由农民自己说了算。县自然资源部门制定了周密的入市交易程序，村集体先行酝酿，严格执行"四议两公开"制度，村民表决决定，逐级向上申请；乡镇审核地块权属，消除纠纷隐患；县里审查"符合规划、用途管制、依法取得"三个基本前提，做到底清数明。入市项目获批后，村民就地价评估、入市方案、收益分配等再次执行"四议两公开"，由村民自主决策、决议入市。

同时，坚守"农民权益不受损"的改革底线，目前ZZ形成成熟的六种保障失地农民收益办法：一是逐年支付租金；二是一次性支付土地收益；三是作价入股，每年持股分红；四是租金保底加分红，每年收取租金，定期分红；五是资金补偿加就业安置；六是留置物业，用入市土地交换得到入市项目的商业门市、物业管理，让长远生计有了保障。特别是租赁和作价出资入股，确保了集体和村民长远有收益。从ZZ已办结的13宗集体经营性入市宗地来看，广大村民对集体经营性建设用地入市还是比较认可的，没有引发群众性事件和上访事件。

3. 通过制度的严密、程序的规范和环节的把控，推动科学入市

在一年多的实践中，ZZ县初步形成的13项制度逐渐完善，制度体系的可用性更加成熟。同时在落实制度推进实践过程中，严格把控好"入市前、入市中、入市后"三个环节，靠制度的严密、程序的规范和环节的把控，科学推动入市工作。为确保入市交易程序合法、合规，ZZ县强化了过程和环节控制，从入市主体和入市地块的合法确认、入市方式及程序到土地增值收益分配、入市抵押贷款、纠纷解决办法等都明确了具体步骤和过程环节，要求严格按照13项制度履行相应的程序，不断强化制度刚性和执行力，确保了土地入市交易有章可循、有法可依。

根据入市实践，进一步对各项制度进行优化、完善和创新。对每一宗土地完成入市后，领导组办公室都及时进行分析总结，总结成功经验，分析存在问题，评估入市成果。2016年底，ZZ县对13项制度运行情况进行了集中评估分析，对其中5项进行了修订完善，修订2项、完善3项（修改23条），"入市管理办法、入市不动产登记办法、使用权抵押贷款管理办法、调整入市工作程序"4项制度修改完善后经县领

导组同意，投入实践；"入市土地增值收益调节金征收使用管理实施细则"，已经省自然资源厅、财政厅审核批准，投入运行。

4. 与其他相关改革有机结合、综合发力

ZZ县将土地入市改革，与县里开展的第二批国家新型城镇化综合试点以及全省工矿废弃地复垦利用试点、矿业用地整合利用试点等改革有机结合、综合发力，取得了最大效益。比如工矿废弃地完成复垦1400亩，作为调整入市后备资源。目前，全县拟投资16亿元、产能30万t的南村铸造园区一期项目就利用该政策，调整土地入市指标600余亩，满足了项目用地需求，大大推进了建设进度。此外，土地入市还与省自然资源厅下放的扩权强县相关权力、市政府下放的城中村改造方案审批权和城乡规划审批权相结合，省去了土地征收等环节。同时，将内部审批的最短时限细化到各股室，全面提升了岗位效率。项目用地审批入市前需要近半年时间，目前一般入市土地一个半月内可办结，大阳镇旅游项目实现了最快28天办结。

四、主要成效

2015年4月试点工作正式启动以来，ZZ县严格按照中央有关要求，稳步启动，积极探索，初步建立了兼顾国家、集体、个人的土地增值收益分配机制，形成了一整套程序严谨、制度规范、流转顺畅的入市程序，取得了良好的试点效果和社会效应。探索形成可复制、可推广的改革成果，为国家科学立法和修改完善相关法律法规提供依据。

（一）为全国提供"ZZ制度"借鉴

围绕"完善农村集体经营性建设用地产权制度，建立集体经营性建设用地市场交易规则和服务监管制度，建立兼顾国家、集体、个人的土地增值收益分配机制，着力形成'同权同价、流转顺畅、收益共享'的集体经营性建设用地入市制度"等试点目标，ZZ县按照中央改革的定位和主要目标，结合自身特点，在农村集体经营性建设用地入市改革上大胆探索创新，形成了覆盖试点实施方案、工作程序、耕地保护、土地收益分配、村级组织管理、权益保障和风险评估的完整制度体系，先后出台了《ZZ县农村集体经营性建设用地入市试点实施方案》和《ZZ县农村集体经营性建设用地入市管理办法（试行）》《ZZ县农村集体经营性建设用地入市土地增值

收益调节金征收使用管理实施细则（试行）》《ZZ县农村集体经营性建设用地入市土地权属调整方案（试行）》《ZZ县农村集体经营性建设用地入市不动产登记办法（试行）》《ZZ县农村集体经营性建设用地调整入市耕地保护办法（试行）》《ZZ县关于对存在违法用地行为的农村集体经营性建设用地入市办法（试行）》《ZZ县农村集体经营性建设用地调整入市工作程序（试行）》《ZZ县关于推行村级事务规范化管理的实施意见（试行）》《ZZ县农村集体经营性建设用地使用权入市收益分配使用管理办法（试行）》《ZZ县农村集体经营性建设用地处置程序（试行）》《ZZ县农村集体经营性建设用地入市交易公证办法（试行）》《ZZ县农村集体经营性建设用地使用权抵押贷款管理办法（试行）》《ZZ县农村集体经营性建设用地入市纠纷解决办法（试行）》13项相关配套制度（表7-2），为中央层面制定农村集体经营性建设用地入市改革相关政策和全国其他地区加快推进农村集体经营性建设用地入市改革提供重要参考依据。

ZZ县农村集体经营性建设用地入市制度改革"1方案13政策"　　表7-2

文件名称	主要内容
ZZ县农村集体经营性建设用地入市试点实施方案	明确改革试点指导思想、基本原则、工作目标、主要内容、时间步骤和工作组织
ZZ县农村集体经营性建设用地入市管理办法（试行）	农村集体经营性建设用地是指存量农村集体建设用地中，土地利用总体规划和城乡规划确定工矿仓储、商服、综合等经营性用途的土地。入市后的农村集体经营性建设用地应承担相应的基础设施建设费用，按规定缴纳相关税费和土地增值收益调节金，并在国家建设需要时有偿退出。入市主体可以按下列组织形式参与入市：股份合作社；土地专营公司；集体资产管理公司。入市主体通过四议两公开程序，经乡（镇）人民政府审核同意后，向ZZ县农村集体经营性建设用地入市试点工作领导小组办公室提出申请，并附土地权属证明材料
ZZ县农村集体经营性建设用地入市土地增值收益调节金征收使用管理实施细则（试行）	入市农村集体经营性建设用地调节金按入市收入的16%征收，再转让农村集体经营性建设用地调节金按土地增值收益的20%征收，由出让方、出租方、作价出资（入股）方和再转让方缴纳。农村集体经营性建设用地入市、再转让价格低于基准地价80%的，县人民政府有优先购买权。农村集体经济组织以现金形式取得的土地收益，在扣除直接成本后以70%的比例支付给村集体经济组织成员，其余30%留给村集体经济组织，主要用于村集体经济组织的各项基础设施建设和社会福利事业

续表

文件名称	主要内容
ZZ县农村集体经营性建设用地入市土地权属调整方案（试行）	调整入市建新区土地使用权属于入市后取得农村集体经营性建设用地使用权的单位、组织或个人；复垦区使用权可以由村集体确认并依据原调查的权属情况，重新发包给村小组成员，也可采取公开发包的形式承包给单位或个人。土地权属调整方案须经村民会议三分之二以上成员或三分之二以上村民代表同意，并在所属村、组进行公告，公告期不少于7天
ZZ县农村集体经营性建设用地入市不动产登记办法（试行）	房屋等建筑物、构筑物所有权登记应当与其所附着的土地一并登记，保持权利主体一致。集体建设用地使用权及建筑物、构筑物所有权的首次登记，不动产登记机构应当在记载于不动产登记簿前进行公告。公告主要内容包括：申请人的姓名或者名称；不动产坐落、面积、用途、权利类型等；提出异议的期限、方式和受理机构；需要公告的其他事项
ZZ县农村集体经营性建设用地调整入市耕地保护办法（试行）	复垦区的面积必须大于等于建新区的面积，复垦后的新增耕地面积必须大于等于建新区占用的耕地面积。复垦区的耕地质量等别必须等于或高于建新区的耕地质量等别。复垦项目的实施必须执行土地整治项目管理"六项制度"。复垦区验收合格后，再进行调整入市。落实复垦后耕地的耕种责任主体，进行土壤培肥、生土熟化、后期管护等工作，确保耕地不撂荒
ZZ县关于对存在违法用地行为的农村集体经营性建设用地入市办法（试行）	2014年12月31前地籍数据库为建设用地且未经县级以上人民政府批准的农村集体经营性建设用地。对存在违法用地行为的农村集体经营性建设用地，缴纳罚款，退回土地，申请县人民政府补办占地手续，补办使用权人为代表其所有权的农民集体经济组织，用途为经营性建设用地。依据《晋城市国土资源局关于进一步规范行政处罚标准与履行时效的通告》（晋市国土资发〔2005〕29号）规定：占用基本农田每平方米30元；占用农用地每平方米20元；占用其他用地的每平方米15元。《中华人民共和国土地管理法》实施前（1987年1月1日）的不处罚
ZZ县农村集体经营性建设用地调整入市工作程序（试行）	根据县入市试点工作领导小组办公室的意向批复，村委委托中介组织编制《ZZ县××镇××村农村集体经营性建设用地调整入市实施方案》；县入市试点工作领导小组办公室组织对《实施方案》进行会签；提交县国土局局务会研究；上报县入市试点工作领导小组审核下发方案批复
ZZ县关于推行村级事务规范化管理的实施意见（试行）	推行村级事务规范化管理的指导思想、基本原则和工作目标。明确村级事务流程化管理的主要内容。纳入流程化管理的农村重点工作为：民主选举、民主决策、民主管理、民主监督、其他村政事务等五大类，共20项。分工负责，建立领导和工作体系，全面加强村集体"三资"监督管理制度建设。进一步完善村级民主决策制度，切实提高村民特别是村民代表的思想政治素质和参政议政能力，严格议事规则和决策程序

续表

文件名称	主要内容
ZZ县农村集体经营性建设用地使用权入市收益分配使用管理办法（试行）	农村集体经营性建设用地使用权入市的收益以70%的比例支付给相关村村民，其余30%留给相关村集体，主要用于相关村集体的各项基础设施建设和社会福利事业。农村集体经营性建设用地使用权入市收益分配给农户后的剩余部分留归相关村集体所有，应当用于发展生产、增加积累、集体福利、公益事业等方面，不得用于发放干部报酬、支付招待费用等非生产性开支。相关村村民资格的认定，应当以是否形成较为固定的生产、生活，是否依赖于农村集体土地作为生活保障为基本条件，并结合是否具有依法登记的村所在地常住户口，作为判断相关村村民资格的一般原则
ZZ县农村集体经营性建设用地处置程序（试行）	相关村应对所属的集体经营性建设用地进行清查摸底，建立资源登记簿，进行逐项记录，做到底清数明。农村集体经营性建设用地有权属纠纷的，使用权不得流转，待矛盾化解后，再进行流转。相关村应对经营建设用地的处置，编制交易方案，就交易的事项履行"四议两公开"程序，进行民主表决
ZZ县农村集体经营性建设用地入市交易公证办法（试行）	凡在ZZ县范围内的集体经营性建设用地使用权招标、拍卖、挂牌等出让活动，均应当经公证机关进行监督公证。招标、拍卖、挂牌出让公证申请由招标、拍卖、挂牌出让方提出
ZZ县农村集体经营性建设用地使用权抵押贷款管理办法（试行）	农村集体经营性建设用地使用权抵押贷款，应具备下列条件：抵押人为公司、企业、其他组织或自然人；依法进行不动产登记并取得政府颁发的农村集体经营性建设用地权属证书并可办理抵押登记；用于抵押的农村集体经营性建设用地符合土地利用总体规划及城乡规划；用于抵押的农村集体经营性建设用地使用权及其地上建筑物、其他附着物未设定影响处置变现和银行优先受偿的其他权利；其企业符合相关产业政策、信贷政策；在银行开立结算账户；银行规定的其他条件。由银行根据内部的贷款利率定价办法确定贷款利率。银行应该按照抵押合同的约定加强抵押品的动态管理和价值重估，保证抵押权利的真实、合法、足值、有效
ZZ县农村集体经营性建设用地入市纠纷解决办法（试行）	公民、法人或者其他组织可通过人民调解委员会调解纠纷，平等协商基础上自愿达成调解协议。公民、法人或者其他组织在农村集体经营性建设用地出让、出租、作价（出资）入股等合同发生纠纷，可以依照民事诉讼法的规定向有管辖权的人民法院提起民事诉讼

（二）探索形成集体经营性建设用地入市"ZZ方案"

集体经营性建设用地入市改革，关键是解决"哪些地入市、谁来入市、怎么入市、钱怎么分"等几个问题，从目前实践来看，ZZ主要形成了以下改革路径：在入市范围上，ZZ县明确农村集体经营性建设用地概念，即在存量农村集体建设用地中，土地利用总体规划和城乡规划确定工矿仓储、商服、综合等经营性用途的土地；在入市主体上，ZZ县明确农村集体经营性建设用地入市主体为代表其所有权的农民集体，主要包括村集体经济组织或村民委员会、村内农村集体经济组织或村民小组、乡（镇）农村集体经济组织等三种形式，入市主体可以按股份合作社、土地专营公司和集体资产管理公司等组织形式参与入市；在入市途径上，主要有就地出让、租赁作价入股、调整入市和村庄整治入市等方式；在入市程序上，村集体先行酝酿，严格执行"四议两公开"制度，村民表决决定，逐级向上申请，乡镇审核地块权属，消除纠纷隐患，县里审查"符合规划、用途管制、依法取得"三个基本前提，入市项目获批后，村民就地价评估、入市方案、收益分配等再次执行"四议两公开"；在入市收益分配上，ZZ县规定入市的土地增值收益由国家征收20%的调节金（财政部、国土部政策出台后改为16%），剩余部分集体、个人的分配比例为3：7，即集体留存30%用于公益事业，剩余70%全体村民年末现金分配。

（三）形成兼顾国家、集体和个人多方共赢的入市格局

就农村集体和群众而言，农村集体经济组织在选取项目、确定成交底价、入市方式、使用年限、收益分配等方面自主决策，具有权益获得感；农村集体和群众得到了具体收益，且收益比土地征收大幅度提升，具有利益获得感。目前就已入市的13宗土地而言，如果进行土地征收，仅可获得320.63万元补偿费，而通过现行试点方式入市后，在土地使用期限内可共获得土地收益5398.20万元。此外，新建项目优先雇佣本村村民，增加农民就业机会，提高了农民工资性收入。如已入市的山西兰花生物科技有限公司食醋酿造项目，每年可向村集体支付土地入股收益50万元，其中直接向村民分配35万元、村集体经济组织留成15万元，另外可解决当地劳动力就业300余人，增加农民收入800万元。此外，通过入市相关制度制约，村务管理有据可依，入市工作公开透明，收益分配更加合理，特别是已成交的土地大部分都是通过租赁和作价入股方式入市，当地农民集体和群众每年都有收益，解决了村委三年一换届、干部乱花钱等问题，极大缓解了村里各项矛盾，减少农村信访问题。

就企业而言，农村集体经营性建设用地入市减少了土地征收环节，缩短了用地审批时限；同时入市方式多样，特别是作价入股和租赁方式使得企业不需要一次性把资金全部投入土地上，缓解企业资金压力。同时企业和村集体、村民之间形成了利益共同体，进地、拆迁等问题迎刃而解，进一步优化了ZZ县招商引资环境。如山西兰花生物科技有限公司食醋酿造项目原本选址在其他地区，其了解到农村集体经

营性建设用地入市相关政策后，最终通过作价入股方式落地巴公镇东四义村。

就政府而言，在传统发展模式中，土地财政一直以来就是县级财政的"金饭碗"，但土地财政终究不可持续。农村集体经营性建设用地入市的开展打破了土地财政这只"旧饭碗"，同时又捧住了税收财政这只更加坚实的"新饭碗"。ZZ县通过农地入市加速引进项目，推进项目落地、建设、投产，努力使企业尽快产生效益、形成税收，不断增加县域发展后劲。同时，由于农村集体经营性建设用地入市规范化、制度化，违法占地逐渐减少，土地隐形交易基本杜绝，政府土地执法压力不断减轻。

五、存在的困难与问题

（一）如何统筹土地征收与农村集体经营性建设用地入市

从目前的情况看，ZZ县农村集体经营性建设用地入市对土地征收制度的影响不大。但从长远来说，对于那些参与集体经营性建设用地入市的村庄来说，在今后的土地征收过程可能会产生影响。特别是征地补偿是一次性的，而入市制度集体建设用地可以按租赁和入股方式使用，村委会每年会有收益。2015年、2016年ZZ县集体经营性建设用地征收面积分别为479.97亩和251.13亩，占存量集体经营性建设用地的比例分别为1.2%和0.63%。农户征地补偿与集体经营性建设用地入市收益差距较大，按租赁或入股收入的静态收益看，农村集体经济组织通过入市获得的收入是土地征收土地补偿费的几十倍。政府集体经营性建设用地入市中取得的收益看，表面上是总地价的20%。从ZZ县土地征收公开出让后的纯收益看，纯收益一般要达到成交价款的60%～70%。

（二）如何统筹入市范围与经济社会发展用地需求

晋城市"十三五"规划提出打造绿色低碳新城、创新创业城市、知名文化旅游城市和生态宜居城市，努力把中心城区建成百平方公里、百万人口的"双百"规模的大市区，形成"六区联动、组团发展"城市建设新格局，其中金村新区和巴公、高都两大片区均位于ZZ县境内。同时，ZZ县也面临着县改区的重大机遇，经济社会发展用地需求将大幅提升。一是通过开展土地征收制度改革，缩小征地范围，意味着大部分项目要通过农村集体经营性建设用地入市来解决用地问题。如果只允许存量农村集体经营性建设用地入市，用地渠道过窄，可入市存量少，可能无法满足所有项目用地。二是规划管控制约试点进展。随着ZZ县经济社会发展和农村集体经营性建设用地入市试点工作的开展，现行土地利用总体规划已不能满足当前用地需要，主要存在规划指标中新增建设用地指标和挂钩流量指标不能混用问题，对试点工作顺利开展形成制约。三是基本农田布局合理。"十三五"期间太焦高铁、通用机场、旅游公路、大学城等省市重大工程需用地20510亩，其中涉及基本农田10923亩，在ZZ县域范围内平衡补划难度较大。

（三）配套金融政策滞后

农村集体经营性建设用地入市，要求与国有建设用地享有同等融资全力，但现实操作难度较大。一方面，ZZ县金融机构不健全，中国人民银行、中国银行监督管理委员会尚未在ZZ设立分支机构；另一方面，目前仅有ZZ农村商业银行出台了抵押贷款办法，其他银行尚未开展此项业务。同时，由于农村土地价值偏低，土地承包合同具有一定期限，往往导致抵押率偏低，融资作用有限。

第八章

西部地区新型城镇化进程

西部地区包括内蒙古、广西、重庆、四川、贵州、云南、西藏、陕西、甘肃、青海、宁夏、新疆12省份，总面积约687万平方公里，约占全国国土面积的72%。实施西部大开发，是关系国家经济社会发展大局、关系民族团结和边疆稳定的重大战略部署。2004年3月国务院出台《国务院关于进一步推进西部大开发的若干意见》，提出要大力发展县域经济，加快城镇化进程。2014年3月出台实施的《国家新型城镇化规划（2014—2020年）》，明确了城镇化发展路径、主要目标和战略任务，也要求地方各级政府因地制宜研究制定符合本地实际的城镇化规划和具体政策措施。西部地区国土面积广阔，是我国重要我国水源保护区和生态涵养区，同时也是多民族聚集区、文化复杂区、边贸前沿区及发展落后区，区域差异明显，城镇化基础薄弱，面临多层次的挑战。西部地区加快新型城镇化进程，要根据西部地区独特的地理位置、自然环境和经济社会发展状况，探索具有西部地区特色的城镇化发展路径。

一、西部地区新型城镇化发展现状

1999年至2020年，西部地区生产总值年均增长10.2%，居四大板块之首，经济总量和人均水平都实现了大跨越，部分省份经济增速多年位居全国前列。在经济发展的同时，西部地区城镇化快速推进，城市综合实力不断增强，城市发展质量明显改善，城市建设取得了显著的成就。

（一）城镇化水平显著提高

西部大开发以来，随着西部地区工业化进程的加快和农业结构的战略性调整，农业转移人口规模不断扩大。西部地区城镇人口规模由2015年的1.24亿人增加到2019年的2.06亿人，年均增加550万人；西部城镇化率由2005年的34.5%提高到2019年的54.1%（图8-1），年均提高1.3个百分点，高于同期全国平均水平0.13个百分点。

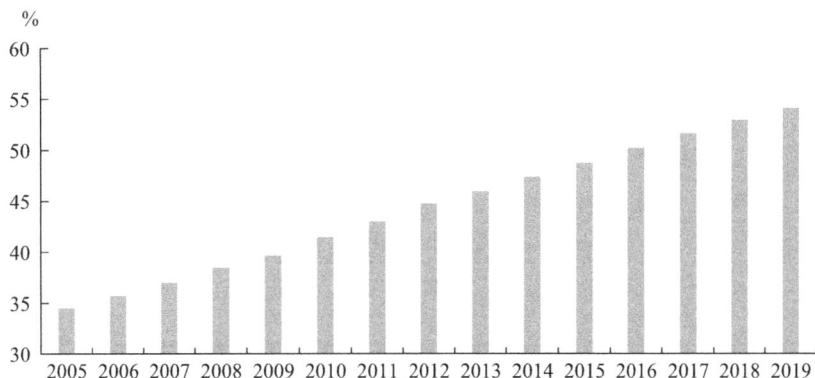

图8-1　2005—2019年西部地区城镇化水平增长

资料来源：国家统计局网站（https://data.stats.gov.cn/easyquery.htm?cn=E0103）。

（二）城市规模不断扩大

从城市数量来看，地级市及以上城市数量由2000年的61个增加到2019年的94个，其中城市市辖区年末总人口超过100万的地级市城市数量由24个增加到43个。从城市规模来看，西部地区城市人口数量与建成区面积不断扩大。特别是2016年以来，随着行政区划调整加快，西部地区城市规模显著提升（表8-1）。如重庆作为西部地区最大城市，先后撤销开县、梁平县和武隆县，设立开州区、梁平区和武隆区，其常住城镇人口由2000年的1014万增长到2019年的2087万，城镇化率由2000年的35.6%提高到2019年的66.8%，建成区面积由2000年的439km²扩展到2019年的1653km²。

"十三五"期间西部地区县级以上行政区划变更情况　　　　表8-1

年份	县级以上行政区划变更情况
2016	撤销山南地区设立地级山南市，撤销山南地区和乃东县，设立乃东区；撤销哈密地区和县级哈密市，设立地级哈密市，哈密市设立伊州区；设立县级昆玉市；撤销沾益县，设立曲靖市沾益区；撤销柳江县，设立柳州市柳江区；撤销遵义县，设立遵义市播州区；撤销安县，设立绵阳市安州区；撤销开县，设立重庆市开州区；设立贺州市平桂区；设立鄂尔多斯市康巴什区；撤销安塞县，设立延安市安塞区；泸水县，设立县级泸水市；撤销梁平县，设立重庆市梁平区；撤销武隆县，设立重庆市武隆区；撤销郫县，设立成都市郫都区；撤销晋宁县，设立昆明市晋宁区；撤销户县，设立西安市鄠邑区；撤销宜州市，设立河池市宜州区

年份	县级以上行政区划变更情况
2017	撤销神木县设立县级神木市；撤销隆昌县设立县级隆昌市；撤销盘县设立县级盘州市；撤销罗江县，设立德阳市罗江区；撤销达孜县，设立拉萨市达孜区；撤销南郑县，设立汉中市南郑区；撤销那曲地区和那曲县，设立地级那曲市，那曲市设立色尼区
2018	撤销马龙县，设立曲靖市马龙区；撤销彬县设立县级彬州市；撤销茫崖行政委员会和冷湖行政委员会，设立县级茫崖市；撤销宜宾县，设立宜宾市叙州区；撤销兴仁县设立县级兴仁市；撤销水富县设立县级水富市；撤销华亭县设立县级华亭市
2019	陕西子长、四川射洪、云南澄江、新疆库车、广西平果撤县设市，广西百色市田阳县、青海西宁市湟中县、山西晋中市太谷县撤县设区；新增新疆胡杨河市。
2020	撤销新津县，设立成都市新津区；撤销水城县，设立六盘水市水城区；撤销同仁县设立县级同仁市

资料来源：民政部门户网站"全国行政区划信息查询平台"。

西部地区以成渝、关中平原为龙头的城市群快速发展。其中，成渝城市群总面积18.5万km²（图8-2），2019年常住人口9600万人，地区生产总值近6.3万亿元，分别占全国的1.9%、6.9%、6.3%。关中平原城市群总面积10.7万km²，2020年地区生产总值2.19万亿元，分别占全国的1.1%和2.2%。

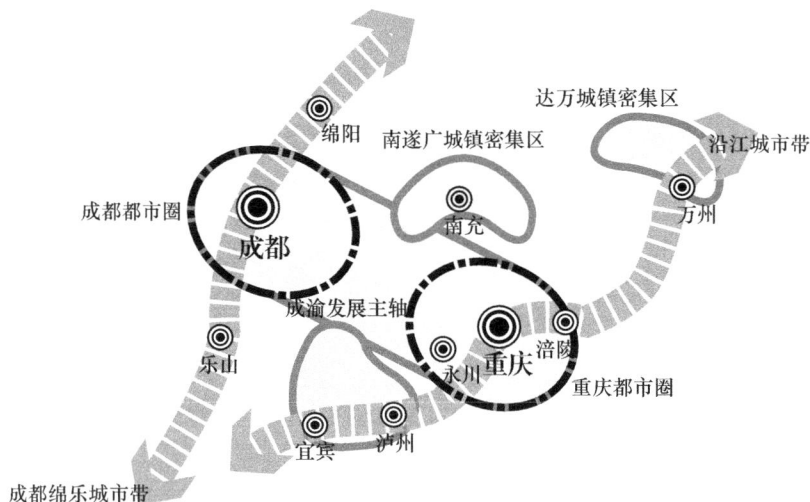

图8-2　成渝城市群空间格局示意图

资料来源：国家发展改革委《成渝城市群发展规划》。

（三）城市经济发展质量明显提升

2000年到2020年，西部地区生产总值从1.7万亿元增加到21.3万亿元，年均增长

12.8%，占全国的比重从18.6%提高到20.0%；人均生产总值从500多美元增长到8088美元，与东部人均生产总值之比从41%提高到60%，相对差距明显缩小。从西部地区产业结构来看，三次产业比重由2000年的22.26%、41.51%和36.23%，提升至2019年的10.15%、39.27%和50.58%，第三产业比重超过50%。同时，产业支撑和市场体系建设进一步增强。一批特色产业基地逐步成形，建成了一批国家重要的能源基地、资源深加工基地、装备制造业基地和战略性新兴产业基地，成为国民经济的重要支撑。各地区充分发挥自身优势，加快产业转型升级，比如重庆的汽车、电子信息产业，贵阳的大数据、大健康产业蓬勃发展。从2007—2019年西部地区主要城市产业结构变化来看（图8-3），第三产业增加值占城市地区生产总值比重不断提升，产业结构持续优化。如西安第三产业增加值占比由2007年的51.52%，提升到2019年的63.03%；成都由2007年的47.68%，提升到2019年的65.57%。根据2019年数据，除成都、银川外两市外，西部地区其余各省会城市第三产业增加值占比均超过全国平均水平。

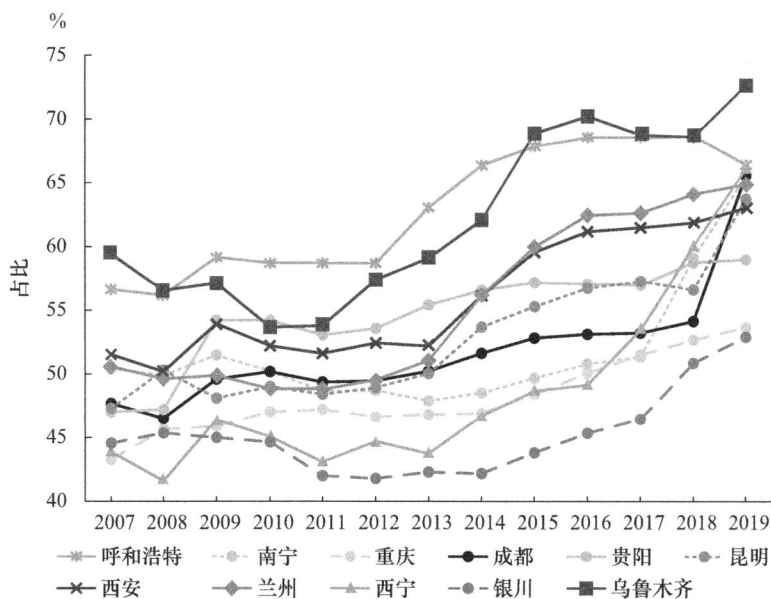

图8-3 2007—2019年西部地区主要城市第三产业增加值占城市地区生产总值比重

资料来源：国家统计局网站（https://data.stats.gov.cn/easyquery.htm?cn=E0105）。

二、西部地区新型城镇化存在的问题

西部地区由于基础设施薄弱、生态环境脆弱，再加之经济结构不合理、内生增长动力不足，其在城镇化快速发展过程中，也存在一些必须高度重视并着力解决的突出矛盾和问题。

（一）城镇化水平滞后、区域发展不平衡

西部地区城镇化发展整体水平较低，2019年城镇化率仅为54.1%，分别低于全国、东部地区和中部地区6.5个百分点、14个百分点、2.7个百分点。2019年，在西部地区12个省区中，仅重庆与内蒙古两个省份城镇化率高于全国平均水平，分别达到66.8%和66.37%。其中西藏城镇化率仅为31.54%，低于全国平均水平约29个百分点（图8-4）。从西部地区内部来看，城镇化水平区域差距明显，最高与最低城镇化率差距由2011年的33.9个百分点率拉大到2019年的35.3个百分点，并仍有扩大的趋势。

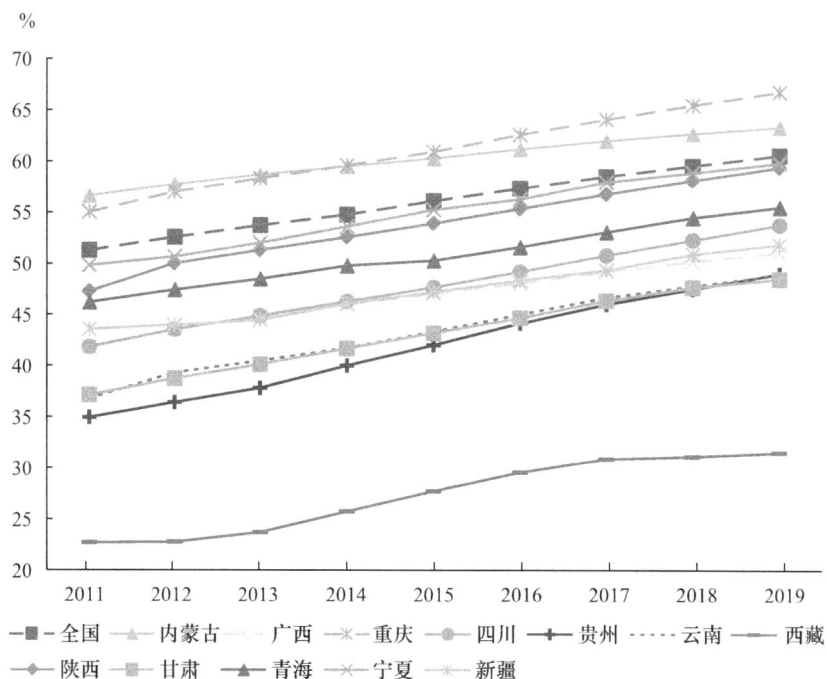

图8-4　2011—2019年西部地区城镇化率增长

资料来源：《中国统计年鉴2020》。

（二）城镇规模结构与空间分布不合理

西部地区城市数量少、规模小、密度低。2019年底，全国地级市与县级市城市

数量达到680个，而西部地区仅有201个，其中地级市94个、县级市107个，占全国的比重分别为32.1%、27.6%。从地级市及以上城市规模结构来看，市辖区人口规模在400万以上的有3座、在200万～400万之间的有8座、在100万～200万之间的有32座，100万以下共有52座、占总数的55%（表8-2）。由此可见，西部地区城镇体系结构中，作为区域发展中心的特大城市、大城市发展滞后，对中小城市和小城镇的辐射带动作用不强，吸纳剩余劳动力的能力有限，影响城镇体系功能的全面发挥。从空间布局来看，西部地区城市主要分布于成渝、关中、呼包银、天山北坡等区域，西北与西南地区城市发育不足，特别是重庆、成都、西安等核心城市相对集中，且位居西部地区的东部，对西部内陆地区辐射带动效应有限。

2019年全国东、中、西部及东北地区地级市及以上城市规模结构比较 表8-2

地区	合计	按城市市辖区年末总人口分组					
		400万以上	200万～400万	100万～200万	50万～100万	20万～50万	20万以下
全国	297	20	44	98	88	39	8
东部	88	12	24	31	17	3	1
中部	80	1	12	29	32	6	
西部	95	3	8	32	22	24	6
东北	34	4		6	17	6	1

资料来源：《中国统计年鉴2020》。

（三）城镇综合实力与功能偏弱

与东部沿海地区城市相比，西部地区城市综合实力相对较弱。根据2019年全国36个省会城市和计划单列市GDP排名（图8-5），总量最小的后十位城市中，西部地区占八位，均在5000亿元以下，拉萨仅有618亿元；西部地区GDP最高的重庆市仅列第五位。根据2019年全国36个省会城市和计划单列市财政收入排名，地方一般公共预算收入总量最小的后十位城市中，西部地区占七位，均在420亿元以下，西宁仅有102亿元。成渝、关中等城市群内部分工协作不够、集群效率不高，超大、特大城市综合实力有限；中小城市集聚产业和人口不足，潜力没有得到充分发挥；小城镇数量多、规模小、服务功能弱；城市管理运行效率不高，公共服务供给能力不足，城镇功能有待进一步提升。

亿元（当年价）

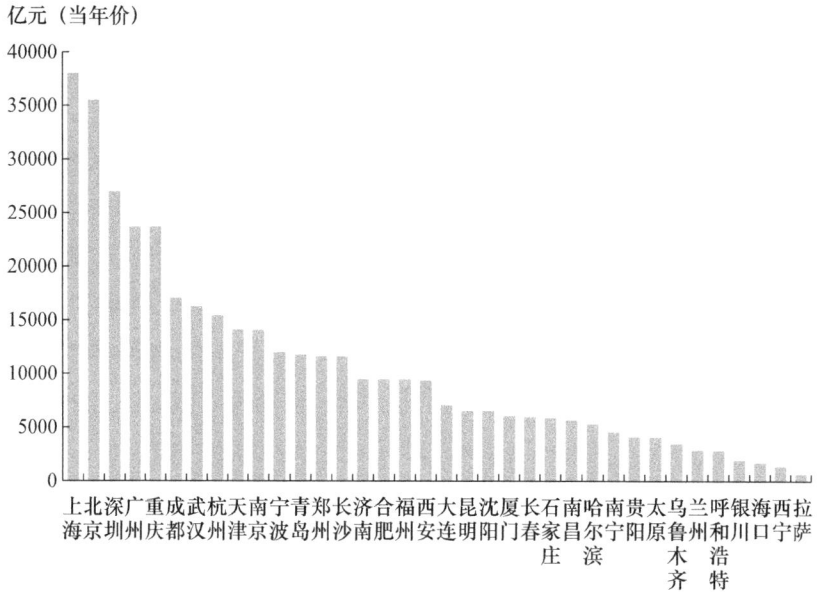

图8-5　2019年直辖市、省会及计划单列市36个城市GDP比较

资料来源:《中国统计年鉴2020》。

2000年以来，随着西部大开发的深入推进，城市基础设施建设力度不断加大。但从2019年西部地区城市基础设施水平来看（表8-3），与沿海发达地区仍然存在差距，城市基础设施短板问题依然突出。在城市用水普及率方面，重庆、四川、贵州、云南、西藏、陕西、甘肃、宁夏、新疆等西部大多数地区低于全国平均水平；在城市燃气普及率方面，内蒙古、四川、贵州、云南、西藏、甘肃、青海、宁夏等大多数地区低于全国平均水平，西藏仅有60%；在每万人拥有公共汽电车辆方面，仅四川、陕西、甘肃、青海、新疆超过全国平均水平；在城市人居道路面积方面，仅内蒙古、广西、甘肃、青海、宁夏、新疆超过全国平均水平。

2019年西部地区城市设施水平　　　　　　　　　　表8-3

地区	城市用水普及率（%）	城市燃气普及率（%）	每万人拥有公共汽电车辆（标台）	人均城市道路面积（m²）	人均公园绿地面积（m²）	每万人拥有公共厕所（座）
全国	98.78	97.29	13.13	17.36	14.36	2.93
内蒙古	99.27	95.8	11.53	23.32	18.71	7.82
广西	98.88	98.84	10.1	21.92	13.52	1.46
重庆	97.89	97.36	10.10	14.38	16.61	2.99
四川	95.89	94.95	13.25	16.38	14.03	2.53

续表

地区	城市用水普及率（%）	城市燃气普及率（%）	每万人拥有公共汽电车辆（标台）	人均城市道路面积（m²）	人均公园绿地面积（m²）	每万人拥有公共厕所（座）
贵州	98.33	91.80	11.16	14.53	16.38	2.80
云南	97.08	77.92	12.97	15.00	11.88	4.59
西藏	95.03	60.11	7.62	15.75	9.80	6.34
陕西	96.84	97.80	14.73	16.84	11.62	4.90
甘肃	98.04	92.66	13.29	19.31	14.28	3.05
青海	99.24	93.83	14.09	18.44	11.93	3.65
宁夏	98.39	96.65	12.85	26.20	21.05	2.99
新疆	98.55	98.52	13.39	23.67	14.88	2.74

资料来源：《中国统计年鉴2020》。

　　城市综合实力弱、功能不健全，对乡村发展的辐射带动作用也十分有限。从城乡差距来看，尽管西部地区城乡居民收入差距有所减小，由2015年的2.91下降到2019年的2.76，但从各区域比较来看（图8-6），西部地区城乡居民收入差距最大，2019年分别高出全国、东部地区、中部地区和东部地区0.12、0.25、0.37和0.47，实现乡村振兴与共同富裕压力较大。

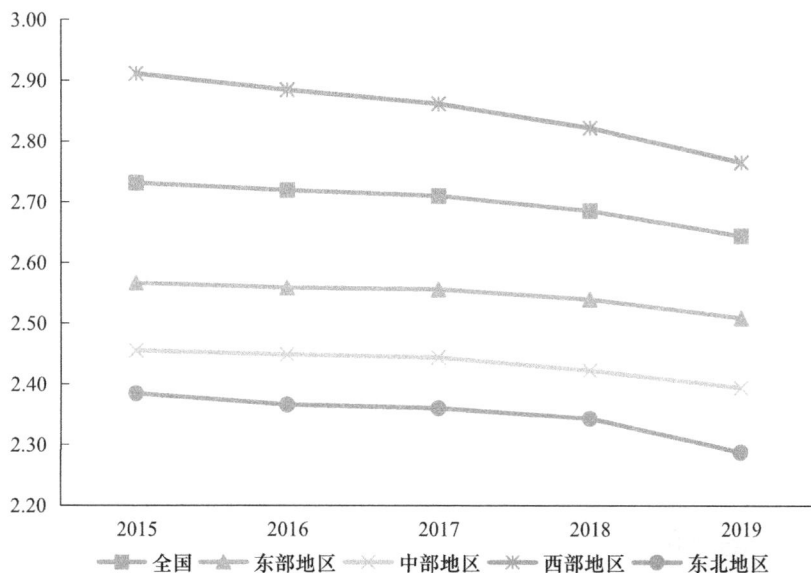

图8-6　我国分区域城乡居民收入差距比

资料来源：2016—2020年历年《中国统计年鉴》。

（四）城镇化过程中资源环境压力较大

传统的粗放式城镇化发展模式和高能耗、高污染、高排放的"三高"产业结构，使西部地区人口与资源、环境矛盾日益突出。生态环境的恶化不仅影响到西部地区人居生态环境，而且威胁着城镇生存发展的生态基础，严重制约了城镇化发展的可持续性。从区域生态环境整体情况来看，根据《生态环境状况评价技术规范》HJ 192，西部地区生态环境总体质量区域差异明显，西北地区特别是内蒙古西部、甘肃中西部、西藏西部和新疆大部地区生态环境质量问题尤为突出；西南地区包括广西、云南、贵州、四川、重庆等地生态环境则相对较好。

从2019年全国各地区二氧化硫排放情况来看（图8-7），位于西部地区的内蒙古、新疆、云南、贵州、四川等地区问题较为突破，其中内蒙古二氧化硫排放量超过30万t，占全国总排放量的7.7%，其工业源二氧化硫排放量也位居全国首位。

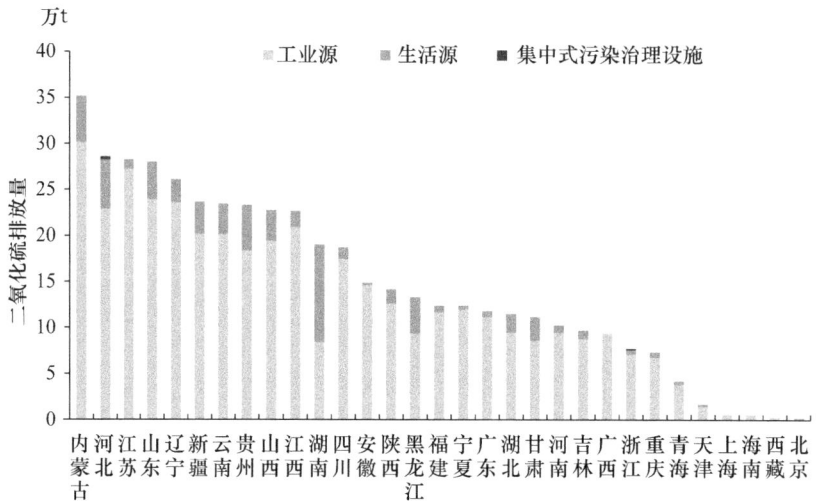

图8-7　2019年全国各地区二氧化硫排放情况
资料来源：生态环境部《2019年中国生态环境统计年报》。

三、四川泸州新型城镇化发展案例

（一）研究区域概况

泸州市位于四川省东南部，是四川南部城市群中唯一位于四省市结合部的中心城市，处成渝经济区、南贵昆经济区、长江经济带三大经济区（带）叠合部，是成渝经济区连接南贵昆经济区走向东南亚的重要门户，也是大西南融入长江经济带和海上丝绸之路经济带的桥头堡。2012年末，全市常住人口425.00万人，GDP总量达到1030.5亿元，人均GDP20396.5元，低于全国、全省水平。

（二）城镇化现状及问题

近年来，泸州市城镇化速度稳步提高，城镇化率由2000年的26.5%，增加到2012年的41.7%，年均递增1.3个百分点。支撑城镇化的产业基础不断加强，全市已形成以白酒、化工、能源、机械等四大优势产业为主导的工业体系，产业集聚态势初显。依托"江南新区""泸州临港产业物流园区"，全力构建以中心城区为核心、4个县城为辅助增长极、多个中心镇为节点"一主四副多点"的新型城镇体系，区域城镇体系的框架基本拉开。

总体来看，泸州市城镇化水平和质量仍然较低，城镇化率明显低于全国和全省平均水平（图8-8）；区域城镇体系联动不足，重点集镇和周边农村的带动力不强，次中心城市和重点集镇对区域中心城市的功能疏解作用较弱。在全市128个乡镇中，5千人以上的小城镇仅占36%，1万人以上的重点小城镇仅17个。此外，产业发展对城镇化的制约较为突出，过度依赖第二产业，服务业发展严重滞后，酒业"一业独大"，应对市场风险能力较弱。

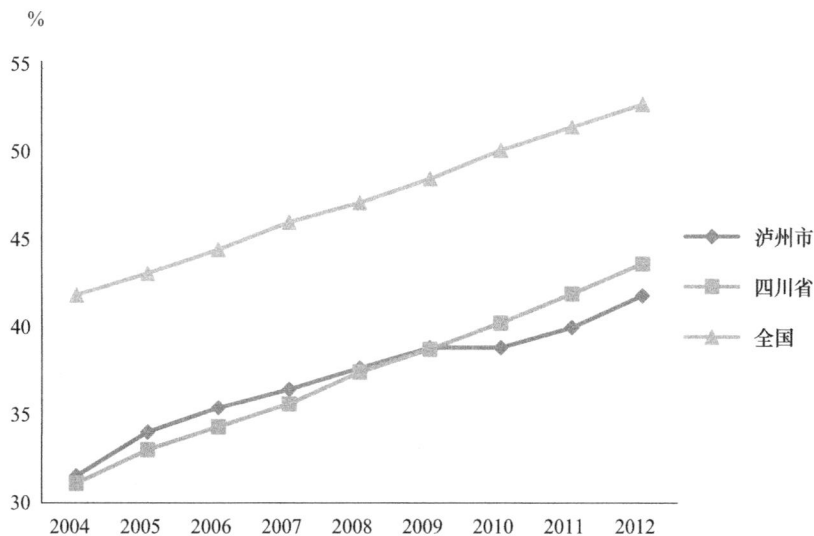

图8-8 2004—2012年泸州市、四川省与全国城镇化率比较

（三）主要思路

贯彻落实《国家新型城镇化规划》，抓住长江经济带国家战略机遇，按照促进"四化同步"发展的战略要求，以推进城镇化转型发展为主题，以推进人的城镇化为核心，以创新体制机制为动力，以加强区域城镇体系建设为依托，突出产业支撑能力和城镇综合承载力联动发展，突出城乡统筹、生态文明、文化传承、区域协调、开放合作和可持续发展，积极促进农业转移人口市民化和基本公共服务均等化，着力提升城镇化水平和发展质量，加快形成主导产业突出、竞争优势显著、功能布局合理、空间发展有序、社会蓬勃向上、带动能力强劲的新型城镇化格局，努力打造发展特色鲜明、人文底蕴丰厚、富有实力、充满活力、独具魅力的川南城市群龙头城市，加快建成在成渝经济区有重要影响、在全国有较强示范作用的新型城镇化先行市，为全面建成小康社会提供坚实基础。

（四）具体措施

1. 以人为本，有序推进农业转移人口市民化

坚持以人为本、就业优先、服务普惠、公平正义、分类推进的导向，按照尊重意愿、提升能力、突出重点、加快推进、有序融入的方针，优先解决已转移到城镇就业的农业转移人口落户问题，努力提高其融入城镇的素质和能力。以新生代和举家迁徙的农业转移人口为重点，搭建农业转移人口市民化的平台，培育城镇包容农业转移人口平等发展的环境。加强基本公共服务能力建设，完善普惠公平的分享机制。坚持用公共服务增加城市魅力，用优质服务增加城市活力，促进农业转移人口更好地融入城市生产生活，加快营造"劳有所得，学有所教，老有所养，病有所医，住有所居"的环境。

2. 培育新型城镇体系，优化城镇化格局

综合考虑区域腹地、人口规模、地理区位、经济实力、人文特色、交通条件和土地、生态资源禀赋等因素，把全市城镇体系分为中心城市、副中心城市、重点镇和一般镇等四个等级（表8-4）。按照提升区域城镇体系整体功能的要求，明确主要城镇的功能定位，推动市域内部不同层次、不同规模城镇协同发展，形成分工合理、有机联系、协同发展的城镇体系，促进城镇化特色发展。

泸州市城镇等级分类　　　　　　　表8-4

城镇等级	数量	城镇名称
一级：中心城市	1	
二级：副中心城市	4	泸县、合江、叙永、古蔺、玄滩、喻寺、立石、兆雅、况场、云龙、石洞、胡市、双加、特兴、大渡口、分水岭、通滩、黄舣、方山、白节
三级：重点镇	44	护国、龙车、上马、天仙、打古、合面、白沙、福宝、九支、望龙、佛荫、大桥、尧坝、先市、江门、水尾、摩尼、马岭、水潦、震东、二郎、龙山、永乐、大村、石宝、水口、太平、双沙
四级：一般镇	79	略

按照人口资源环境相协调、经济社会生态效益相结合的原则，控制开发强度，调整和优化泸州市域空间结构，促进生产空间集约高效、生活空间宜居适度、生态空间山清水秀。加快实施主体功能区战略，统筹泸州市域与周边城镇合作发展，促进城镇化与工业化、信息化和农业现代化空间布局耦合发展，优化城镇化空间格局，构建"一心一带、两片两轴"的城乡空间格局和"一主、四副、多点"的城镇空间形态（图8-9）。

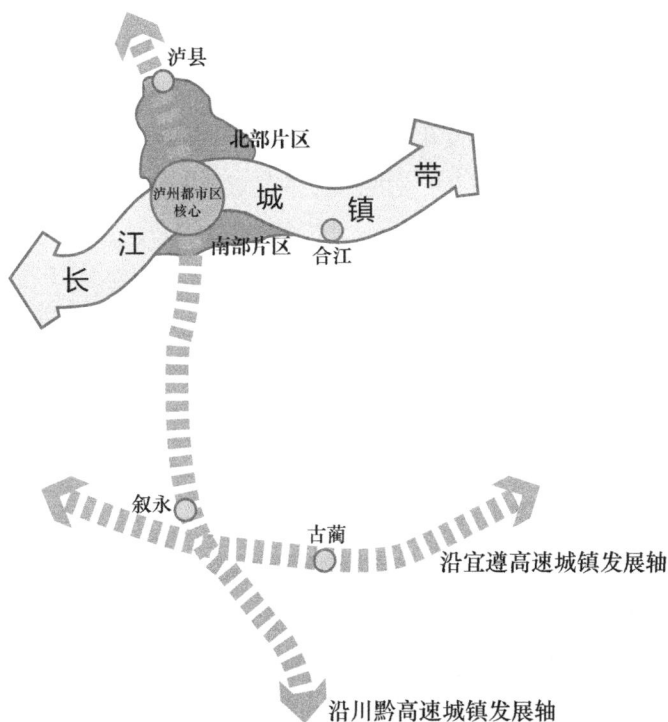

图8-9　泸州市城乡空间结构示意图

3. 强化产业支撑，探索完善产城港融合发展新格局

完善产业结构动态优化机制，加快构建以四大优势工业为支柱、现代服务业为引领、战略性新兴产业为先导、传统优势产业和现代农业为基础的区域产业体系，推进产业集聚集群、集约高效、绿色低碳和循环发展，全面增强创新能力和产业转型发展支撑城镇化转型发展的能力。坚持依港兴产、依产兴城、以城带产、产城港联动发展，建设沿江开放型城镇密集发展带，打造泸州市承接产业转移高地、吸纳优质要素洼地，形成泸州经济发展主引擎。

4. 完善城镇服务功能，提升综合承载力

坚持"符合市情、比较完整、覆盖城乡"方针，加快教育、卫生、文化、体育、旅游等公共服务设施和服务能力建设，不断提高其惠及面和服务效率。健全完善市场配置为主、政府保障托底的城镇住房供给制度，建立健全多层级的住房供给体系，加快改善城镇居民的居住环境；着力推进城市棚户区改造和城中村建设，同步建设配套市政和公共服务设施，推进绿色宜居城市建设。强化交通设施对城镇化布局的引导支撑作用，着力构建以中心城市为枢纽、各城镇为节点，规模合理、互联互通、功能完备、无缝对接、安全高效的城市综合交通体系，推进城镇化布局与交通设施布局同步协调发展。坚持科学规划、统筹推进、适度超前、合理布局，构建功能配套、安全高效的现代化市政公用基础设施网络体系，加快智慧城市建设。充分发掘利用具有泸州特质的文化资源，鼓励文化传承和创新，实施城市品质品位建设工程，提升泸州知名度与城市文化品位，促进城镇化的品质发展。

5. 先行先试，深化体制机制改革

以政府财政投入为引导、以企业和社会资金投入为主体，建立多元化可持续的城镇化投融资机制，积极引导民间和社会资本参与城市开发建设。创新城镇化用地保障机制，利用国家支持全国资源枯竭城市转型发展、乌蒙山片区区域发展与扶贫攻坚、赤水河流域综合开发、川南城市群泸州实验区等扶持政策，为探索富有区域特色的新型城镇化道路争取更大的发展空间。改革完善农村宅基地制度和产权流转制度，探索农村承包地经营权，林权及农民住房等产权抵押融资，努力盘活农村资源。改革行政管理体制和运行机制，按照推进新型城镇化的要求，将地级市和县级市政府职能重点转移到加强社会管理和提供公共服务上来，最大限度地减少政府对微观事务的管理，强化市场监督、公共服务和社会管理职能。

由于我国区域差距较大，城镇化道路没用固定的模式，城镇化在推进过程中需

要分类指导，各地区要因地制宜、积极探索创新适合本区域的城镇化健康发展路径，因此所谓的"中国特色新型城镇化道路"实际是我国各地方不同城镇化道路的"组合"。就西部地区而言，由于基础薄弱再加之生态环境脆弱，城镇化健康发展的需求更加迫切、愿望也更加强烈。要深刻认识和领会新型城镇化内涵，打破"唯速度论""唯目标论"，加快研究西部地区城镇化健康发展的具体路径，并确保路径的可操作、可实施，避免借"新型城镇化"之名，行"传统城镇化"之实，切实推进西部地区城镇化进程。

第九章

新型城镇化进程中城市增长边界研究——北京案例

2017年，住房和城乡建设部《关于开展城市总体规划编制改革试点工作的指导意见》（建规〔2017〕199号），要求"划定城市开发边界，明确城市开发边界内外城乡统筹、村镇发展和线性工程的规划要求"，党的十九大则明确指出"完成生态保护红线、永久基本农田、城镇开发边界三条控制线划定工作"。

城市集中发展和建设划出一条边界线，有利于遏制城市的无度扩张。近些年来，随着城镇化的大力推进，许多城市出现了"摊大饼"式发展，对城市周边的农村土地征用越来越多，城市建设项目不断增加。划定城市边界，不仅可以促进土地的集约、高效利用，在边界内进行集中连片开发建设，而且能够控制好平原区的开发强度，节约和有效保护农村的土地资源，特别是有利于守住18亿亩耕地红线。

为城市集中发展和建设划出一条边界线，还有利于控制城市发展规模，解决人口与资源环境的矛盾。随着人口的自由迁徙和农村劳动力进城打工，城市人口急剧膨胀，北京、上海、广州、深圳、杭州等一线城市尤为突出。前不久，北京统计部门公布的数据显示，北京市常住人口已达2100多万，10年间新增622万，其中超过三分之二是外来人口，人口与资源环境矛盾不断加剧。目前，北京正研究人口总量控制目标，并着手对人口进行疏解。为城市划出边界线，对城市发展规模实施控制，无疑也是解决人口与资源环境的矛盾的重要措施之一。

优化城市空间结构和管理格局，增强城市综合承载能力，是完善城镇化健康发展体制机制、坚持走中国特色新型城镇化道路的必然要求。从这个意义上讲，北京市划定城市增长边界的做法，值得其他城市特别是一二线城市借鉴。

一、城市增长边界研究重大意义

（一）研究背景

2013年，我国城镇化率达到53.73%，依据世界城镇化一般规律，正处于加速发展阶段。由于传统城镇化过程中的"土地城镇化"快于人口城镇化，城市空间不断扩大，新区、新城不断涌现，造成建设用地粗放低效，土地粗放利用，浪费了大量耕地资源，在威胁到国家粮食安全和生态安全的同时，也加大了地方政府性债务等财政金融风险。"空城""鬼城"等现象，就是其副作用的有力注脚，城镇化单纯依赖土地增量扩张难以为继。因此，城市空间增长面临转型发展的迫切需求，即从追求城市建成区范围与城市建设用地面积的增加转向追求城市土地集约节约，实现城市空间紧凑发展。同时，城市规划范式也相应地由空间扩张型向空间增长管理型转变。

城市增长边界（Urban Growth Boundary，UGB）作为空间增长管理的政策工具之一，以"生态优先"保护城市生态本底，以"精明增长"提升城市内部空间绩效，在协调保护和发展需求之间起到了重要作用。2006年出台的《城市规划编制办法》要求必须明确城市空间增长边界；2009 年出台的《市县乡级土地利用总体规划编制指导意见》明确土地利用总体规划中划定城乡建设用地规模和扩展边界，从源头控制建设用地范围，加强耕地及自然系统保护。党的十八大提出"加快实施主体功能区战略，推动各地区严格按照主体功能定位发展，构建科学合理的城市化格局、农业发展格局、生态安全格局"；党的十八届三中全会要求"优化城市空间结构和管理格局，增强城市综合承载能力"和"从严合理供给城市建设用地，提高城市土地利用率"；2013年12月中央城镇化工作会议再次明确提出"科学设置开发强度，尽快把每个城市特别是特大城市开发边界划定，把城市放在大自然中，把绿水青山保留给城市居民"；《国家新型城镇化规划（2014—2020年）》进一步要求严控增量、盘活存量、优化结构、提升效率，切实提高城镇建设用地集约化程度，通过合理划定城市"三区四线"，合理确定城市规模、开发边界、开发强度和保护性空间，防止城市边界无序蔓延；2014年9月正式施行的《节约集约利用土地规定》已经明确要求为北京、上海、广州、武汉等大城市划定边界，表明城市空间发展正由"扩张型"向"约束型"转型。

伴随着经济社会的快速发展，首都城市用地规模与人口规模不断增长，城市空间也由五环向六环继续"摊大饼"式蔓延，进一步加剧了城市人口、资源与环境矛盾，交通拥堵、环境污染、城市过度膨胀、传统城市文化风貌逐渐消退等"大城市病"问题凸显，需要我们重新审视和思考首都城市空间发展策略。2014年2月，习近平总书记在北京市考察工作时就推进首都发展和管理工作提出五点要求，明确指出要提升基础设施建设质量，形成适度超前、相互衔接、满足未来需求的功能体系，遏制城市"摊大饼"式发展。北京市委召开十一届五次全会，提出控制城乡建设用地规模和开发强度，划定城市增长边界和生态红线，遏制城市"摊大饼"式发展，同时扩大绿色空间。因此，运用城市增长边界理论，结合北京市情及首都新的功能定位，深入研究、合理确定首都城市空间增长边界以及空间管理策略，对于遏制"摊大饼"式无序蔓延，努力实现首都城市空间"理性增长"具有重要价值和实践意义，可以为首都城市边界的划定以及城市总体规划修编工作提供重要参考依据。

（二）研究目标与研究内容

1. 研究目标

城市增长边界是引导城市土地开发、再开发和资源保护等行为的一种城市增长管理工具，可以促进城市转变发展方式，塑造合理的城市增长模式，保障城市可持续发展。本书在分析国内外城市增长边界现有的理论、理念和实践问题的基础上，分析北京城市空间增长演进历程，构建城市空间增长评价指标体系，定量研究首都城市空间增长绩效，剖析影响城市空间增长的动力机制。结合北京市新的功能定位和自然、经济、社会、环境现实基础，明确实施首都空间增长边界管理的必要性、紧迫性，研究划定新时期北京市城市增长边界，探索建立具有首都特色的城市空间增长管理机制。

2. 研究内容

一是城市增长边界及城市空间增长理论研究。梳理国内外研究现状，明确城市增长边界相关概念和内涵；分析城市空间增长边界相关理论和空间增长管理的典型案例。

二是首都城市空间增长现状研究。分析首都城市空间增长的历史变迁过程；构建城市空间增长评价指标体系，定量研究首都城市空间增长绩效；运用主成分分析法，定量与定性相结合，分析研究首都城市空间增长动力机制。

三是首都实施城市空间增长边界管理的对策建议。分析实施首都城市空间增长管理的机遇和挑战，研究确定新时期首都城市增长边界，提出实施城市空间增长边界管理的具体措施。

（三）相关概念的界定

1. 城市空间

城市空间是社会经济活动开展的基本场所，是由物质空间、经济空间以及社会空间所构成的一个系统，是城市现象在地域空间上的分布与表现形式。从规划学角度，城市空间是一种理性空间，包括建筑物和开放空间。

2. 城市空间增长

城市空间扩展是城市增长的需求和体现，是在城市各主体间交织行为作用下，以土地为载体的开放、复杂的动态系统。城市空间扩展不仅要受到自然、经济、社会、技术条件等因素的制约，而且受区域经济发展水平及区域城镇协调发展状况等因素的影响。

本书所讨论的城市空间增长应该被视为两个层面的变化：一是具象化的形态变化（既包括城市空间形态的外延扩张，也包括城市空间既有部分的变化）；二是抽象化的结构变化，即这种城市空间增长状态反映出城市物质构成要素在相互组合及联系过程中和机理中的变化。与"扩展"相比，"增长"具有更为本质的内涵，并且这种变化具有更为积极的意义。

3. 城市增长边界

城市增长边界是为了遏制城市蔓延，由美国首先采用的一种城市用地管理政策工具，其概念最早在 1976 年由美国的塞勒姆市（Salem）提出，为"城市土地和农村土地之间的分界线"。该市通过城市增长边界划定了塞勒姆都市区的发展范围，用于解决当时塞勒姆市与其相邻的波尔克（Polk）和马里恩（Marion）两县在城市规划管理中的冲突：规定边界以内的土地可以用作城市建设用地进行开发，边界以外的土地则不可用于城市建设用地开发。目前，学术界关于城市增长边界尚无统一的定义。在我国，城市增长边界主要被认为是一定期限内城市空间拓展的外部范围线，即城市建设用地和非建设用地的分界线，其基本功能是控制城市规模的无节制扩张。从表现形态上来看，城市增长边界自古就有，只不过其功能有所不同，如古代城市的城墙、护城河，而当时的城市空间增长边界主要服务于军事和政治。如今城市增长边界的概念更为宽泛，如伦敦的环城绿带、我国某些城市的高速公路等都可以称之为城市增长边界。

城市增长边界既包括为了控制城市过度扩张和引导城市形态健康发展而设定的各类城市空间边界的总称，如建设用地与非建设用地的分界线，城市生态安全基本控制线等（有形边界）；也包括通过城市周围形成一道独立、连续的界限来限制城市的增长，并通过有意识地规划，引导城市肌理沿交通廊道发展，控制城市空间的无序蔓延，合理引导城土地开发与再开发，保护各种自然资源，"鉴别区域中哪里能发展、哪里不能发展以及如何合理地发展"，塑造合理城市内部空间与外部空间的管理模式与管理机制（无形理念）。此外，本书所研究的城市增长边界是一个动态的概念，即随着时间的推移、经济的发展，城市增长边界与管理模式会不断地调整和优化。

二、国内外研究综述及评价

（一）国外研究现状

控制城市用地蔓延是一个全球问题。城市增长边界是当前西方国家在城市可持续发展及空间扩张管理等方面研究的热点内容。霍华德（E. Howard）在"田园城市"理论中指出，在中心城区外围设立永久性绿带来限制城市的发展，通过对人口规模的限定来限制城市范围的扩大；"大伦敦规划"提出在城市周围设置"新城"与"绿带"，以"绿带"为边界控制城市无序蔓延。绿带的性质和管理目标即为对城市增长边界最早的功能定义，即设定城乡分界线，保护农地，为居民提供绿色空间。

在城市增长边界的定义方面，西方学者认为城市空间增长边界是在城市外围划定的一条遏制其城市空间无限制进行扩张的线；将城市化地区与郊区生态保留空间进行区分的重要界线，由政府在地图上予以标示，通过区划（Zoning）及其他政策工具保障其实施。关于城市增长边界内涵，有学者从界定大都市区空间范围来看，"大都市区应有较明确的边界，可以是河流、海岸线、农田、山体、郊野公园等，该边界不应随着城市扩展而模糊甚至被侵占"；从边界构成来看，作为区域规划工具之一，城市增长边界本身包含控制与引导两重含义，其构成也相应包括乡村边界与城市边界。其中城市边界是霍华德（E. Howard）从城市角度定义的，即在城市周围形成一道独立、连续的界限来限制城市的增长；郊区边界则是本顿（Benton）和保罗（Paul）从自然角度定义的，即划定一定界限来保护郊区的用地不被侵犯，这两条线可能重叠也可能分开。

在城市增长边界的划定方法上，目前尚未形成统一的方法。仅在美国，城市增长边界的划定方法在各地也有很大差异。有学者提出了城市增长边界定性划定方法，即通过收集和分析城市用地增长的数据，预测未来（一般20～30年间）的人口和城市用地增长需求，划出城市增长边界。随着遥感（Remote Sensing，RS）与地理信息系统（Geographic Information System，GIS）技术的广泛应用，为不同尺度城市空间拓展分析和增长边界的科学划定提供了进一步深入研究的手段。如有学者以巴尔的摩—华盛顿都市区为例，通过对城市增长历史数据进行分析，提取自发式扩展、新增长中心扩展、边缘扩展、沿道路扩展等不同增长模式的作用情况，认为该地区主要是自发产生新的增长中心和沿现状建成区边缘蔓延增长，沿道路扩展模式也较为显著，为制定城市增长边界提供了依据。

从国外城市增长边界案例来看（表9-1），以美国为代表的新大陆国家是重要的理论策源地和实践基地，城市增长边界划定的国际实践主要由欧洲国家推广到新大陆国家，再扩散到东亚、拉美及非洲国家。此外，城市增长边界的形态不具唯一性，规划控制线、指定区面域控制等手段均在实践中得以运用。具有代表性的《波特兰区域规划2040》及《墨尔本 2030》等均将城市增长边界作为推动规划实施的重要手段，并取得了较好的效果。

国外10个城市增长边界规划实践　　　　　　　　　　　表9-1

城市	城市边界名称	萌芽时期	实施时间	目的	调整
伦敦	绿带（green belt）	1938年	1947年	防止城市人口用地规模过度增长	—
哥本哈根	绿楔（green wedge）	1945年	1947年	防止城市同心圆式蔓延	—
地拉那	黄线（yellow line）	20世纪50年代		限制城市规模	20世纪90年代，因国家基本经济制度改变
首尔	绿带（green belt）	20世纪60年代	20世纪70年代	防止城市过度增长、应对邻国军事威胁	20世纪90年代，因绿带内民众利益受损
波特兰	城市增长边界（UGB）	20世纪70年代	1979年	防止城市蔓延	已调整30余次

续表

城市	城市边界名称	萌芽时期	实施时间	目的	调整
约翰内斯堡	城市开发边界（urban development boundary）	1974年	2000年	防止城市蔓延、确保基础设施效率	—
奥克兰	大都市界限（metropolitan urban limit）	20世纪90年代	1999年	防止城市蔓延	—
圣保罗	绿带（green belt）	1994年		保护生物多样性、保护城市水源	—
墨尔本	绿楔（green wedge）、城市增长边界（UGB）	2002年		保护城市周边重要非建设用地	—
多伦多	绿带（green belt）	2005年		保护城市周边重要非建设用地	—

资料来源：根据文献［127］整理。

（二）国内研究现状

城市增长边界伴随城市增长管理理论而引入我国。一些学者曾对城市增长边界在美国的实践经验进行了介绍和评述。随着我国城镇化进程的加快，城市空间蔓延而引发的一系列城市病问题凸显，学术界对城市增长边界研究给予了广泛关注，设立城市增长边界对于我国城市空间扩张管理具有重要意义。在城市增长边界的概念与内涵方面，学者观点不尽相同。有的采用景观生态学思路将城市增长边界看作去除自然空间（包括农地、林地、水域等）或郊野地带的区域界线；有的则从城市发展需求出发认为城市增长边界是为满足城市未来扩展需求而预留的空间；城市增长边界作为城市增长管理的政策工具，指为区分需要开发利用为城市发展用地与需要保护的农耕地或空地，在城市周围预先确定增长界限的方法；有的将城市增长边界分为针对城市非建设用地的生态安全底线的"刚性"边界和随城市增长进行调整的"弹性"边界；还有将控制城市发展的界线定义为广义的城市增长边界，将规划城镇建设用地的边界定义为狭义的城市增长边界；也有认为城市增长边界是介于城市服务边界（urban service boundary）和绿带（green belt）之间，依法划定的建成区限制范围，其界线内是未来城市建设用地，界线外则仅限于发展农业及生态保留开敞空间，不能用于城市建设。

在城市增长边界的划定研究方面，有学者提出基于城市基础设施的城市增长边界的界定及其理论依据和基于土地存量概念的城市增长边界控制方法；各种要素、方法与城市发展阶段的结合应用是 UGB 划定的基础，而结合城市增长的规律制定和阶段性释放 UGB 是应发挥的政策工具，划定区域联动型、引导合理空间结构形成的理性预判则是 UGB 发挥控制效用的必备。在具体的界定方法上，有学者提出进行城市扩展生态用地适宜度进行分析，并确定分级标准，用以指导城市增长边界的划定；或是通过生态敏感性分析划分生态带内的用地建设适宜性分区，采用最高概率情景得到生态带规划允许建设用地最大规模，进而划定城市增长边界；还有学者则从生态刚性约束和城市理性增长的双重视角来划定城市增长边界，以及运用生态隔离带划定特大城市主城与新城增长边界。此外，GIS技术和约束性CA模型等也广泛运用到划定城市增长边界工作中。

国内部分城市也已开展了类似城市增长边界的规划实践，并得到了一定的经验或理论总结，如北京市限建区规划、深圳市基本生态控制线、厦门市非城市建设用地控制规划，以及成都、杭州、无锡等城市对非建设用地规划工作。

针对北京市的研究中，关于城市空间结构、空间扩张等方面的研究较多，如北京近百年来的城市扩展可分以为3个阶段；北京城市边缘区扩展速率逐渐加快，扩展方向主要是东、北，类型以向外扩张为主；北京市未来的空间发展，应该首先向东南的廊坊市、天津市方向发展。在首都城市空间变迁的影响因素方面，有学者提出由于服务经济部门和服务经济空间均经历了集聚和分解，导致城市空间的重构，而交通是城市空间扩展的主要内在适应性因素，并直接牵引城市空间扩展方向。从首都城市空间发展的现状来看，中心城区在加快调整优化过程中，面临着疏解和集聚的双重挑战；由于中心城区继续"摊大饼"蔓延，人口膨胀和资源环境之间的矛盾日益尖锐，对人口和土地调控、城市综合承载力提升、规划管理与实施的要求更高、更苛刻；北京在建设世界城市过程中应打造多中心、网络化的市域空间结构。

在关于首都城市增长边界的研究中，有学者将限建区理论结合城市增长和城市增长边界理论，为城乡规划确定城市增长边界提供了详细的研究方法和技术指导，并运用综合约束CA城市模型，模拟更加可持续的首都城市空间形态，制定了中心城、新城和乡镇三个层次的城市增长边界。有学者从生态安全视角提出基于"满意生态安全格局"的城市空间格局可以同时满足生态用地、农用地和建设用地的需求，是一个同时实现精明保护与精明增长的有效工具；首都平原以城市绿地和农田作为城镇隔离的重要控制要素，由中心城、新城及周边县市绿化隔离地区构成各自城镇的绿环，以北京中心城第二道绿化隔离地区、四大郊野公园、滞蓄洪区、生态公益林及成熟林地、位置重要的农田和水域构成城镇战略隔离。

北京市在具体实践上，于2001年和2003年分别启动"第一道和第二道绿化隔离地区"建设工程；2006 年出台《北京市限建区规划（2006—2020）》，从保护自然资源、避让风险灾害的角度出发，将限建区定义为对城市及村庄建设用地、建设项目有限制性的地区，用于指导城市总体规划中的建设用地选择和空间布局。尽管北京限建区规划充分借鉴国外UGB思想，给出了城市扩展的刚性边界和弹性边界，但有部分限建要素没列入本次限建要素体系，如环境容量、资源承载力等，也没体现动力因素（如政策因素、交通接入条件、现状建设情况等）的影响；而加强城市边缘、城乡接合部地区村庄和建设组团的导控，则是保障 UGB 实施效果的关键所在。

（三）评析总结

总体来看，西方国家特别是美国在长达30多年的研究与实践中，UGB的预测与模拟、设定与管理、立法与实施等各个环节都逐步趋于成熟，并通过大量的理论研究和实践，已形成了一批UGB的经典参考案例。相对而言，国内关于UGB的研究起步较晚，目前研究还多停留于概念与技术层面的解说，尚未系统全面地构架起UGB中国化的规划管理体系，特别我国快速城镇化过程中实际用地需求与城市总体规划预测的土地供给存在巨大冲突，UGB的划定方法尚待进一步完善，在实践中也缺乏划定边界之后有关管理协同、政策配套、实施评价等内容的制度安排。

当然，国内外增长边界产生的背景不同。以美国为主的西方国家应用增长边界主要是为了应对小汽车交通带来的城市蔓延及郊区化带来的中心城市衰退；而我国与美国相比，郊区用地更为紧凑，应用增长边界主要是为了应对快速城镇化时期大中型城市急剧膨胀对周边生态用地的侵占和土地资源的浪费。因此，我国《城乡规划法》和《城市规划编制办法》中的城市增长边界是依据城市用地评价和对城市发展方向的研究，综合确定城市发展可能涉及的其他用地而规定的城市空间发展界限。

学术界对北京市的研究主要侧重于"限建区"和生态视角，尽管绿化隔离带比UGB更具有"刚性"控制特征，但还是无法阻止首都城市空间蔓延的态势。在当前城乡规划语境下，需要我们在制度研究和规划理念上有进一步的提升，加快构建具有地方特色的UGB治理体系，特别是空间政策上的合理区分和具体细化。2014年11月，国土资源部、农业部联合下发《关于进一步做好永久基本农田划定工作的通知》，首次明确要求为北京、上海、广州、武汉等14个大城市划定边界。在此背景下，北京市应借鉴国内外城市增长边界划定的理论与实践，结合城市发展阶段划定城市刚性及弹性开发边界，在新一轮城市总体规划修编中予以重视。

三、城市增长边界相关理论与实践

（一）城市增长边界理论的主要内涵

1. 产生背景

城市增长边界与城市蔓延问题是相伴而生的。而它的作用不仅仅是设置一道屏障和界限以防止城市的无序蔓延，还需要划出重要的自然保护区域并提供市民休闲游憩之所，更重要的是为城市未来的潜在发展提供合理的疏导。而后者恰恰是美国"城市增长边界"概念的核心。在美国控制蔓延的各种对策中，对城市范围及边界的研究都被置于核心位置[①]。如"新城市主义"强调"大都市区域是具有地理界限的有限空间"，指出城市增长边界是一种用于控制和指导城市增长和区域规划工具，包括了城市边界与郊区边界，它们可以分别描述为湖坝模型（Lake & Dam model）和河堤模型（Stream & Levee model）。城市边界在城市周围形成一道独立、连续的界线来限制城市的增长，就像是用大坝来限制不断上涨的湖水一样；郊区边界则用层层防线环绕着开放空间，就像是河堤保护着有用的土地，让城市的扩张像洪水一样在控制之下穿过（表9-2）。

城市边界与郊区边界模式比较　　　　　　表9-2

	城市边界	郊区边界
提出者	1900年左右由城市学家埃比尼泽·霍华德从城市的角度定义	1920年左右由环境学家本顿·麦凯（Benton M ckaye）和保罗·乌尔夫（Paul Wolf）从自然的角度定义
划定原则	运用统计学分析划定城市区域，在此之外为郊区	运用生态文化的准则来保护某些公共自然空间免受城市化侵占
空间结构	从地理范围上而非密度上来限制城市。边界之外的增长是基于绿地TND准则（传统邻里开发）的独立社区	城市经由这些边界得到疏导，对城市的地理范围没有限制。城市的生长在楔形开放空间之间形成发展廊道

---

① 城市增长边界是1958年在美国Kentucky州首次提出并得以应用。1973年，美国俄勒冈州通过了一项法案，要求所有城市将城市增长边界纳入土地综合利用规划（或土地利用总体规划）中。

续表

	城市边界	郊区边界
空间结构	由邻里单元组成的明确定义的核心城市通过铁路相互联系，周围环绕着被绿化带隔开的城镇和乡村。理想的情况是每个元素都相对自给自足	城市发展廊道通过绿地TND准则组织，在廊道沿线指定的交叉点和公交车站位置聚集发展。临时和永久性的保护地系统可以用来防止城市的跳跃式发展
	因为铁路的出现得到强化。但因为不能频繁停靠，沿着固定的线路产生了点状的聚居区	电车以廊道的形式在楔形自然保护地之间发展。道路沿着固定的轴线扩展了核心城市的边界，通过到达铁轨的步行距离控制廊道的宽度。但汽车交通进一步削弱了严格限定的廊道边界
意义	限定了城市化区域来保护乡村，并形成了独立的城镇，但受社区的社会结构的影响最大	保护了宝贵的开放空间并且让城市化区域类似溪流一样得到疏导，受到生态学因素的影响最大

资料来源：刘海龙. 从无序蔓延到精神增长——美国"城市增长边界"概念、评述［J］. 城市问题，2005（3）：67-73.

作为一种理论模式，"城市生长边界"强调了新的开发方式，即要在适当的地方进行适当的高质量开发。而保护绿色空间既是控制蔓延的目标，也是阻挡城市蔓延的有力屏障。同时，通过"从控制城市蔓延的角度来制订总体规划"可以在保护绿色空间的基础上制定积极的规划策略，从而指导实际的发展。

2. 主要内容

世界上几乎所有的城市都在实施不同程度的增长控制（urban growth management 或urban containment policies）。在城市增长管理的长期实践和探索中，各种特殊类型的管理法规、计划、税收政策、行政手段、审查程序等都接连涌现。不少专家分别从不同的角度对其进行了归类，如将城市增长管理的政策工具总结为抑制增长类、引导增长类、保护土地类三类；也有按政策类型分为开发设计类、土地利用类和公共服务类，并根据政府和市场介入程度进行进一步划分，不同类型政策的横坐标对应的是政策定位，越往左表明政府控制力越强，越往右表示市场力和价格机制发挥作用越大；纵坐标代表政策的类型，自上而下依次是开发设计类、土地利用类、公共服务类（图9-1）。UGB属于政府进行土地利用管制的范畴，UGB比传统的绿带政策（Green Belts）更加灵活和富于弹性[①]，因此易于为地方政府接受。西方

---

① 单一结构和功能的传统绿带难以紧密联系自然生态系统和城乡社区，并且缺乏对城市用地发展要求的分析，导致绿带被城市割裂和蚕食，或者出现城市的"蛙跳式"发展。

国家城市增长边界设立根本目的是防止城市的低密度无序蔓延，提高公共设施服务效益，保护城镇周边的农田、森林等土地资源，以及各类生态敏感区和其他开放空间。

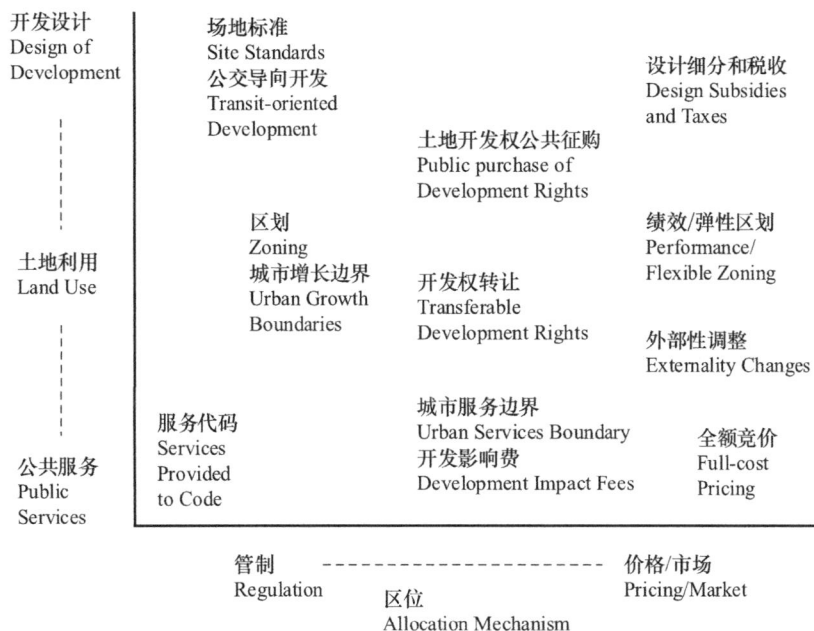

开发设计
Design of
Development

场地标准
Site Standards
公交导向开发
Transit-oriented
Development

设计细分和税收
Design Subsidies
and Taxes

土地开发权公共征购
Public purchase of
Development Rights

区划
Zoning
城市增长边界
Urban Growth
Boundaries

绩效/弹性区划
Performance/
Flexible Zoning

开发权转让
Transferable
Development Rights

外部性调整
Externality Changes

土地利用
Land Use

公共服务
Public
Services

服务代码
Services
Provided
to Code

城市服务边界
Urban Services Boundary
开发影响费
Development Impact Fees

全额竞价
Full-cost
Pricing

管制 ---------------------- 价格/市场
Regulation　　　　　　　　　　　Pricing/Market
区位
Allocation Mechanism

图9-1　美国不同类型的增长管理工具

资料来源：吕斌，徐勤政. 我国应用城市增长边界（UGB）的技术与制度问题探讨［C］. 规划创新——2010中国城市规划年会论文集. 2010.

从城市增长边界的应用效果来看，其突出体现在以下三个方面：一是有效地控制土地的开发行为，通过明确指定的城市增长区块，分时期地土地投放计划，以及采用不同标准配置基础设施和公共设施等手段来引导城市增长；二是影响土地的价值，通过土地混合利用，进一步提高土地的开发密度，配套各项设施等措施来增强土地的经济、环境和社会价值。最直接的结果是导致地价和房价的适度上涨；三是促进政府修正城市发展的公共政策，这主要体现在对社区发展的重新重视，引导紧凑住宅建设，强调TOD公共交通政策，以及推广降低能源消耗技术等方面。

（二）城市增长边界相关理论

1. 城市增长理论

美国城市地理学家Colby于1933年提出了城市增长的向心力与离心力学说，成为人们深入理解城市各功能要素地域运动的理论工具。Colby认为向心力和离心力是同时存在作用于同一城市活动方向相反的作用力。向心力是集聚力，是使城市活动向市中心或其他特殊区位集中的力量，主要指对厂商家庭产生的积聚力量，也可以指向城市中心、交通干线及新城或新区。造成向心力的原因主要分成三大类：节约交易费用、规模经济与垄断竞争和制度变迁。离心力则是使城市活动远离市中心趋于分散的作用力，它主要指对厂商、家庭向外扩散的力量。这种作用力一方面来自中心地区的排斥力，如高地价高税金、交通拥挤、环境恶化、用地紧张、生活不便等，造成规模不经济；另一方面来自外围地区的吸引力，如土地开阔、地价低廉、税率低、交通经改善变得方便、自然环境优良等。向心力与离心力的力量对比及变化制约着城市地域的发展，这对矛盾是城市地域形态演化中的主要矛盾。

经济增长是城市增长的根本动力。韦伯在分析19世纪欧洲城市化时认为，人口在城市中的日益集中是经济增长的"自然结果"。美国经济学家Lampard经研究后指出，近百年来美国城市发展与经济增长之间呈现一种非常显著的正相关。产业及技术发展对城市增长具有推动作用，城市兴起及增长的主要原因是农业生产力扩大而产生粮食剩余并向非农业部门提供剩余劳动力，而工业化和第三产业的发展则是现代城市化的主要动力，技术发展特别是技术革命影响和决定着城市发展的阶段性特征。

门槛理论是有关城市增长阻力因素研究比较成熟的理论，它认为城市增长到一定程度会遇到一些阻碍城市增长的限制因素，如自然地理条件、技术设施条件、城市生态环境甚至于城市原有空间结构的自身限制等都可能成为城市增长的阶段性极限，形成城市增长的门槛。克服这些门槛需要跳跃式突增而非渐进增长，城市不同发展阶段会遇到各种新门槛，城市增长本身就是一个不断跨越各种门槛的过程。城市跨越的门槛愈多，克服下一门槛所需费用愈高。另外一些学者根据城市发展现实，如美国东北部的一些城市调整产业结构，积极开发城市中心衰落区，市域内又实现了人口增长，又提出了再城市化（re-urbanization）的发展阶段，这样由城市化、郊区化、逆城市化和再城市化四个连续的阶段构成了城市的生命周期。

2. 城市精明增长理论

"二战"后，尤其在1970年之后，小汽车主导的交通方式极大程度上加剧了就业、居住低密度扩散，出现了所谓的"城市蔓延"。城市蔓延产生了许多问题，损害了环境、经济、社会等各方面的利益。针对这些问题，美国联邦和地方政府，以及经济学、社会学、地理学和规划学界开始提出了一些尝试性的解决办法。其中，精明增长是在20世纪90年代提出的城市空间发展理念。

关于精明增长的概念，不同的学者与组织有不同的定义。1994年美国规划协会（American planning Association，APA）提出"精明增长"的发展方式，认为其主要目标在于帮助政府把那些影响规划和管理的变动的法规条例更加现代化，在立法方面协助和支持政府的工作。在城市层面，得克萨斯州的奥斯汀市是率先提出"精明增长"蓝图的城市，其目的是"实验与重塑城市和郊区的发展模式，改善社区，促进经济发展和环境保护"；在州层面的是1997年的马里兰州，州长格兰邓宁（Glendening）提出"精明增长"的初衷是建立一种使州政府能够指导城市开发的手段，并使政府财政支出对城市发展产生正面影响。2003年，美国规划协会（APA）在丹佛召开了以精明增长为主题的规划会议，指出精明增长的三大任务是保护城市周边乡村土地、鼓励嵌入式开发（infill development）和城市更新（urban regeneration）、发展公共交通以减少对小汽车的依赖。随着精明增长理论的发展，该规划协会认为精明增长是旨在促进地方归属感、保护自然文化资源、降低开发成本和促进利益公平的社区规划设计、社区开发复兴，并通过提供多种交通方式、多种就业促进生态保护与生活质量的提高。总之，精明增长是将城市空间扩展融入区域整体生态体系和人与社会的和谐发展为目标的协调思想；是一种在提高土地利用效率的基础上控制城市蔓延扩展、保护生态环境、服务于经济发展、促进城乡协调发展和人们生活质量提高的发展模式；也是一项与城市蔓延针锋相对的城市增长管理政策。

3. 城市增长管理理论

随着城市无序蔓延带来的负面影响逐渐凸显，城市增长管理（urban growth management）成为城市规划中的重要议题。美国城市增长管理已有50多年的历史，经历了四个阶段的演变过程，积累了丰富的实践经验（表9-3）。根据美国规划师协会的定义，城市增长管理是指城市政府运用各种技术工具、政策计划及行动等对城市土地利用模式，包括城市发展的方向、区位、速度和性质等进行有目的的引导。随着20世纪90年代中后期"城市精明增长"（smart growth）理念的提出，美国的城市增长管理发展成为以"抑制城市蔓延、集约利用城市建成区、提高城市空间质量与功能混合、协调经济开发与环境保护、促进区域合作和公众参与"为总体目标的精明增长范式（The Smart Growth Paradigm）。目前，城市增长管理主要关注三个主题：一是已有基础设施的城市化地区的复兴和再开发；二是城市边缘自然环境的保护；三是充分维护社会公平，改善城市生活质量。城市增长管理的政策工具分为四类：一是政府刚性控制政策，是指那些对开发的界线、总量或时间做出刚性规定的政策工具，包括绿带、城市增长边界、公共土地征用、暂停开发、建筑许可等；二是基础设施引导政策，要求城市土地的利用开发与基础设施或公共设施等的建设保持同步进行，如足量公共设施要求、TOD开发等；三是区域差异调节政策，是通过针对不同的区域设置灵活的差异性政策，从而实现对土地开发行为进行合理疏导，如开发权转移或购买、分区等；四是经济手段诱导政策，主要利用税收杠杆实现对土地开发行为的激励或限制，如开发影响费、保护减税、双轨税率等。

美国城市增长管理政策演变　　　　　　　　　　表9-3

时间	代表城市	主要政策工具	特征
1969—1976年	夏威夷、佛蒙特、俄勒冈、佛罗里达	土地功能分区、城市增长边界、特殊区域	以地方控制、法规控制、强制性控制为主，内容以保护生态环境为主
1980—1988年	佛罗里达、新泽西、缅因、弗吉尼亚	土地资源保护法、水资源保护法	以地方控制、法规控制、强制性控制为主，内容以保护生态环境为主
1989—1997年	佐治亚、华盛顿、马里兰	上下级政府协调、基础设施配套建设	强调地方与区域控制、法规控制与刺激手段、强制性与协作性控制并行，内容及环境保护、社会发展多面等
1998年至今	马里兰、威斯康辛、俄勒冈	自上级政府的各种奖励和各种刺激手段	强调区域控制、使用刺激手段控制，强调协作性，内容涉及城市增长的方方面面，被大部分州接受并实践

资料来源：参考文献［165］。

4. 城市可持续发展理论

可持续发展（sustainable development）一词最早见诸1962年美国海洋生物学家Carson的著作《寂静的春天》。1972年6月，联合国人类环境会议在瑞典首都斯德哥尔摩举行，这次会议通过了《联合国人类环境会议宣言》，唤起了各国政府关注环境问题尤其是环境污染问题的意识，引出了人类对环境与发展问题的全方位关注，是人类关于环境与发展问题思考的第一个里程碑。1992年6月，联合国环境与发展大会在巴西里约热内卢召开，进一步把可持续发展由理论和概念推向行动，会议通过和签署了《里约热内卢环境与发展宣言》《21世纪议程》《联合国气候变化框架公约》等重要文件，在人类探寻合理的发展道路和发展模式方面迈出了可喜的一步。

可持续发展的基本内涵有：可持续发展不否定经济增长，但需要重新审视如何实现经济增长；以自然资产为基础，同环境承载能力相协调；以提高生活质量为目标，同社会进步相适应；承认并要求体现出环境资源的价值；可持续发展的实施要以适宜的政策和法律体系为条件，强调综合决策和公民参与。

5. 城市地域结构理论

城市地域结构指各种城市功能分区及其空间组合，是城市发展过程中由职能分化带动形态分化而形成的结构，是城市地域内与各种功能活动相应的地域分异和功能区在空间上的组合。"田园城市"（E. Howard，1898）、"带状城市"（Y. Mata，1882）、"工业城市"（T. Garnier，1902）、"光辉城市"（Le Corbusier，1922）等为经典的城镇空间模式；20世纪40年代出现从社会学角度研究空间结构的"芝加哥城市生态学派"；1977年的《马丘比丘宪章》是继《雅典宪章》之后对城市空间结构领域最具影响力的文件之一；20世纪90年代之后，城镇空间结构研究向区域化、信息化、生态化的方向发展，如"生态足迹"（Wackennagd，W. Ress，1992）、"精明增长"（Smart Growth）、"紧缩城市"（Compact City）等。西方对城镇土地利用结构的研究目前形成了较多的学派，如景观学派、社会生态学派、区位论学派、结构主义学派等；以研究不同功能地域分异现象的同心圆模式（W. Bugress，1925）、研究居住分异现象的扇形模式（H. Hoyt，1936）和研究商业中心分异现象的多核心模式（D. Harris & E. L. Ullman，1945）是最著名的三大土地利用结构模型；其后出现了许多对三大模型的修正研究并结合案例进行分析。近年来，网络时代城镇空间结构的新特点是城镇空间研究的热点，如信息城市、虚拟空间、"比特之城"（Cities of Bits）等。

6. 景观生态学理论

景观生态学（landscape ecology）研究起源于20世纪50、60年代的欧洲（德国、荷兰、捷克斯洛伐克等），20世纪80年代在全世界范围内得到迅速发展。景观生态学是研究区域内不同生态系统的景观结构、相互作用、协调功能及动态变化的一门生态学新分支。最典型的是Forman提出的景观模式原理。景观模式原理认为，斑块（Patch）是景观结构中的最小单元，内部均质性与周围环境性质外貌不同，有不同的尺度，表现出不同的原理。景观生态学原理对城市空间扩展提出了基于多样性、异质性的生态要求。从区域层面看，城市空间是自然环境基质的一种斑块，城市空间扩展必然对自然要素斑块产生冲击，如对农田、草地等的占用，对河流生态廊道或生物迁徙廊道等的侵占或截阻，破坏了区域自然环境间的物质流、能量流、信息流和价值流的过程，导致区域景观多样性、异质性与稳定性降低。从城市层面看，城市空间结构其实质是城市内不同建设用地类型为斑块的功能组合与空间组织，城市空间扩展过程必须按照社会经济活动的要求进行不同建设用地斑块空间组织以及具有廊道作用的不同等级的道路规划设计，特别应保护城市空间内的自然斑块与自然廊道，不仅要让其成为市民亲近自然的绿廊、生态廊，而且应成为生物栖息与迁徙的通道。

（三）城市增长边界相关实践

1. 美国波特兰市[①]

波特兰市隶属于波特兰—温哥华都市统计区，该都市统计区跨两个州，分别为俄勒冈州的波特兰和华盛顿州的温哥华。波特兰人口占整个都市统计区的80%左右。波特兰—温哥华都市统计区人口增长较快。都市人口自1960年以来持续增长，且有越来越快的趋势。比如，1980—1990年人口增长了13.6%（从133万增长到151万），而1990—2000年人口增长了26.6%（2000年人口为191万），2010年人口增长到220多万。预测到2030年人口将达到290万～320万，2060年人口将达到360万～437万。人口增长及其引发的城市发展问题是波特兰市引入城市增长边界的原因之一。

在城市发展和规划方面，俄勒冈州州法规定地方政府应该编制和通过城市总体规划、土地利用规划；土地利用规划应该符合城市总体规划；在城市总体规划中应该划定城市增长边界；土地利用规划中的功能分区应该保证未来城市化和经济发展所需的土地需求公共供给，这意味着规划应该为还没有开发的工业、商业、零售业和办公等未来发展需要进行功能分区；城市增长边界内的土地供给应该保证未来20年城市发展所需的土地需求，并且城市增长边界每5年需要评估一次，以此决定城市增长边界调整和新增可开发土地量等。因此，根据州的规划法规，城市增长边界应该在空间上区分城市用地与非城市用地；包含足够的土地供给，以满足至少未来20年的城市发展需求；每5年评估城市增长边界一次；城市增长边界应该根据过去5年的发展速度来调整。

---

① 此部分内容借鉴文献［137］内容。

城市增长边界不是静止的，根据州规划法，增长边界每5年需要调整一次，除非这5年没有任何发展。实际上，自首次划定以来，城市增长边界已经经历了30多次调整，大多数调整都微不足道，增加的土地不到20英亩（约8hm²），但其中有三次重大调整。1998年城市增长边界内的土地增加了3500英亩（约1416hm²），服务于23000个独立房屋，并提供14000个就业机会。2002年，城市增长边界创纪录地扩张了18867英亩（约7634hm²），服务于38657个独立住房，其中2671英亩（约676hm²）的土地用于就业增长。此次扩张意味着增长边界内的土地增加了9%，仅为1990—2002年人口增长率（17%）的一半。2004年，增长边界为了工业发展扩张了1956英亩（约791hm²）。此外，1999年有380英亩（约154 hm²）土地的扩张，主要是未来在该地区内实现就业和住宅的平衡。2005年，都市为工业发展增加了345英亩（约140hm²）的土地（图9-2）。

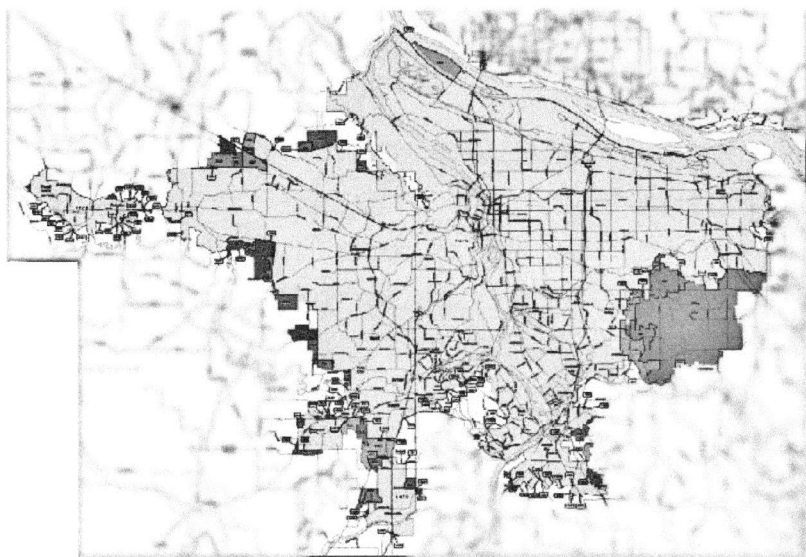

图9-2　波特兰都市区城市增长边界及调整

资料来源：蔡玉梅. 波特兰都市区城市增长边界（UGB）——规划工具［EB/OL］. http://blog.sina.com.cn/caiyumei.

2. 日本东京都

东京是日本的首都，长期以来，东京都的行政机构、商务办公、商业服务过度集中于都中心的千代田区、中央区和港区3个区内，这3个区仅41km²。"二战"后，随着经济的复苏，1950年成立了首都建设委员会，其主要目的是使在战争中受到极大破坏的首都东京能够更快地恢复和发展。1956年，《首都圈整备法》公布，首都建设委员会改名为"首都圈整备委员会"，作为总理府的下属机构，其权限得到了一定程度的增加。在1957年的《首都区域发展法》指导下制定了东京总体规划——首都圈规划（1959），规划范围包括东京都、神奈川县、千叶县、琦玉县的全区域，涉及茨城、里木、群马、山梨县的部分，总面积为2.6万平方千米的首都圈。首都圈分为中心区、近郊区及远郊区3个圈层。其中，中心区为重点疏散区，在离市中心15千米的范围内；近郊区为限制市区无秩序蔓延，效仿1944年大伦敦规划，在距市中心16千米的环形地带建立一条绿带，绿带宽为10千米，绿带外再发展卫星城。在继承首都建设委员会的规划设想基础上，首都圈整备委员会完成了第一次和第二次首都圈规划，进一步建立了近郊绿地保护、指定城市开发区域、限制工业设施聚集等一系列规划制度和开发控制政策，促进了20世纪50－70年代首都圈的有序发展。由于人口迅速增加，工业不断发展，从而使首都圈规划的绿带失去控制作用。为此，1965年日本重新制订了东京规划，放弃绿带，改为建立一个可适度开发的郊区环带，郊区环带内建设新城以疏散市中心人口（新宿、涉谷、池袋3个副中心），将东京都中心禁止的部分职能设施与新增的第三产业如商业、贸易、金融、保险、服务业、通信等活动优先安排在3个副中心，从而缓解了部分东京都中心的压力，也使城市人口开始由东京都中心向西移动。根据东京都中心出现的新情况，1974年日本成立了国土综合开发厅，作为总理府的下属机构协调与国土开发政策有关的各省厅项目，并通过灵活的方法，全面、综合地推动各相关政策的实施。如在1976年日本的第二次首都圈规划中提出建立区域复合多中心城市，1988年进而提出建立"多核心"的新型城市圈结构，规划到2015年将整个城市分为既成街道、近郊整备地带（含近郊绿地）和城市开发区域三大部分。

从日本东京首都圈规划的实践看，效仿1944年大伦敦规划的控制蔓延的绿带规划是失败的，然而建设副中心新城却比较成功，不仅改变了东京都市的空间结构形态，而且有效地疏解了东京都中心的压力。

四、北京城市空间增长演进历程

北京是中华人民共和国的首都，也是世界历史文化名城和古都之一，有3000多年建城史，800多年建都史，曾为辽、金、元、明、清五朝帝都。1949年10月1日中华人民共和国成立，北京从此成为新中国的首都。北京城市空间扩张的进程受政治中心的推动较明显，在新中国成立之后受经济发展的驱动和交通建设的引导较为明显，城市空间增长出现突破性变化，城市空间结构也迅速拉开和得到优化。

（一）北京古代城市形成简要历程

古代，相传黄帝曾率本部落和炎帝部落在现在北京附近的涿鹿打败九黎部落，杀死了他们的酋长蚩尤，并建立部邑。到了黄帝的第三代，额项曾到幽陵祭枢，幽陵或幽州即北京地区的总称，到帝尧时代才建立幽都，幽都即古代北京。公元前1122年周武王灭商后，封帝尧后代于蓟，封周宗室召公于北燕；后来燕侯吞并了蓟，就以蓟为中心，建立自己的国家。所有从西周到春秋时代，北京都一直叫蓟城。作为燕国古都基址，董家林古城是迄今北京地区发现的年代最早的古城遗址，北京建城史可追溯到公元前1042年（周成王元年），董家林古城可算是北京城建城之始。从晋朝开始，北京改名叫幽州。

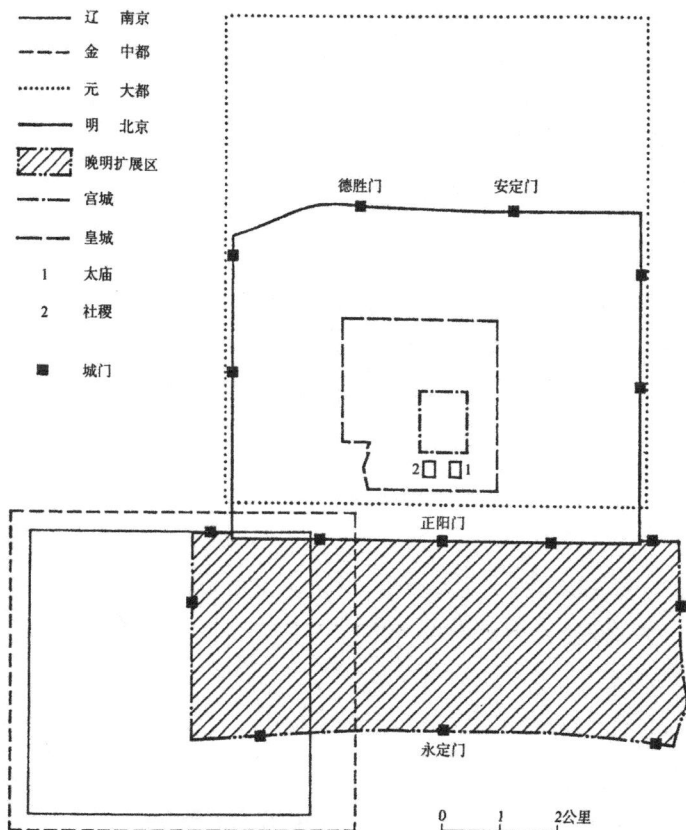

图9-3　辽至明北京发展平面示意图

资料来源：薛凤旋，刘欣葵. 北京：由传统国都到中国式世界城市［M］. 北京：社会科学文献出版社，2014.

公元926年契丹人建立了自己的政权，在吞并燕云十六周后即改国号为"辽"，并在幽州建立了陪都，因为其陪都建立在大辽疆域的南部所以称"南京"，又叫"燕京"。这一时期皇城的城垣位于今天的广安门地区。金天德三年（1151年）海陵王完颜亮下诏迁都燕京，并将燕京更名为"中都"。金中都是在辽南京城的基础上扩建而成的，并参照北宋汴京城的规制，除北城垣未动之外，东、西、南三面均加以扩大，略呈正方形。中都的皇城是在辽南京（燕京）城内的子城基础上扩建而成的，金中都大安殿的遗址就位于今广安门滨河路的金中都宫殿纪念阙下。在公元1260年元世祖忽必烈将统治中心南移到燕京，并在原金中都城址的东北侧兴建了元大都。元大都城的城市规划恪守传统儒家的都城设计方案和《周礼·考工记》提出的面朝后市、左祖右社的原则。元大都的皇城，坐落在都城正南方偏西的位置上，以太液池为中心，东岸建有宫城和御苑，西岸建有隆福宫和兴圣宫以及西苑等。明清北京城就是在元大都与金中都旧城的基础上，根据客观形势的发展需要，经过几次改造、扩建，最终定型而成。改扩建后的北京城占地约62km²，由原先元大都时的大城、皇城、宫城三层结构变为外城、内城、皇城、宫城四层结构形式，整体布局也由"凸"字形形制替代了原先的"口"字形形制，使布局更加生动而富有变化（图9-3）。

（二）近代北京城市空间演变

1900年八国联军进入北京，清政府被迫求和，签订了《辛丑条约》，将东交民巷划为使馆区，成为"国中之国"，在区内中国人不准居住，各国可派兵驻守。使馆区周边的商业地段，像王府井等地的商业活动增多，店面也多以洋式为主。为了适应城市交通和生产日益发展的需要，清政府认识到落后的交通不能适应自己的统治，他们提出"内政始于道路"，先后拨巨款修筑市内重要干道，同时初步制订一系列管理道路和交通的法律、法规。京汉与京张（北京至张家口）铁路相继通车，从此北京城出现了大小十余座车站，铁路穿入市区，并与市内公路交叉。

辛亥革命之后，出现了军阀混战的局面，成立了由北洋军阀集团连续统治达16年之久的北洋政府时期，并于1914年，正式成立"京都市政公所"，在最能代表北京城破败的地区发动了公共工程运动，改造城门、城墙；开放京城名胜为公众活动空间；京奉、京汉、京张等京都环城铁路的修建，也初步确立了北京的交通枢纽地位，此外还在宣武门外万明路发展了香厂新市区。当时城市核心区包括内城和外城的北半部分，其中内城基本上被城市用地所填充，并向朝阳门外略有延伸，外城区连片的城市用地只限于南横西街、南横东街及天坛以北的部分，核心区面积总计约47.1km²。1927年之后，由于首都的南迁，城市建设减少，城市空间发展趋势慢，特别是由于政治局势的逐步紧张，城市建设活动几乎停滞。1937年日本占领北京，出于自身的考虑，制定了《北京都市计划要图及计划大纲》，试图建设西郊新市区和东郊工场区。1945年日本投降之后，国民政府接收北平城，工务局也在总结前几次都市计划的基础上，先后草拟了北平市新市界计划和北平市街道干线系统计划，为1947年的北平市都市计划研究提供参考。这一时期，当局制订了许多城市规划，但是由于政治局势等因素的影响，几乎都未能实施（图9-4）。

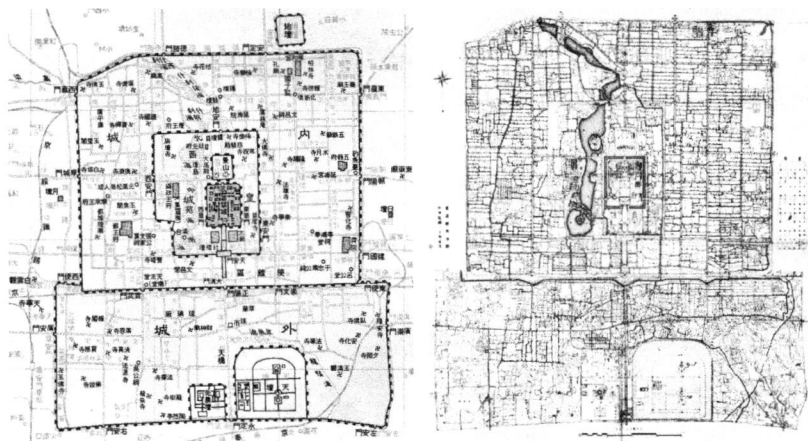

图9-4　清末北京城（左图）与民国时期北京城（右图）

资料来源：分别来源于http://www.kfly.com.cn/travelmap/qingmobeijingditu/和中国书店http://www.zgsd.net/channel1-p_177627.shtml。

（三）计划经济时代北京城市空间稳步拓展

1949年1月北平解放时，全市总面积只有707km²，总人口187万人。为了满足首都发展需要，解决城市水源和能源建设及工农业发展问题，自1949年6月至1958年10月，先后5次调整市界，划入原河北省的宛平、昌平等十县一市（通州市），全市总面积增至16408km²，总人口达658万人。尽管2/3的市域面积是山区，但城市东南部有6000多平方公里的平原地区，使北京城市发展有了广阔的腹地，为发展经济、建立新的城市布局结构及改善城市环境奠定了重要基础。

新中国成立之初，北京经济基础十分薄弱，为改变城市落后状况，提出变消费城市为生产城市的方针，大力发展经济，1953年制定的《改建与扩建北京市规划草案》强调"首都应该成为我国政治、经济和文化的中心，特别要把它建设成为我国强大的工业基地和技术科学的中心。"自此至20世纪50年代末，北京大力进行工业建设，在市区新建扩建了一大批工业企业（包括冶金、化工、机械等），规划并建设了东北郊和东郊工业区、东南郊化工区及西郊石景山衙门口等工业区，绝大部分市属以上的工业企业集中在市区，市区的工业布局基本形成。1957年制定的《北京城市建设总体规划初步方案（草案）》曾提出由市区和周围40多个卫星镇组成"子母城"的布局形式（图9-5、图9-6）。1958年根据市域范围扩大至16800km²的新情况，对方案进行了修改，特别是贯彻中央提出的实现"大地园林化"的思想，并为避免城市建设"摊大饼"式的发展，在城市布局上第一次提出了"分散集团式"布局原则和规划方案，即将市区分成二十几个相对独立的建设区，其间用绿色空间地带相隔离。实施这一具有前瞻性的规划方案后，市区内保留了大片绿色空间地带，这对于保持良好的城市环境、防灾避灾及为城市发展留有充足余地等发挥了重要作用。

从城市空间扩展来看，1955—1963年间，核心区外边界突破了内外城墙并向四周都有较大扩展，核心区面积年均扩展达到5.2km²，南面的左安门、右安门方向，北面的新街口、安定门方向为主要扩展方向；20世纪60年代中期以后，城市发展速度因政治原因而有所放慢。而城乡过渡带最主要扩展方向在西北海淀区往颐和园、圆明园一带，成为教育科研区；东向的八里庄、双井、劲松及西向的石景山一带为另外两个主要扩展区域，主要为新建工业区。20世纪60年代初到80年代初，城乡过渡带在各方向上都有较大扩展，向东延伸到了通州，向西已到老山一带，往北到了清河、东小口一带，往南到了南苑一带。

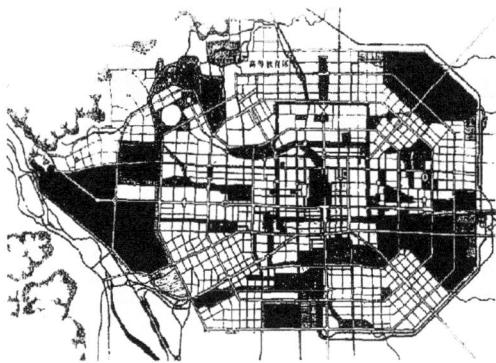

图9-5　北京市规划总体（1954年）　　图9-6　北京市地区规划示意图(1958年)

资料来源：柯焕章. 北京城市空间布局发展的回顾与构想［J］. 北京规划建设，2003（4）：29-33.

（四）改革开放至21世纪初期北京城市空间加快增长

1980年中央书记处对北京城市建设方针的四项指示及1982年编制完成的《北京城市建设总体规划方案》，明确北京的城市性质是全国的政治中心和文化中心，没有提经济中心，但强调经济发展要适应和服从城市性质的要求，调整结构，根据资源情况重点发展能耗低、用水省、占地少、运输量少和不污染扰民的工业，要求对现有重工业进行技术改造，并改变工业过分集中于市区的状况。总体规划提出严格控制城市人口规模的目标，规划到2000年全市常住总人口控制在1000万人左右，市区城市人口规模控制在400万人左右。同时，重申了坚持"分散集团式"布局原则，并根据变化了的情况，调整了市区布局结构形成以旧城为核心的中心地区和相对独立的10个边缘集团，其间有2km左右宽的绿色空间地带相隔离；按照"旧城逐步改建、近郊调整配套、远郊积极发展"的方针，主要在近郊通过用地调整建设一批新居住区及相应配套设施，并于北郊建设国家奥林匹克体育中心和亚运村，形成北中轴延长线上新的功能区；以黄村、昌平为近期建设重点，开展远郊卫星城规划建设，并出台了促进卫星城建设的相关政策（图9-7）。

　　20世纪90年代初，为适应深化改革、扩大开放、发展社会主义市场经济新形势的需要，北京市政府组织完成了《北京城市总体规划（1991—2010）》的编制，制定了跨世纪发展的新目标及规划方案，进一步明确首都政治中心和文化中心的城市性质，提出建设全方位对外开放的现代化国际城市的目标。围绕调整产业结构和布局和根据发展"首都经济"的需要，重点进行了中关村科技园区及北京商务中心区等重点功能区建设。总体规划确定，按照市区、卫星城、中心镇、一般建制镇构成四级城镇体系布局，积极发展亦庄、通州、昌平、顺义、黄村、良乡等14个卫星城以及30个左右中心镇，吸纳了市区部分居住人口，带动郊区城市化的发展，疏导市区部分功能。该阶段根据总体规划要求，大力加强交通等基础设施建设，为城市空间拓展提供重要条件。20世纪90年代北京城市交通建设有了很大的发展，加快了高速公路、城市快速路及城市道路的建设，先后建成首都机场、京津塘、京石、京通、京沈、京开、八达岭高速公路及四环路等城市快速路和城市铁路，为郊区城市化和城市郊区化发展提供了重要条件。此外，北京不断加大城市绿化和环境建设的力度，集中实施市区绿化隔离带的建设，于2001年和2003年分别启动"第一道和第二道绿化隔离地区"建设工程，确保市区外围1000多平方公里的绿色空间地带，对于维持"分散集团式"布局，控制市区建设用地无序蔓延，特别是控制城市中心地区的扩展，避免"摊大饼"式的发展具有重要意义。

　　1984—1992年间，核心区面积年均扩展7.5km²，西北方向是其主要扩展区域，海淀区域的很大一部分被纳入进城市核心区；20世纪90年代后，城市扩展尤为迅速，面积年均扩展达19.9km²，以西北的颐和园方向、西部的石景山方向、南部及东南的北京经济技术开发区方向等为主要扩展方向。到1996年，城市核心区面积达到307.5km²，占整个北京市面积的1.9%（图9-8）。

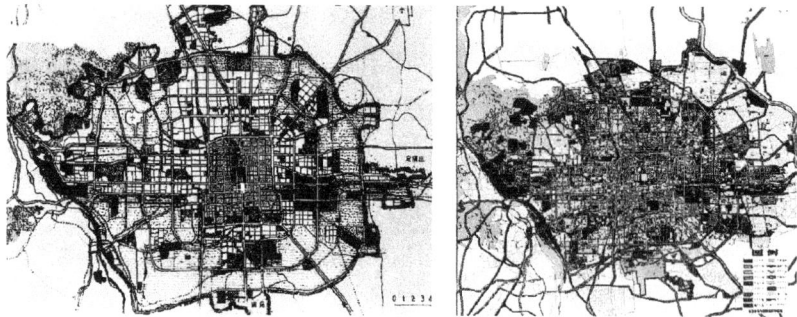

图9-7 北京市区总体规划图（1982年） 图9-8 北京市区总体规划图（1993年）
资料来源：参考文献［170］。

（五）2004年以来北京城市空间增长

2000年以来，北京以奥运建设全面启动为契机，调整城市空间布局，加快城市现代化建设步伐。2004年完成了《北京市城市总体规划（2004—2020年）》，提出在市域范围内构建"两轴—两带—多中心"的城市空间结构，并在此基础上，形成"中心城－新城－镇"的市域城镇结构（图9-9）；同时提出了"区域协调发展、市域战略转移、旧城有机疏散、村镇重新整合"的城市空间发展策略。城市总体规划实施几年来，北京城市发展取得长足的进步，规划确定的2020年人均地区生产总值（GDP）1万美元、人口规模1800万的发展目标已分别于2009年、2010年提前实现；1650km²的规划城镇建设用地规模至2009年底已实现了约83%。与此同时，城市空间结构的战略性调整正逐步实施，旧城、中心城、新城及区域联动发展的目标尚未完全实现。

通过对各空间圈层中人口、建设用地和GDP等要素的变化情况和相互关系进行全面的定量分析，摸清总体规划实施几年来，城市空间发展的基本情况[①]。总规实施以来，常住人口年均增长近72万人，其中2003—2009年城镇建设用地（包括规划城镇建设圈内外[②]）年均增长50多平方公里[③]。从各空间圈层现状人口、城镇建设用

---

① 空间圈层的划分有两种：一是城市规划结合各空间建设、保护等情况确定的旧城、中心城、新城、镇和独立城镇组团（独立城镇组团特指海淀山后和丰台河西）；二是发改委划分的功能区，即首都功能核心区、城市功能拓展区、城市发展新区、生态涵养发展区，各功能区边界结合行政区界。在讨论各空间圈层的人口、建设用地变化情况时，一般采用前者划分方法，但由于经济数据按县—级行政边界提取，所以在涉及人口、用地和经济等综合分析时，采取后者划分方法来大致反映空间的变化情况。其中，首都功能核心区包括东城、西城两区；城市功能拓展区包括朝阳、海淀、丰台和石景山四区；城市发展新区包括房山、通州、顺义、昌平、大兴和北京经济技术开发区；生态涵养发展区包括门头沟、怀柔、平谷、密云和延庆。

② 规划城镇建设圈特指总规1650km²规划城镇建设用地所对应的范围。

③ 由于全国第二次土地调查结果尚未全部发布，本表中土地面积数据截至2009年。

地和经济规模所占比重来看，城市功能拓展区仍是全市人口和经济发展的主要承载区，新城地区（包括城市发展新区和生态涵养发展区）的规模总量在全市所占比重不高，新城"反磁力"作用仍显不足；但从发展速度来看，城市发展新区是全市人口、城镇建设用地和GDP增长速度最快的区域（表9-4），说明新城地区的发展对缓解中心城的过度集聚具有一定的作用。其中首都功能核心区和城市功能拓展区建设用地的增长幅度均低于常住人口的增长幅度，因此人均城市建设用地出现负增长，空间发展表现为以内涵提高为主。

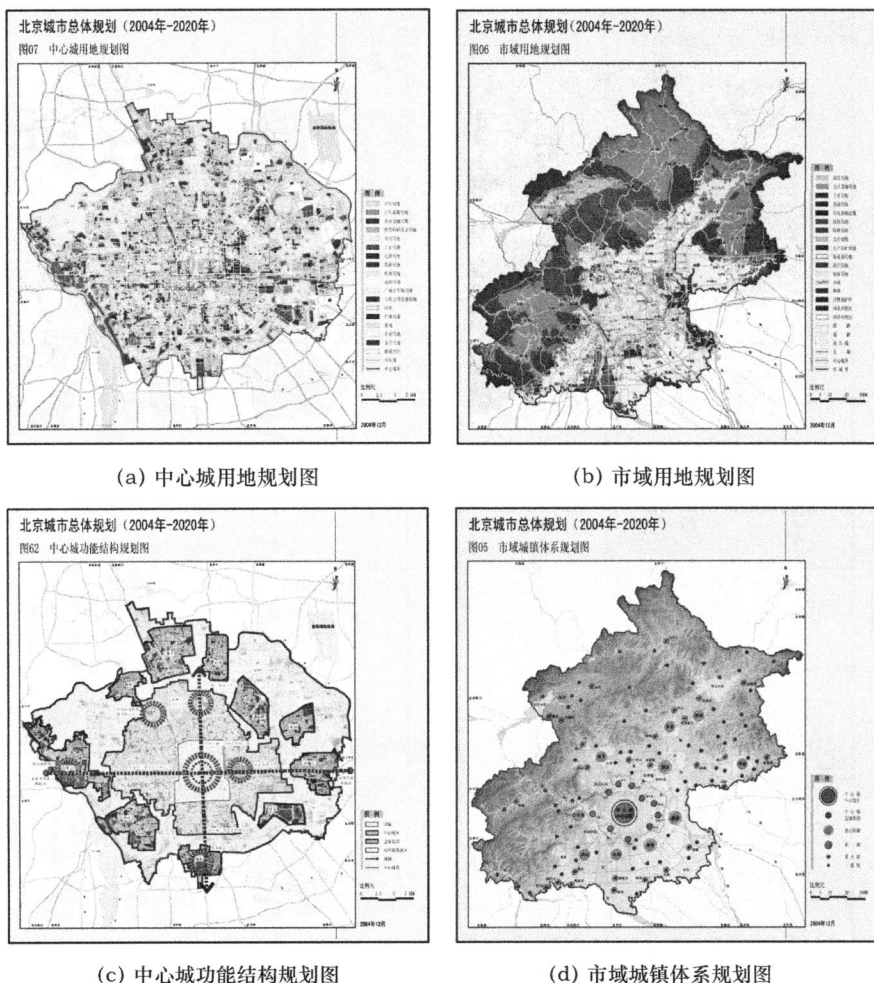

（a）中心城用地规划图　　　　　　　（b）市域用地规划图

（c）中心城功能结构规划图　　　　（d）市域城镇体系规划图

图9-9　北京市城市总体规划用地规划、功能结构与城镇体系规划（2004年）

资源来源：《北京市城市总体规划（2004—2020年）》。

各空间圈层常住人口、城镇建设用地和经济变化情况

表9-4

功能区	常住人口				城镇建设用地（包括规划圈内外）				GDP			
	2013年		2005—2013年		2009年		2003—2009年		2013年		2005—2013年	
	数量（万人）	比重（%）	增加量（万人）	年均增长率（%）	数量（km²）	比重（%）	增加量（km²）	年均增长率（%）	数量（亿元）	比重（%）	增加量（亿元）	年均增长率（%）
首都功能核心区	221.2	10.5	16	1.0	89.7	4.8	0	0.0	4397	22.5	2687	12.5
城市功能拓展区	1032.2	48.8	284.2	4.7	748	40.0	98	2.4	9172	47.0	6020	14.2
城市发展新区	671.5	31.8	259.9	7.9	792	43.2	171	4.1	4117	21.1	3138	19.0
生态涵养区	189.9	9.0	16.7	1.2	243	13.0	35	2.7	781	4.0	472	12.3
市域	2114.8	100.0	576.8	4.7	1872	100.0	304	3.0	19501	100.0	12531	13.9

资料来源：北京市历年统计年鉴及杨明. 北京城市空间发展状况评估和建议 [J]. 北京规划建设, 2012（1）: 36-40.

从城市用地空间布局来看，2009年底全市城镇建设用地1366km²，按照2020年1650km²的规划城镇建设用地计算，全市存量城镇建设用地284km²，而中心城规划实施率为95%，规划存量城镇建设用地较为紧张，仅剩余40km²，同时需要改造农村建设用地125km²，未来空间发展方式以内部改造提升为主；新城规划存量城镇建设用地202km²，约占全市的71%，是未来城市空间发展的重点（表9–5）。

2009年不同空间圈层建设用地的规划实施和存量情况　　　　表9-5

类别名称		现状（2009年）用地面积（km²）	规划（2020年）用地面积（km²）	规划实施率	规划存量用地面积（km²）
城市建设用地		1366	1650	82.80%	284
其中	中心城	738	778	94.90%	40
	新城	438	640	68.40%	202
	镇及城镇组团	170	212	80.20%	42
	其他用地	20	20	100%	0
市域交通设施及特殊用地外围		506	511	99%	5
农村建设用地		1115	300		−815
其中	中心城范围	125	0		−125
	新城范围	73	0		−73
	镇区范围	26	0		−26
	外围	891	300		−591

资料来源：杨明. 北京城市空间发展状况评估和建议［J］. 北京规划建设，2012（1）：36-40.

从近年来北京城市空间增长总体情况来看，一方面，城市"多中心"发展格局正在形成，如"六高"规模以上法人单位个数占全市的比重为34%，收入占全市的比重达到42.4%[①]；另一方面，由于2004年城市总体规划实施时间较短，短期内城市空间结构调整的效果尚未充分体现，呈现从"单中心蔓延"向"多中心集聚与粗放蔓延并存"方式转变。在空间拓展模式上，空间增长主要围绕城市中心区向外围扩展，城市空间发展不仅表现为简单的无序蔓延，而且呈现多中心集聚与粗放蔓延

---

① "六高"指中关村国家自主创新示范区、金融街、北京商务中心区、北京经济技术开发区、临空经济区和奥林匹克中心区共六大高端产业功能区。

并存的发展态势。通州、顺义、亦庄三个重点新城和六大高端产业功能区成为市域空间集聚的重点，是城市空间拓展幅度最大、建设活跃度高的区域。此外，海淀山后、丰台河西以及近郊新城周边的乡镇发展速度较快，近郊昌平、顺义、通州和亦庄新城之间的北七家、小汤山、后沙峪、宋庄、台湖和旧宫等乡镇有同新城连为一片的发展趋势，北京城市空间正由"五环"向"六环"蔓延（图9-10）。

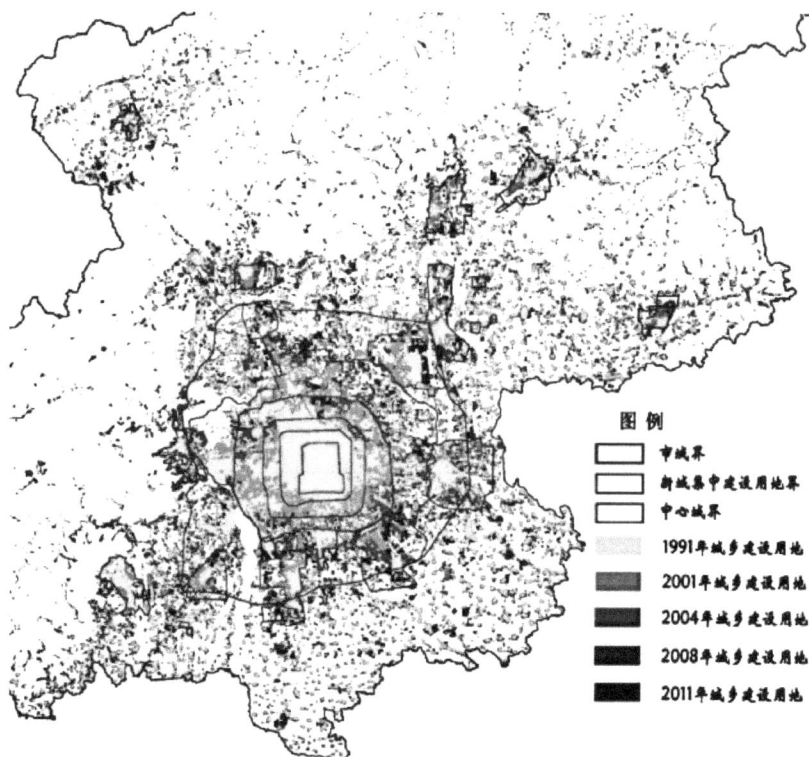

图9-10 北京市历年城乡建设用地增长卫星解译图

资料来源：杨明. 北京城市空间发展状况评估和建议［J］. 北京规划建设，2012（1）：36-40.

五、北京城市空间增长绩效评价与机制分析

（一）城市空间增长评价指标体系

目前，国内外对于城市空间增长的评价方法尚未形成统一标准，不同的研究组织出于不同的研究角度提出了自己的城市增长评价方法。比如美国的精明增长组织

以居住密度，居住、就业和服务的混合度，城市中心职能强度，街道联系的方便程度作为考量标准；美国交通研究委员会以区域人口增长序列中的四分位数为特征值来区分城市的显著增长和一般增长。但最具有代表性的还是韦恩大学的Galster和马里兰大学的Hanson等学者通过密度、连续性、集中性、紧凑度、向心性、聚核性、混合性和邻近性等8个指标来综合评定城市精明增长程度（表9-6），涉及人口规模、土地面积、就业程度等各个层面。Galster等随后利用这些指标对美国的13个大都市区的精明增长程度进行了分析和评判，并就8个方面的指标分别排出了名次，对于如何运用定量方法进行城市精明增长质量评价提供了有益参考。

城市精明增长评价指标　　　　　　　　　　表9-6

指标	涵义
密度（density）	指城市化区域（Urban Area，UA）中每平方英里可开发土地（developable land）上平均居民单元数量
连续性（continuity）	指城市化区域内可开发土地的不间断建设的程度
集中性（concentration）	指城市化区域内住房和就业不均匀坐落于土地面积上的集中程度
紧凑度（clustering）	指在每1平方英里上的发展单元的群簇程度
向心性（centrality）	指土地利用靠近CBD的程度
聚核性（nuclearity）	表明城市化区域以单核还是多核模式发展
混合性（mixed uses）	指城市化区域内居住单元和非居住单元的混合利用程度
邻近性（proximity）	指同一性质的土地开发彼此间的靠近程度

资料来源：刘冬华. 面向土地低消耗的城市精明增长研究——以上海为例［D］. 上海：同济大学博士论文，2007.

　　首都城市空间增长定量评价，既要考虑城市土地水平利用结构，也要关注城市增长中生产效率的提高和人居环境质量改善程度，如单位土地面积上城市经济产出、地均就业人数、城市公交发展状况和公共服务设施的配套水平，这些指标分别用地均GDP、地均财政收入、地均就业人数、城市人均道路面积、万人拥有公交车辆数、建成区绿化覆盖率、城市污水处理率、人均拥有的医疗床位数、馆藏图书量等来体现。考虑到相关统计资料的完备性、数据的可得性以及研究工作的难度等实际情况，参考Galster对精明增长的评价指标体系和国内学者设计的全国省级城市精明增长评价指标体系框架，本书设计出如下一些指标用于评价首都城市空间增长的发展程度（表9-7）。

城市空间增长评价指标体系框架　　　　　表9-7

一级指标	二级指标	三级指标
城市空间 增长指数	城市用地增长强度	城市人口扩展系数＝城市用地增长率/城市人口增长率
		城市经济扩展系数＝城市用地增长率/城市经济增长率
		城市人口密度＝城镇人口/城市建设用地
	城市用地增长效益	城市地均产出＝城市市区GDP/城市建设用地
		城市地均财政收入＝市区财政收入/城市建设用地
		城市地均就业人数＝城市就业人口/城市建设用地
	城市增长宜居水平	城市人均道路面积＝道路面积/城市人口
		城市人均公共交通运营车辆＝公共交通运营车辆/城市人口
		城市绿化覆盖率＝城市绿化覆盖面积/城市建成区面积
		城市污水处理率＝城市污水处理量/城市污水排放总量
		城市人均医疗床位数＝医疗床位数/城市人口
		城市人均公共图书＝公共图书/城市人口

（二）城市空间增长综合绩效评价

1. 重要指标分析

（1）经济增长

1990年以来，首都经济快速发展，全市GDP由1990年的500.8亿元增长到2013年的19500.6亿元，年平均增长率达到10.7%，高于全国平均水平0.8个百分点；人均GDP则由1990年的4635元增加到2013年的93213元，早在2010年人均GDP就突破10000美元，迈入中等发达国家收入水平（图9-11）。

（2）人口增长

在经济快速发展和户籍制度改革的带动下，北京城市人口不断增长，常住人口由1990年的1086万人增加到2013年的2114.8万人，年平均增长2.9%；其中2000年以来年平均增长率高到3.8%，特别是外来常住人口总量不断增加，其占常住人口的比重由1990年的5%提高到2013年的38%（表9-8）。常住城镇人口不断增加，城镇化率由1990年的73.48%，提高到2013年的86.3%，仅次于上海市，高于全国平均水平32.6个百分点，但实际上由于外来人口市民化滞后，城镇化质量有待进一步提升。

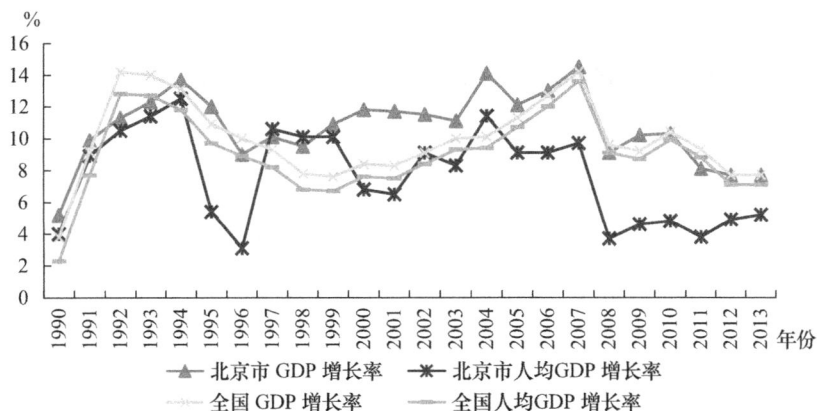

图9-11　1990—2013年北京市与全国GDP、人均GDP增幅比较

资料来源：《北京统计年鉴2014》及国家统计信息网。

1990—2013年北京市人口数量与城镇化率变化　　　　表9-8

年份	常住人口（万人）	常住人口增长率（%）	户籍人口（万人）	常住城镇人口（万人）	城镇化率（%）
1990	1086.0	1.02	1032.2	798.0	73.48
1991	1094.0	0.74	1039.5	808.0	73.86
1992	1102.0	0.73	1044.9	819.0	74.32
1993	1112.0	0.91	1051.2	831.0	74.73
1994	1125.0	1.17	1061.8	846.0	75.20
1995	1251.1	11.21	1070.3	946.2	75.63
1996	1259.4	0.66	1077.7	957.9	76.06
1997	1240.0	-1.54	1085.5	948.3	76.48
1998	1245.6	0.45	1091.5	957.7	76.89
1999	1257.2	0.93	1099.8	971.7	77.29
2000	1363.6	8.46	1107.5	1057.4	77.54
2001	1385.1	1.58	1122.3	1081.2	78.06
2002	1423.2	2.75	1136.3	1118.0	78.56
2003	1456.4	2.33	1148.8	1151.3	79.05
2004	1492.7	2.49	1162.9	1187.2	79.53
2005	1538.0	3.03	1180.7	1286.1	83.62
2006	1601.0	4.10	1197.6	1350.2	84.33
2007	1676.0	4.68	1213.3	1416.2	84.50

续表

年份	常住人口 （万人）	常住人口增长率 （%）	户籍人口 （万人）	常住城镇人口 （万人）	城镇化率 （%）
2008	1771.0	5.67	1229.9	1503.6	84.90
2009	1860.0	5.03	1245.8	1581.1	85.01
2010	1961.9	5.48	1257.8	1686.4	85.96
2011	2018.6	2.89	1277.9	1740.7	86.23
2012	2069.3	2.51	1297.5	1783.7	86.20
2013	2114.8	2.20	1316.3	1825.1	86.30

资料来源：《北京统计年鉴2014》。

（3）城市建设用地增长

改革开放以来，特别是进入20世纪90年代以来，北京城市建设用地拓展速度加快，建成区面积由1990年的391km²扩展到2012年的1445km²[1]，年平均增长约46km²。其中，2001年、2002年由于北京行政区划的调整[2]，城市建成区面积大幅度增加，由2000年的488km²增长至2001年的780km²，并于2002年达到1006km²（图9-12）。

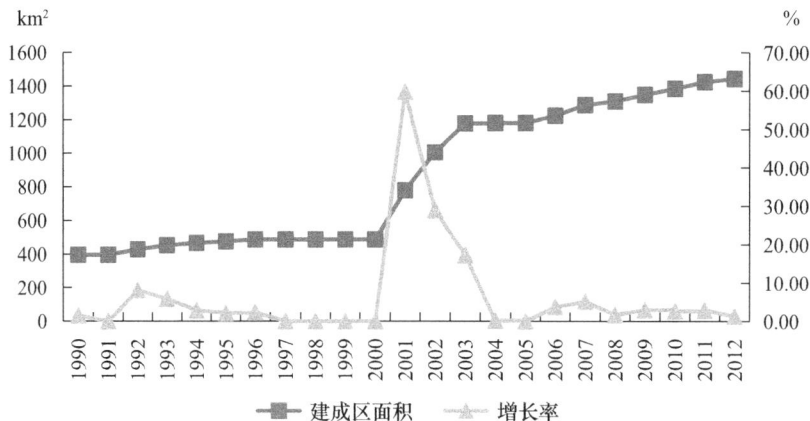

图9-12 1990—2012年北京市建成区面积变化
资料来源：历年中国城市统计年鉴。

与国内其他一线城市相比较，北京市建设区面积无论在总量上，还是在年均增长面积上，都快于上海、广州、深圳及天津等城市（图9-13）。2012年北京市建成

---

[1] 中国城市统计年鉴中，2009年北京市建成区面积为1350平方公里，2010年、2011年和2012年则分别为1186平方公里、1231平方公里和1261平方公里；而建设用地面积为分别为1386平方公里、1426平方公里和1445平方公里。作者认为2010年、2011年和2012年这三年建成区面积采用建设用地面积更符合实际。

[2] 昌平于1999年撤县设区，大兴、怀柔、平谷均于2001年撤县设区。

区面积分别高于上海、广州、深圳及天津559km²、435km²、582km²和723km²[①]；年均增长分别高于17km²、8km²、10km²和28km²。

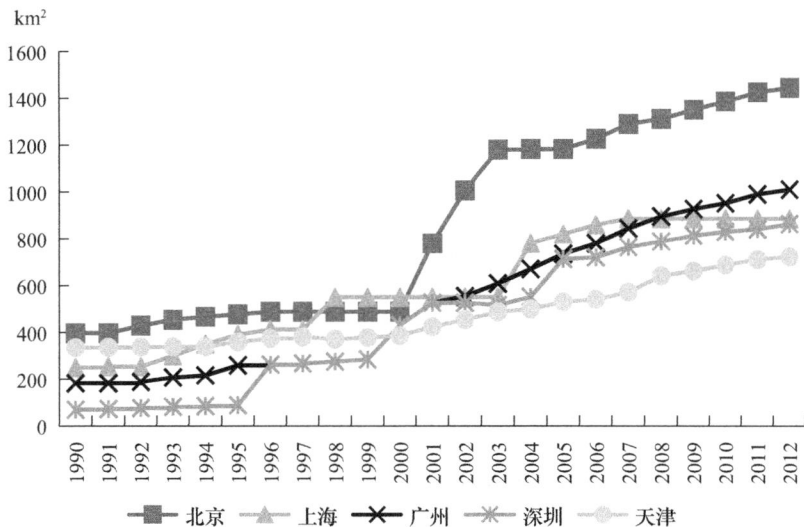

图9-13　1990—2012年北京、上海、广州、深圳及天津建成区面积比较
资料来源：历年中国城市统计年鉴。

（4）城市扩展系数

从土地资源利用的角度看，衡量城市增长总量变化主要涉及城市土地利用数量，控制城市增长总量即尽量少占土地。国际上一般采用城市扩展系数（Urban Expansion Coefficient）作为衡量城市增长总量的变量指标。城市扩展系数的计算公式为城市土地增长率与城市人口增长率的比值，衡量标准值一般采用城市扩展系数为1.12的国际临界标准，即城市非农业人口每增加1个百分点，建成区面积应增加1.12个百分点左右，此值过小，会导致城市建设用地紧张；此值过大，势必造成城市建设占地过多、土地利用效率过低的现象。北京市在20世纪90年代初期，由于新的城市总体实施，中关村科技园区及北京商务中心区等重点功能区建设和亦庄、通州、昌平等重点小城镇发展，1992年城市扩展系数达到5.92；2001年、2002年、2003年这三年由于行区划调整，建设用地突增，导致城市扩展系数偏高；近几年随着国家陆续加大宏观调控力度，实施最严格的耕地保护和用地管理制度，对城市新增建设用地的管治加强，城市用地扩展势头得到控制，同时外来常住人口数量的不断增长，北京城市扩展系数整体不高（图9-14）。

[①]　当然，其中有统计口径的原因，如上海2014年5月公布上海市第二次全国土地调查主要数据成果。数据显示，上海建设用地总规模已超过全市陆域面积的40%，即建设用地总量超过3200平方公里，比重高于大伦敦、大巴黎、东京圈等国际大都市。

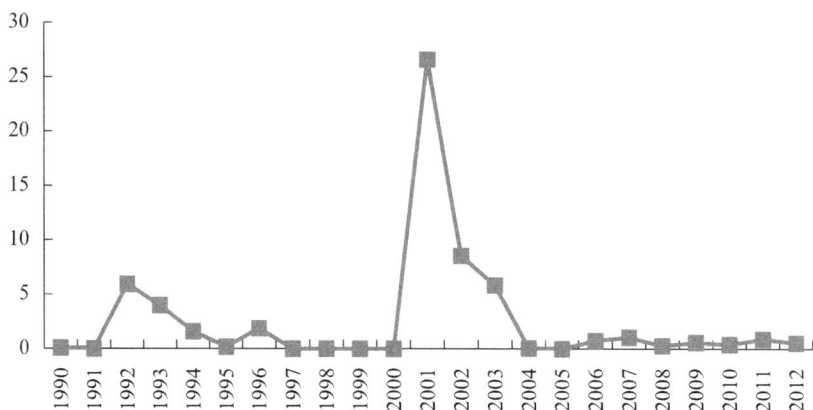

图9-14　1990—2012年北京城市扩展系数

2. 城市空间增长综合绩效评价

为综合评价城市空间增长的精明程度，准确诊断城市增长过程的问题，根据前文所构建的城市空间增长评价指标体系，定量研究1990年以来北京城市空间增长变化情况。其中，邀请大学、科研院所、政府机构等10位专家学者通过打分确定各级评价指标的权重（表9-9）。根据数据标准化出来和综合加权，得出北京市1990年以来城市空间增长指数变化情况。指数数值范围为0～1，指数越接近1，则表明城市空间增长"精明"、紧凑、集约；反之则表明城市空间增长粗放、无序蔓延。由于城市人口扩展系数和城市经济扩展系数相对于精明增长是反向指标，越大越不利用精明增长，因此在数据处理过程中，对两项指标取倒数，其中市人口扩展系数和城市经济扩展系数为0的，其最后标准化后数值均为1。此外，考虑到北京市外来人口数量占全市常住人口比重不断增加，城市建设与发展要切实考虑到外来人口公共服务需求，因此本书中城镇人口数量、人均道路面积、人均拥有公共交通运营车辆数、人均拥有的医疗床位数、馆藏图书量等均以常住人口统计口径核算。

城市空间增长评价指标体权重　　　　　表9-9

一级指标	二级指标	权重	三级指标	权重
城市空间增长指数	城市用地增长强度	0.13	城市人口扩展系数	0.12
			城市经济扩展系数	0.45
			城市人口密度	0.43
			合计	1.00

续表

一级指标	二级指标	权重	三级指标	权重
城市空间增长指数	城市用地增长效益	0.35	城市地均产出	0.14
			城市地均财政收入	0.38
			城市地均就业人数	0.48
			合计	1.00
	城市增长宜居水平	0.52	城市人均道路面积	0.12
			城市人均公共交通运营车辆	0.23
			城市绿化覆盖率	0.25
			城市污水处理率	0.10
			城市人均医疗床位数	0.18
			城市人均公共图书	0.12
			合计	1.00

研究结果表明，1990—2012年期间，北京市城市空间增长指数总体呈现上升趋势，由1990年的0.25提高到0.62，表明城市空间增长正由粗放向集约、紧凑转型，精明增长水平不断提高（图9-15）。从增长指数变化过程来看，可以分为三个阶段。一是20世纪90年代初期，城市空间增长指数处于下降波动状态，这主要是由于全市探索和发展"首都经济"，逐渐调整和弱化的"工业城市"功能，土地产业效率受到一定程度影响，如1994年市区财政收入仅有37.16亿元，仅相当于1991年的54%；1995年就业人口总数为326.58万人，仅相当于1991年的56%。二是20世纪90年代末期到21世纪初期，此阶段城市空间增长指数呈现先升后降趋势，一方面1996—2000年，全市建设用地面积保持不变，同时世纪之交全市行政区划调整，城市建成区面积大幅度增加，由2000年的488km²增长至2001年的780km²，并于2002年达到1006km²，导致建设用地增长快于人口、经济增长，土地产出效率下降。三是2004年以来，随着北京新的城市总体规划编制实施，要求对北京城市空间结构进行优化调整，CBD东扩、金融街扩区等重点功能区建设进一步强化，"多中心"发展格局正在形成。在宏观政策上，随着国家宏观调控的不断深入，城市占用农业用地的指标得到严格控制，城市用地扩张的速度得到进一步控制，城市用地的增长的人口和经济强度有显著提高，城市增长的综合绩效有显著提高。

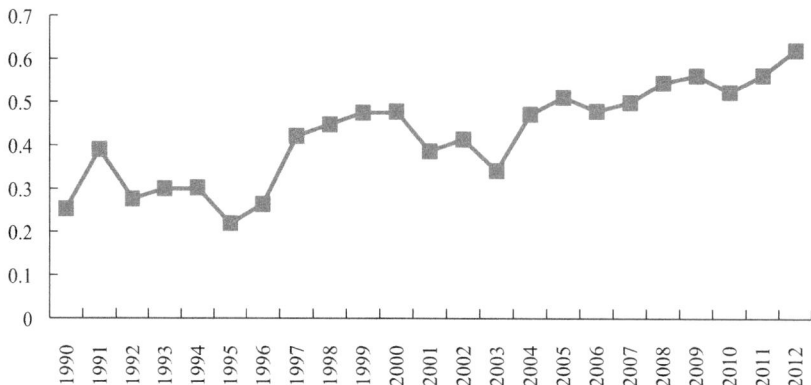

图9-15　1990—2012年北京城市空间增长指数

（三）城市空间增长影响机制分析

北京城市空间增长主要表现为建成区面积的扩大和城市用地的增长，是城市内部、外部各种自然、社会、经济条件共同作用的结果，是影响城市发展的各种因素相互作用所形成的合力的物化。

1. 自然地理环境

自然地理环境是城市空间扩展十分重要的基础条件，直接影响城市空间扩展的潜力、方向和速度等。北京地处华北平原向西北黄土高原、内蒙古高原的过渡地带。西部和北部系太行山脉和燕山山脉，山地面积约占全市土地面积的2/3；东南部为平原，面积约占1/3。海拔高度从东南部的10m上升到西北部的2000多米。市中心海拔43.71m。北京地貌类型多样，可分为山地、丘陵和台地、平原三种类型。多样的地貌类型不仅对农业用地产生影响，而且对工业、交通、城镇及农村居民点用地也产生重要影响。其中，平原地区面积为6808.91km²，占总土地面积的41.45%，集中分布于中部和东南部。北京东南部平原属华北平原的一部分，主要由永定河、潮白河、大清河、蓟运河和北运河洪积、冲积作用形成的。海拔一般小于100m，最低点仅为8m，坡度在3°～5°以下，是目前城市建设及农业用地集中地区。因此，地理环境限制了北京城市边缘区向西北方向发展，促使北京城市边缘区向东南方向扩展。北京城市边缘区在西部扩展面积相当有限，而城市边缘区朝东向扩展的趋势日益明显，其中21世纪初期，为了筹备奥运会以及北部天通苑、回龙观新城建设，城市空间北部地区扩张较快，近年来通州、顺义、大兴是城市边缘区扩展最为迅速的地区（图9-16）。

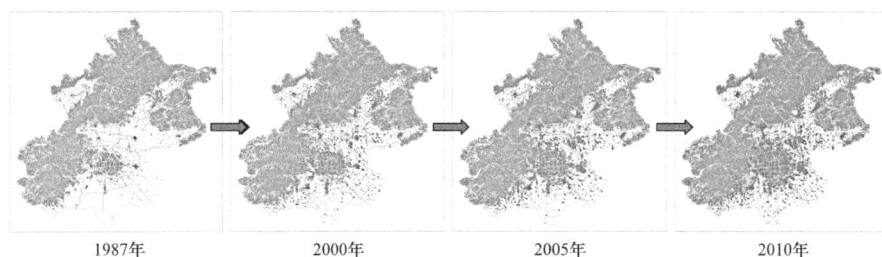

图9-16 1987—2010年首都城市空间增长演化示意图
资料来源：北京市交通委。

2. 社会经济因素

城市经济发展与城市扩展密不可分，相互促进。一方面城市经济是城市扩展的必要基础与扩展动力，另一方面城市经济本身的增长需要更多的土地等生产要素作为依撑。为了定量研究首都城市空间增长影响机制，本书选用主成分分析法来进行城市用地扩展的驱动因素分析。考虑到统计数据的易获得性和全面性，从历年中国城市统计年鉴和北京市统计年鉴共选取了37个社会经济指标，能够表征城市人口状况、经济发展水平、居民生活、能源资源环境以及文化、医疗、教育等公共服务和信息科技水平（表9-10）。

城市空间增长因素因子表   表9-10

因素代码	名称	因子代码	名称/单位
B1	人口状况	C1	城镇人口（万人）
		C2	城镇人口密度（万人/km²）
		C3	就业人口（万人）
		C4	市区第二产业从业人员比重（%）
		C5	市区第三产业从业人员比重（%）
B2	经济水平	C6	全市GDP（亿元）
		C7	第二产业占GDP的比重（%）
		C8	第三产业占GDP的比重（%）
		C9	人均GDP（元/人）
		C10	全部工业总产值（亿元）
		C11	社会固定资产投资（万元）
		C12	住宅建设投资（万元）
		C13	社会消费品零售总额（亿元）

续表

因素代码	名称	因子代码	名称/单位
B2	经济水平	C14	实际利用外资金额（万元）
		C15	财政预算内收入（万元）
		C16	财政预算内支出（万元）
		C17	商品房销售面积（万m^2）
B3	居民生活	C18	城镇在岗职工平均工资（元）
		C19	城镇居民人均可支配收入（元）
		C20	居民储蓄存款余额（亿元）
		C21	民用汽车拥有量（万辆）
B4	能源、资源环境	C22	全社会用电量（万kW·h）
		C23	全市集中供暖面积（万m^2）
		C24	天然气销售量（万m^3）
		C25	自来水销售总量（万m^3）
		C26	城市绿化覆盖率（%）
		C27	城市污水处理率（%）
		C28	万元GDP能耗（吨标准煤）
B5	公共服务	C29	城市道路面积（万m^2）
		C30	城市公共交通运营车辆（辆）
		C31	公共交通客运量（万人次）
		C32	实有床位数（张）
		C33	公共图书馆总藏书量（万件、万册）
		C34	平均每一专任小学教师负担学生数（人）
B6	信息科技	C35	邮电业务总量（万元）
		C36	移动电话普及率（户/百人）
		C37	技术合同成交总额（亿元）

利用SPSS软件，以C1～C37为自变量，建成区面积 y 为因变量，依据1991—2012年北京市数据，采用主成分分析法分析北京市对建成区面积的影响因素。通过分析表明，这37个因子间存在不同程度得相关性，这种现象有其因果必然联系，也说明对因子进行主成分分析的必要性。

由表9-11可以看出，第一、第二主成分的累计贡献率为94.941%，已经足够描述建成区的影响因素。其中第一主成分反映的信息全面集中，起主导作用，除了C34指标相对较弱外，其余的指标都反映出较强的相关性，表明首都城市空间增长受多种因素的共同作用，与城市人口、经济、环境、公共服务和信息科技水平息息相关。北京是中国的首都，是中国的政治、经济和文化中心，城市发展受到资源环境的约束，也由于公共服务和信息科技水平高，吸引大量外来人口集聚。第二主成分主要与C2、C7、C28和C34等指标相关，进一步表明人口集聚、产业结构、资源与教育水平与城市空间增长存在正相关。

特征值和主成分贡献率　　　　　　　　表9-11

主成分	特征值	贡献率（%）	累计贡献率（%）
1	32.837	88.749	88.749
2	2.291	6.192	94.941

3. 政府公共政策

政府的政策引导，在一定程度上引导、调控着城市空间增长。以规划政策为例（表9-12），1957年在1954年规划的基础上，参考大伦敦和莫斯科规划的思路编制城市总体规划，当时在交通路线和空间分布上，已经基本规划出了一环、二环、三环和四环，道路则是环线和放射线结合。1958年北京城市总体规划作出重大修改，明确"分散集团式"发展模式，把中心城市这张"大饼"的模式改变为"分散集团式"，中心城市变成了几十个不同规模的集团。同时在扩大市域范围的基础上增加了卫星城市的数量。1983年编制的城市总体规划，市区"分散集团"式的模式演变成中心地区280多平方公里的一个大集团和外围的10个边缘集团。这种分散集团式的模式一直保持到了20世纪90年代初编制的总体规划方案。1993年编制的城市总体规划，强调市区不再扩大规模，而是逐步从外延扩展向调整改造转移；城市建设重点从市区向广大郊区转移，要求加强在市区外围建设卫星城，并扩大了卫星城的规模，并赋予卫星城相对独立的城市概念，以疏散中心城市过密的人口和产业。2004年北京城市总体规划中提出"两轴－两带－多中心"城市空间结构，从目前实施情况来看，呈现多中心集聚与粗放蔓延并存的发展态势，北京城市空间正由"五环"向"六环"扩展。

新中国成立以来北京几次主要的城市总体规划编制情况　　　表9-12

总体规划版本	规划人口	空间发展战略	城镇体系
1958年《北京城市建设总体规划方案》	50年左右达到1000万（1957年现状415万）	中心城市划分为几十个集团，奠定"分散集团式"城市布局结构	市区—卫星城—小城镇
1982年《北京城市建设总体规划方案》	2000年1000万（1980年现状904万）	市区为"分散集团式"形式，中心城市形成中心集团和外围10边缘集团的格局，突出"旧城逐步改建，近郊调整配套，远郊积极发展"的建设方针	市区—卫星城—建制镇
1992年《北京城市总体规划》	2010年1250万（1989年现状1086万）	市区延续"分散集团式"布局，明确东南方向为城市主要发展轴，郊区卫星城扩大规模为新城。实施两个战略转移，即城市建设重点从市区向远郊区转移，市区建设从外延式扩展向调整改造转移	市区—卫星城（新城）—中心镇—一般建制镇
2004年《北京城市总体规划》	2020年1800万（2003年现状1456万）	延续"分散集团式"布局，构建"两轴—两带—多中心"的市域空间结构。明确建设相对独立、功能完善的11个新城，承担疏解中心城区人口和功能、集聚新的产业	中心城区—新城—镇

资料来源：北京市城市规划设计研究院网站（http://www.bjghy.com.cn/ghy3ThesisDetail.aspx?menu=3&sideitem=312&NID=67）。

此外，政府对地区开发时序的安排在一定程度上对城市空间扩展方向的选择起决定作用。如北京市在2001年获得2008年奥运会举办权之后，加快对奥运场馆区所在的亚运村、北苑等北部地区的开发建设；2004年北京市新编制的总体规划明确提出把通州建设成北京未来发展的新城区和城市综合服务中心，带动了通州城市建设快速发展；2009年出台《促进城市南部地区加快发展行动计划》，其中第一阶段政府投资高达500亿元，加上带动的社会投资，总投资可达2900亿元，极大促进了南城丰台、大兴、房山等地区发展。目前，南城行动计划正处于第二阶段，计划共安排公共服务、基础设施、生态环境、产业发展等4类232项重大项目，其中续建项目94项，新建项目138项，总投资约3960亿元，与第一阶段城南计划相比增加了1000亿元，将进一步推动城市空间向南城反向增长。

4. 交通基础设施引导

城市建设用地与城市交通是互为依存、互为影响的关系，一方面城市建设用地的有序增长和城市空间布局的不断优化，对城市交通系统提出了持续的支持保障需求；另一方面城市交通建设发展水平和用地周边交通条件也在较大程度上影响或制约了城市建设用地的蔓延扩张和功能优化。城市道路交通对城市扩展具有指向性，交通主干道延伸的方向通常是城市扩展最快的方向。以北京市轨道交通为例，由于城市人口规模与交通拥堵压力不断加大，轨道交通建设成为疏散中心城区人口、缓解交通压力的重要措施，轨道交通对城市空间布局的影响进一步增强，特别是中心城区与周边新城相连的轨道交通，吸引大量人口向中心城区边缘地区和新城流动，已成为影响北京空间结构演化的重要因素。《北京市建设人文交通科技交通绿色交通行动计划》中提出在推进"公交城市"建设中，发挥轨道交通引导与支撑城市空间结构优化调整的作用，实现交通与城市和谐发展。北京市第十一次党代会明确提出要发挥规划的龙头作用，加快轨道交通建设，优化城市功能布局。

5. 宏观政策引导

一是土地制度。2004年10月国务院印发《关于深化改革严格土地管理的决定》，提出了从紧控制农用地转为建设用地的总量和速度，实行强化节约和集约用地政策。建设用地要严格控制增量，积极盘活存量，把节约用地放在首位，重点在盘活存量上下功夫。新上建设项目首先要利用现有建设用地，严格控制建设占用耕地、林地、草原和湿地。2005年8月国务院发出《关于加强土地调控有关问题的通知》，在土地管理和调控政策上又一次重大调整。在国家严厉的土地调控政策的制约下，北京城市空间增长的冲动得到较大约束，城市每年可用的建设用地指标有限，使得城市年度建设用地扩张速度明显降低。二是住房制度改革。我国从1985年开始推行住房商品化改革，将住房由福利分配转变为市场供应。以经济快速发展和城镇化水平快速提升为背景，房地产开发成为推动城市空间增长十分重要的因素、带动城市快速扩张的主要动力。如北京北部回龙观、天通苑等地区就是典型的案例，其中天通苑从昔日不到2万人口的小镇逐渐成为"亚洲最大的社区"，拥有常住人口超过40万，房价则10年间由每平方米2000多元上涨到每平方米2万多元，甚至接近3万元。三是行政区划调整。行政区划调整是城市发展到一定阶段后的客观需要，也是政府主动运用以拓展自身经济社会发展空间的战略手段。为适应首都空间扩展的需要，整合城市的各种资源，北京市分别于1999年、2001年成立昌平区、大兴区、怀柔区和平谷区，后于2015年设立延庆区和密云区，在扩大市区范围的同时，也使得建设用地面积大幅增长。

六、划定北京城市空间增长边界

（一）划定北京城市增长边界的机遇与挑战

首都城市空间增长，是城市内部、外部各种自然、社会、经济等众多条件共同作用的结果，与宏观政策及城市功能定位息息相关。2013年，全市人均GDP达到15000美元，首都发展进入新的阶段，在新的发展起点上，必须准确把握经济发展与城市建设管理的阶段性特征，加快确定首都城市增长边界。

1. 重大机遇

（1）推进首都发展和管理，要求遏制城市"摊大饼"式发展

2014年2月，习近平总书记在北京市考察工作，就推进首都发展和管理工作提出明确城市战略定位、调整疏解非首都核心功能、提升城市建设、健全城市管理体制、加大大气污染治理力度等5点要求，特别提出要提升基础设施建设质量，形成适度超前、相互衔接、满足未来需求的功能体系，遏制城市"摊大饼"式发展。一方面，新时期"四个中心"的战略定位，要求深入研究和明确与城市功能定位相适宜的城市规模与城市空间结构；另一方面，调整疏解非首都核心功能要与优化城市空间布局同步，强化城市空间管理。

（2）京津冀协同发展战略实施，要求首都城市空间具有更宽的视野

2014年2月，习近平总书记专题听取京津冀协同发展工作汇报，强调实现京津冀协同发展，是一个重大国家战略，要自觉打破自家"一亩三分地"的思维定式，并就推进京津冀协同发展提出7点要求。在城市布局上，要"调整优化城市布局和空间结构，促进城市分工协作"，要求首都城市空间布局不能"独善其身"，应更多地考虑京津冀空间视角，加快推进京津冀城市群一体化。

（3）国家新型城镇化规划深入实施，要求加快确定首都城市增长边界

党的十八届三中全会提出要"优化城市空间结构和管理格局，增强城市综合承载能力"和"从严合理供给城市建设用地，提高城市土地利用率"；2013年12月中央城镇化工作会议再次明确提出"科学设置开发强度，尽快把每个城市特别是特大城市开发边界划定，把城市放在大自然中，把绿水青山保留给城市居民"；2014年3月出台实施的国家新型城镇化规划，要求"城市规划要由扩张性规划逐步转向限定城市边界、优化空间结构的规划，合理确定城市规模、开发边界、开发强度和保护性空间"。2014年9月正式施行的《节约集约利用土地规定》以及明确要求为北京、

上海、广州、武汉等大城市划定边界。在当前资源环境条件下，首都作为人口超过2000万的特大型城市，土地城镇化现象突出[①]，土地资源瓶颈和交通拥堵、雾霾天气等"大城市病"问题已严重制约首都可持续发展。尽管首都城镇化水平较高，2013年城镇化率达到86.2%，与高收入国家城镇化水平接近，但城镇化质量不高，建设用地粗放低效，城市空间布局不合理，因此，北京市在实施新型城镇化规划过程中，需要加快确定首都城市增长边界，以引领城市空间"精明增长"，进而提升城镇化质量。

2.　主要挑战

（1）人口规模不断增长

依据我国城市规划用地标准，人口规模与城市建设用地规模呈正相关，人口规模增长将直接影响首都建设用地规模和城市空间增长。《北京市城市总体规划（2004—2020年》提出到2020年北京市总人口规模规划控制在1800万人左右，年均增长率控制在1.4%以内；其中户籍人口1350万人左右，居住半年以上外来人口450万人左右；北京市城镇人口规模规划控制在1600万人左右，占全市人口的比例为90%左右。实际上，全市常住人口呈现总量不断增长，居住半年以上外来人口总量大、增速快的趋势。2009年全市常住人口即突破1800万人，达到1860万人（图9-17）。到2013年年底，全市常住人口达到2114.8万人，高于2020年目标数314.8万人；户籍人口1316.3万人，接近2020年户籍人口目标数；居住半年以上外来人口则达到802.7万人，超过2020年居住半年以上外来人口目标数352.7万人。

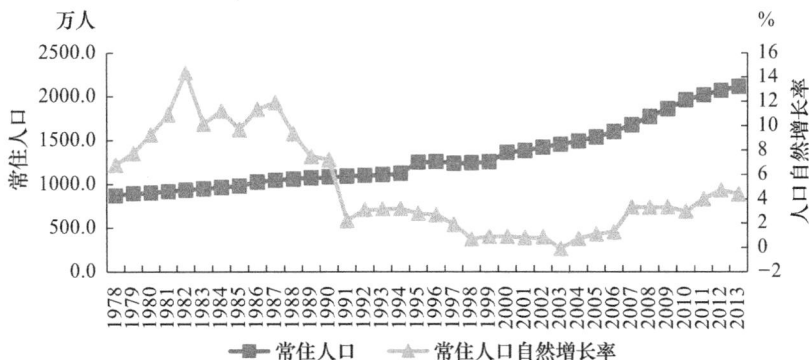

图9-17　1978—2013年北京常住人口数量增长及自然增长率变化

资料来源：北京统计信息网。

从增长速度来看，2004—2013年北京市常住人口年均增长率达到2.9%，是总体

---

① 2013年北京市土地出让金合计达到1821.81亿元。

规划目标增长速度的两倍，近几年来常住人口自然增长率仍呈上升趋势，2013年达到4.41%。目前，北京市仍处于集聚为主的发展阶段，在当前区域差距和城乡差距明显的背景下，未来北京市人口规模增速尽管有可能减缓，但人口总量将会持续增加，城市建设用地的需求也将随之加大，人地矛盾将会更加突出，规划和确定城市增长边界的难度也将更大。

此外，2014年7月出台《关于进一步推进户籍制度改革的意见》，标志着户籍制度改革进入全面实施阶段，也是实现农业转移人口市民化的关键；2014年末已完成公示的《居住证管理办法（征求意见稿）》，明确"同城同待遇"，表明稳步推进城镇基本公共服务常住人口全覆盖，进入法治化、规范化、程序化发展新阶段。北京2013年常住人口中，外来常住人口已超过800万人，上述户籍制度改革、居住证制度必然将对北京城市人口和城市空间结构调整产生影响。

（2）资源环境压力不断增加

首都资源环境问题的凸显，要求城市增长边界具有多元化的目标，也使得确定城市增长边界工作更为复杂。在土地资源方面，全市总土地面积16422.78km²，但2/3为山地和丘陵，适宜城镇建设和产业发展的土地资源仅约6000km²，根据《北京市第二次全国土地调查主要数据成果公报》，从1996年到2009年，全市年均减少13.5万亩耕地，全市耕地数量距离《北京市土地利用总体规划（2006—2020年）》中预计到2020年末全市耕地保有量指标322万亩，仅有约18.7万亩的占用空间，在当前国家建设用地指标严格管控的背景下，首都土地供给压力日益增大，耕地和基本农田保护形势也更加严峻。在生态环境方面，随着雾霾、暴雨等极端天气的频繁出现，首都"宜居城市"的战略定位受到质疑，迫切需要更多的土地资源推进生态文明建设。此外，严重拥堵的交通问题，也亟需通过优化城市空间布局以缓解交通压力。

（二）划定城市增长边界的思路

制定城市增长边界，需考虑城市增长的复杂性与综合性，并针对性地进行要素的综合分析。一方面是城市发展影响要素的综合，既包括限制性大的刚性要素，如地理状况、地质状况、水资源、自然资源等，又包括限制性较小的弹性要素，如行政因素（如行政范围）、基本农田、交通条件（如交通走廊）、历史文化和遗址保护等；另一方面，将这些要素综合纳入评价机制，通过制定相应的评价方法进行分析，这些方法既有基础评定类的适宜性评价法、承载力法，也有拓展预测类的阻力分析法、拓展模拟法等，还有法制完善后的影响评估法、公众参与法等。然而，这些划定方法与要素的应用，还需要与首都城市发展阶段进行对应（图9-18）。虽然每种方法都可以应用在不同的阶段，但就其应用必要性和效率而言，需要针对性提高每种方法的应用实效。在城市化初期阶段中，建设选址更为重要；城市快速拓展的中期阶段，保护非建设要素、制定空间安全格局等更为重要；而到了城市化末期阶段，城市拓展速度减缓，用地选择的精细评估、公众参与等更为重要。2013年，北京市城镇化率达到86.3%，从首都城镇化进程所处的阶段性特征来看，更需要完善UGB的制度建设，发挥其规束和归并行政权力的作用，重视财税政策和经济杠杆对城乡规划实施的基础性作用，同时区域协同和公众参与也是UGB实施的重要保障。

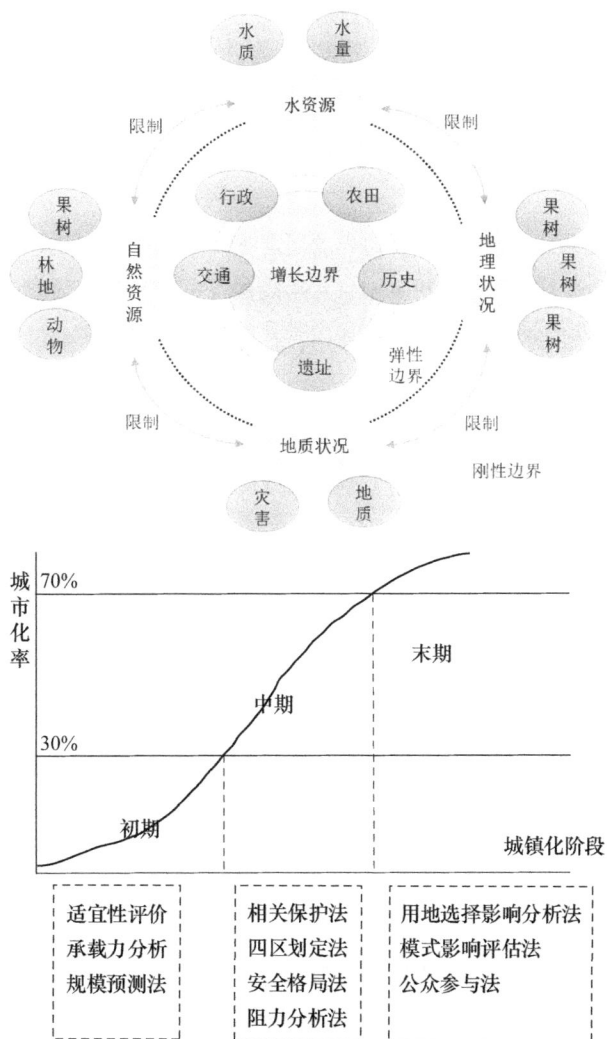

图9-18 增长边界要素归类及方法与发展阶段的符合情况

资料来源：张振广，李凌霄. 化繁为简：制定城市增长边界的路径探讨［C］. 城市时代，协同规划——2013中国城市规划年会论文集，2013.

实际上，如何合理预测城市规模并进行城市增长边界的划定一直是置于学术界和政策制定者面前的一道难题。城乡空间边界难以识别，城市增长难以预期。从物质景观上看，除了少数拥有城墙、绿带等天然边界的城市，一个城市的现状城乡空间边界似乎很难识别。城市的现状边界本已难于识别，城市未来空间发展的分布则更难预期。UGB 的预测不仅涉及数量概念，而且涉及空间概念，以空间管制而非数量管理作为目标，难度就会大大提高，需要结合城市发展需求、发展阶段、既有城市空间结构（交通结构、生态结构等）、空间政策作出理性的评估判断。此外，划定增长边界的机理首先是基于地理单元和有形的空间边界进行空间叠加分析，而实际上城乡自然空间本身具有破碎化和多尺度特征，而反映社会权利的产权边界也同样复杂。

（三）北京城市增长边界的确立

在具体实践中，城市用地增长边界的划定在某种程度上就是城市规模的确定。由于我国的城市规划一经法定批准即具有法律效力，总体规划的规划区及规划区内建设用地范围近似于城市增长边界的作用，并且一般以20年为周期更新。人口规模是城市规模的核心，因为人口规模基本决定了城市用地规模和对环境的压力大小。在影响和制约城市人口规模的诸多要素中，除了土地资源之外，水资源、大气环境容量等这些自然条件也是促进或者制约城市发展非常重要的因素。而且这些因素是先天的、客观的，一般很难或较难人为加以改变，尽管可以通过投资和技术进步使其得到更好地利用，但总体来说它们的利用度是有临界状态的，有不可突破的阈值，形成影响城市发展规模的主要约束条件。

从北京市土地资源现状来看，全市土地总面积16408km²，2010年建设用地3414km²，占土地总面积的20.8%，城乡建设用地2541km²，占土地总面积的15.5%；其中城镇建设用地1323km²，占土地总面积的8.1%。根据北京市绿地系统规划，2020年森林覆盖率达到38%，即森林面积必须确保6235km²；根据北京市第二次全国土地调查数据，全市水域及水利设施用地120.4万亩，折合803km²；国务院下达北京市的耕地基本农田指标是到2020年，耕地保有量为322万亩，折合2146km²，基本农田保护责任目标为280万亩。从北京市域总面积中扣除森林面积、重要水域面积和基本农田保护面积，得到剩余土地面积7224km²，但实际上由于山地面积约占全市土地面积的2/3，因此剩余的7224km²相当部分不适宜作为建设用地。

根据《北京市限建区规划（2006—2020年）》，可以进行房地产开发或其他建设的适宜建设区只有527.1km²；一般限建区3878.2km²，假设一般限建区通过生态优化、工程设计，80%可转化为可建设区，两者合计仅有3629km²，按照2010年建设用地现状3414km²计算，仅有215km²剩余。参考国外城市的人口密度，如新加坡人口密度6500人/km²、纽约8500人/km²、釜山7500人/km²，考虑到北京世界城市与宜居城市的定位，以及土地利用较为粗放、土地承载力偏低，取人口密度7000人/km²，则适度人口规模约为2540万，与现状人口相比，仅有400万的增量，如按照目前常住人口增长速度，经过8年即达到目标值。

由于北京山地面积约占全市土地面积的2/3，根据城市生态用地总量和合理的人均生态空间水平核算城市适宜人口规模，会存在较大误差。从水资源承载力来看，全市水资源自然禀赋不足、严重短缺是基本市情水情，随着城市快速发展和人口不断增长，人多水少的矛盾日益突出，河湖生态环境修复刻不容缓，地下水污染威胁迫在眉睫，全市水资源形势异常严峻。按照2013年末常住人口2114.8万人计算，人均水资源量仅有100m³左右，不到全国平均的1/20，世界平均的1/80。属重度缺水地区。与世界及全国大城市相比，北京已成为世界上最缺水的大城市之一。尽管2014年10月南水北调中线一期工程通水，年均调水10亿m³，但北京市水资源短缺的形势依然不能得到根本扭转。

实际上，北京水安全问题的症结是人口无序过快增长，深层次原因是功能过度集聚，需要按照"以水定城、以水定地、以水定人、以水定产"的总要求，认真落实北京城市战略定位，疏解和调整非首都核心功能，着力控制人口规模。因此，从水资源承载力来看，北京市人口规模已达极限。

本书认为，一方面城市空间"摊大饼"式蔓延造成土地资源粗放，另一方面，北京市人口规模需要加强调控，城市用地规模需求将有所减小，以及国家土地制度等相关政策影响，城市发展正由"扩张型"向"约束型"转型，因此建议将城市空间现状边界作为增长边界（图9-19），严格控制建设用地规模，努力实现规划建设用地总规模"零增长"。同时，增长边界不仅可以"向外扩"，也可以"往回缩"，即随着土地利用效率的提升和结构优化，部分城乡接合部地区建设用地通过"土地整理"实现"再农地化"。

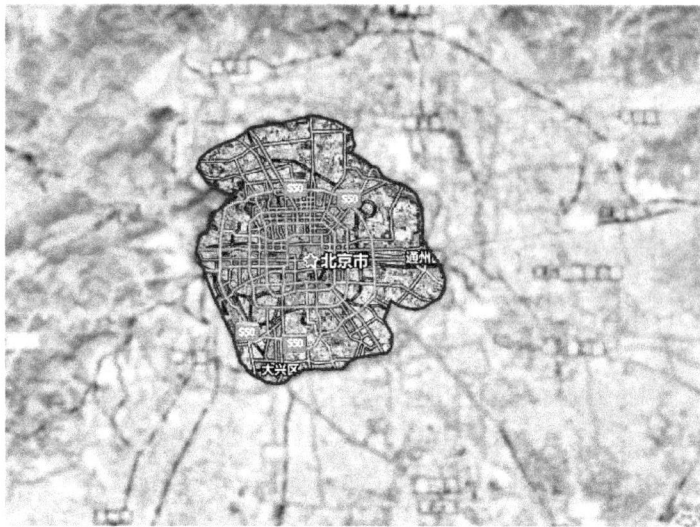

图9-19 中心城区增长边界示意图

资料来源：根据百度地图，作者自绘。

七、实施首都空间增长管理的若干建议

（一）深入研究符合首都功能定位的城市规模

进一步强化首都全国政治中心、文化中心、国际交往中心、科技创新中心的核心功能，加快调整疏解非首都核心功能，构建符合城市战略定位要求的发展模式和产业体系。坚持功能疏解与人口疏解同步、功能疏解与城市空间优化同步，根据首都土地、水、生态环境等资源条件以及产业承载力，严格按照主体功能定位发展，深入研究符合首都功能定位的城市人口规模和用地规模。在建设用地指标上，要按照"总量锁定、增量递减、存量优化、流量增效、质量提高"的基本要求，通过"建设用地控制线、产业区块控制线、基本农田控制线、生态网络控制线"四线管控，严格控制建设用地规模，努力实现规划建设用地总规模"零增长"，构建具有首都特色、科学合理的城镇化格局、农业发展格局、生态安全格局，遏制首都城市空间继续"摊大饼"式无序蔓延。在人口规模上，要未雨绸缪，深入研究首都综合承载力和不同发展阶段的适宜人口规模，设置科学合理的年度人口增长指标，实现人口规模的理性增长；要充分发挥市场在资源配置中的决定性作用，通过加快产业转型升级和非核心功能调整疏解，促进人口合理分布。要充分考虑首都新机场建设、2022年冬奥会申报等重大项目对城市空间布局的影响。

（二）"减""加"并举，推进产城融合

城乡规划是基于远见的科学，科学划定城乡空间增长边界是一项富于挑战性的工作，特别是在城市成长的加速期，单纯的规模控制思路并不见效，更重要的是引导与优化。对中心城区"做减法"，疏解中心城区就业、教育、医疗、文化等功能；对已有新城"做加法"，提升新城产业发展、公共服务、吸纳就业、人口集聚功能；加快产城融合，推进现有产业园区向城市综合型经济园区和新区、新城全面转型。要预防"城镇化运动"，严格限制"新一轮"新区、新城规划，防止城市边界无序蔓延。要积极引入社会资本参与新型城镇化建设，弱化房地产业发展的内在动力；进一步强化房地产业监管，严格控制以"产城融合"为噱头的房地产开发，避免"睡城""死城"和"鬼城"等现象。城乡接合部是一个相对动态的概念，其边界外扩对UGB的确定及管理效应有着举足轻重的意义。要以50个重点村（点）建设为抓手，切实提升城乡接合部规划建设和管理服务水平，保护生态用地和农用地，形成有利于改善城市生态环境质量的生态缓冲地带。

从东京、巴黎等世界城市发展经验来看，推进副中心建设，是破解城市蔓延等"大城市病"、提升城市综合承载力的重要举措。要充分研究虑通州建设副中心的现实条件：一是土地、水资源、生态承载力能够承载多大规模的副中心；二是目前通州就业、教育、医疗、文化等公共服务能力与副中心功能的差距；三是中心城区与通州在城市空间上已相衔接，如何确定城市增长边界，避免"双黄式"无序扩张，实现城市理性增长。此外，要就副中心建设编制具体发展规划，确定合理人口规模、用地规模，研究在市政府搬迁可能性不大的情况下，加快推进副中心建设的具体路径和步骤。同时，也可以考虑增加其他副中心替代方案的可能性研究。

（三）实施空间管制，协同边界内外

根据UGB确立不同的政策分区和空间管制分区，如规模边界内是鼓励建设和促进发展区，规模边界与扩展边界之间是适宜建设和控制建设区，扩展边界和保护边界之间以及保护边界以内主要为限建区和禁建区。基于城镇化可实施、可操作的要求，三类地区应当实行差别化的空间政策，并在总体上有所呼应。其中：规模边界内发展条件优良、建设指标充足，应当担负更多的区域发展责任，通过购买生

态保护和限建、禁建区域的开发权实现财政转移支付。城市规划的核心是利益还原问题。"好"的增长边界在政府与政府、政府与农民间、单元之间和部门之间利益相对平衡，典型的中国式建设区界线采取的手段是"控制中心、发展周边"，这是不符合各方利益的。中心城疏解的问题就是一个例子，假如在功能疏解过程中对居民和被转移地区捆绑更多的政策、给予更多的利益，问题可能会得到更好的解决。

（四）充分发挥轨道交通对城市空间增长的引领作用

轨道交通具有运量大、速度快等特点，从巴黎、东京等世界城市发展实践来看，轨道交通建设可以疏散中心城区人口、有效缓解交通压力。近年来，首都轨道交通建设迅速推进，轨道交通对首都城市空间布局的影响进一步增强，特别是中心城区与周边新城相连的轨道交通，吸引大量人口向中心城区边缘地区和新城流动，将成为影响首都空间结构演化的重要因素。一是借鉴东京通过轨道交通引导城市功能结构调整、斯德哥尔摩轨道系统支撑城市拓展等经验，倡导公共交通支撑和引导城市发展的规划模式，建立以"公共交通为导向"的土地开发模式，加快推进怀柔、平谷、密云、延庆等轨道交通（或市郊铁路）建设，进一步发挥轨道交通建设对城市空间演化的引领作用，实现城市空间的"精明增长"；二是坚持线路规划与人口居住、就业相协调、与城市功能布局相吻合，加快优化现有轨道交通网络，建立多层级、功能分工明确的轨道网络。

（五）完善基本农田和绿化隔离带对城市空间的调控机制

一是要根据土地利用总体规划，推进高标准农田建设，严格划定和永久保护基本农田，城市总体规划和新型城镇化规划都要依据基本农田规划，特别是五环至六环城乡接合部的基本农田，要实行严格管理、永久保护，任何单位和个人不得擅自占用或改变用途，严控各区县通过"增减挂钩""占补平衡"等政策间接输送建设用地。坚持农地农用，不得借农地流转之名违规搞非农业建设，严格禁止工商资本下乡"圈地"行为。二是要发挥第二道绿化隔离区以及由北郊森林公园、南郊生态郊野公园、东郊生态休憩公园、西北郊历史文化公园等四大郊野公园组成的中心城区外缘郊野公园环作用，明确划定组团间绿色限建区和楔形绿色限建区，形成中心城区与新城、新城与新城之间的巨大绿化隔离空间，有效调控城市空间，遏制"摊大饼"式蔓延。

（六）"跳出北京"，打造区域空间协同发展新格局

要"跳出北京"，基于京津冀的区域视野，加强与张家口、承德、保定、廊坊、天津、唐山等周边城市在空间布局的对接与互动发展，打造京津冀协同发展的城市空间新格局。京津冀地区由于行政和自身发展特征等因素，其相对于长三角和珠三角地区而言，区域合作与协同发展的难度似乎更大。习近平总书记就推进京津冀协同发展提出的七点要求，为京津冀合作指明了方向，也要求北京城市空间管理要基于"京津冀协同发展"的理念和原则。一是要依据新的城市战略定位，明确北京市在京津冀协同发展中的地位，增强北京市在首都经济圈中的作用。二是坚持"先易后难、互利共赢"的原则，把交通一体化作为先行领域，加快轨道交通向燕郊、廊坊市区延伸，推进市郊铁路向张家口、涿州、固安、三河等地发展；积极引导区域水资源涵养、大气污染治理、生态环境保护等方面展开全方位合作，共同构建以生态保护红线、生态廊道和生态绿心为核心的区域生态安全格局。三是功能疏解与人口疏解相结合，坚持"政府引导、市场主体"，充分考虑津冀不同地区功能定位，积极主动与津冀两地对接，合理布局疏解区域。四是"先行先试"，将北京大兴新机场和新机场临空经济区作为北京市推进京津冀协同发展的战略支撑和重要突破口，建设京津冀协同发展先行区、示范区。

（七）加强"多规合一"与法规建设

城市增长边界的划定，是首都健康发展的重要环节，需要加强城市规划与经济社会发展、主体功能区建设、国土资源利用、生态环境保护、基础设施建设等规划的相互衔接，加快实施经济社会发展总体规划、城市规划、土地利用规划等"多规合一"，形成"一张蓝图"。发改、规划、自资、农业、环保、水务、林业等部门就必须动员起来，在一致的指导思想下搭建技术平台和对接管理政策，并根据各自职责形成良好的分工协同机制。同时，要确保城市增长边界的权威性、严肃性和连续性，坚持"一张蓝图干到底"，加强规划实施督察，制定城市增长边界考核指标体系，纳入区县党政领导干部考核和离任审计。同时法治化建设也应同步跟进，制定UGB之后，严格限制扩展边界之外的建设和审批，如涉及重大项目的独立选址应征得市人大审议。此外，从城乡规划创新的角度，建立UGB制度应体现更多乡村发展责任，需要让农民说话、让公众参与和分享，UGB划定之后还需要通过立法程序和广泛的公共监督予以执行和巩固。

展望篇

第十章

城镇化速度预测及展望

党的十九大报告提出开启全面建设社会主义现代化国家新征程，明确了新目标，即到2035年，基本实现社会主义现代化；到21世纪中叶，在基本实现现代化的基础上，再奋斗十五年，把我国建成富强民主文明和谐美丽的社会主义现代化强国。2018年底，我国常住人口城镇化率达到59.58%，根据世界城镇化发展普遍规律，仍处于城镇化率30%～70%的快速发展区间。那么，围绕"基本实现现代化"和"建成富强民主文明和谐美丽的社会主义现代化强国"，如何健康有序推进城镇化高质量发展，特别是研究"新常态下"城镇化战略格局相适应的城镇化发展速度，有助于丰富和发展中国特色新型城镇化理论，在实践层面上也可以为各级政府新型城镇化规划编制及城镇化试点中相关政策制定提供分类指导，加快适应经济新常态。

一、城镇化率目标预测

目前，世界平均城镇化率约为53%，欧美发达国家多数超过75%，如美国达到82.4%，法国则超过85%，拉丁美洲国家城镇化率也普遍较高，巴西达到84.6%，阿根廷则高达92.5%（图10-1）。在世界城镇化推进过程中，有两种现象值得关注和思考。一是"逆城镇化"，即20世纪70年代以来欧美发达国家由于城市环境污染、人口膨胀、交通拥堵、地价上涨等因素，城市中心城区人口向郊区、小城镇甚至农村流动，因此城镇化率增长缓慢，个别地区甚至出现负增长。二是"过度城镇化"，即第二次世界大战以来，拉丁美洲和加勒比地区城镇化快速推进，到2010年城镇化率高达79.6%，仅次于北美的80.7%，远高于欧洲的72.8%、大洋洲的70.2%、亚洲的39.8%和非洲的37.9%；由于人口大量集聚城镇、工业化滞后，城镇公共服务能力有限，导致收入两极分化、贫困和失业率高、住房紧张与贫民窟、医疗和教育资源不足等社会问题，成为"中等收入陷阱"的典型案例。由此可见，城镇化不能盲目追求"城镇化率"，要切实避免"赶超式"运动。

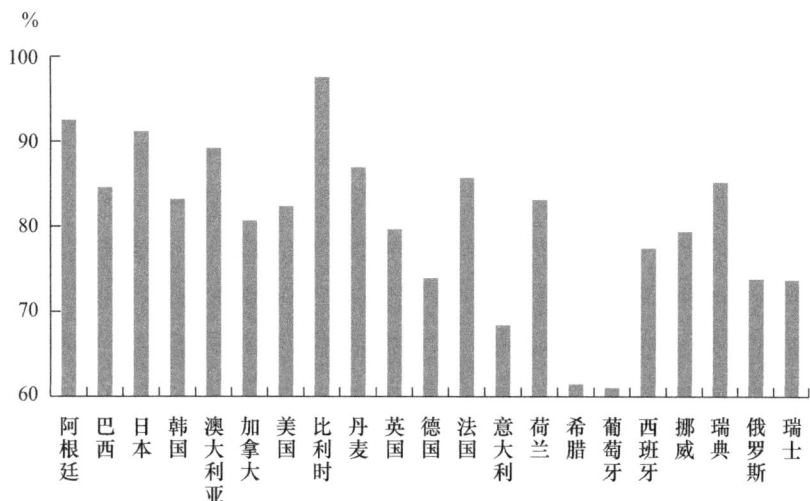

图10-1　2011年主要国家城镇化水平比较

注：此处用城镇人口比重来代替城镇化水平。

资料来源：国家统计局网站。

根据联合国2012年4月发布的《世界城市化展望》，提出到2050年世界城镇化率将达到67.13%，其中较发达国家将提高到86.26%，欠发达国家也将提高到64.08%。关于我国城镇化率目标，经济合作与发展组织（OECD）预测到2025年将达到66%，世界银行预测到2030年将达到68%，学术界也有多种观点，城镇化率目标差距也比较大。有学者提出，到2020年城镇化率理想目标是60.13%，2025年达到60%左右；有的则提出2030年达到63.52%，2050年到达75%；有的学者提出目标区间，到2020年达到55%～60%；也有学者提出更高的目标，到2030年达到80%，甚至到2040年达到90%。

我国新型城镇化规划提出2020年常住人口城镇化率达到60%左右，那么从中国的国情来看，2030年、2050年城镇化率达到多少较为适宜？就某一地区而言，是否城镇化率越高则意味经济社会发展水平越高？就全国层面来看，城镇化率的目标要与基本国情相适宜，考虑到我国是传统农业大国，人口众多，粮食安全问题突出，在坚持自愿原则的前提下，需要保留一定数量的"农民"来解决"谁来种地"问题，因此推进新型城镇化不是为了消灭"农民"，而是更好地服务于"农民"。如果按照目前常住人口城镇化核算方法，在深入研究我国在不同发展时期保障粮食安全前提下农业发展所需"农民"数量的同时，需要根据我国城镇综合承载力和农业转移人口市民化的推进时序，合理确定城镇化率目标。关于2030年、2050年我国城镇化率目标，需要考虑以下几个因素：一是我国农村土地、户籍等制度改革与具体实施情况，从我国城镇化历程来看，城镇化中的政策因素影响较大，基于现状规律的预测往往与实际存在较大差距；二是我国城镇综合承载力和农业转移人口市民化的能力，如何破解城镇化过程中"钱从哪里来""地从哪里来""人到哪里去"等核心问题；三是近年来农村改革的深入推进，农村户籍的"含金量"不断提升，随着城乡一体化进程的加快和小城镇功能的完善，具体中国特色的"逆城镇化"现象将会出现；四是我国区域发展不平衡，各地区城镇化目标不尽相同，设置目标区间，相对而言更为合理。关于2030年、2050年我国城镇化率目标，2030年有可能达到67%~72%；2050年达到78%~82%。由于城镇化率仅是城镇常住人口所占比重，并非城镇化率越高则意味经济社会发展水平越高，要避免陷入盲目追求城镇化率的误区，警惕"拉美陷阱"。

二、城镇化速度预测

当前速度逐渐下降已是世界城市化发展的普遍趋势。对于未来我国城镇化速度，专家普遍认为今后20~30年间仍处于快速发展阶段，但对于适宜速度看法不一。有的认为城镇化率每年提升的幅度将有所减慢，速度不宜过高，0.7~0.9个百分点是合理的，也有认为0.8~1.0个百分点是适宜的，还有认为年均增长不超过1个百分点，仅0.85~0.95个百分点；甚至有更高的速度，即未来30年城镇化水平每年提高1.5个百分点。

当前，随着新型城镇化的深入实施，我国城镇化必须进入以提升质量为主的转型发展新阶段，在发展速度上，要"量""质"并重，不宜提出诸如经济上"保7、保8"等类似指标，而是通过设置城镇化率合理增长区间，因地制宜，分类引导东中西部地区城镇化率健康增长，宜快则快、宜慢则慢，不盲目攀比速度，避免"城镇化运动"。2030年之前，我国城镇化进程仍将呈现较高的速度，但要低于近年来的水平，年均增幅可能在0.8~1.05个百分点左右；2030年左右，城镇化率达到70%，城镇化进程进入后期阶段，城镇化进程趋于缓慢，因此2030—2050年间，城镇化率年均增幅在0.5~0.75个百分点左右。就东部地区而言，城镇化率在保持稳步增长的同时要重点优化城镇化质量；中西部地区则需要根据财力、产业、资源环境等现实条件，适当加快提升城镇化率。按照国家新型城镇化规划2020年目标，2014—2020年之间常住人口城镇化年平均增长约0.93个百分点，而实际上2014—2018年常住人口城镇化年平均增长达到了1.17个百分点，需要加强质量评估，以便及时调整。

三、"十四五"展望

党的十九届五中全会提出要完善新型城镇化战略。"十四五"时期是在全面建成小康社会的基础上向全面建成社会主义现代化强国迈进的第一个五年，既要保持城镇化相关配套制度和政策的相对稳定性，又要根据国内外环境的变化和新时代国家治理的新要求，在城镇化重点领域和关键环节体制机制上持续创新，并将制度优势转化为国家治理效能，推进城镇化高质量发展。

（一）由高速增长向高质量发展转型

推动城镇化高质量发展是国家治理现代化的客观要求，也是有效应对"十四五"期间国内外风险挑战的重要举措。目前我国城镇化水平已突破60%，根据世界城镇化发展普遍规律，正处于快速发展阶段的后期；同时，我国经济已由高速增长转向高质量发展，进城农民工数量也呈现下降趋势①，因而城镇化的推进速度将适当放缓。随着工业化、信息化、农业现代化的推进和现代经济体系的建设，以及人口管理、土地等制度和城镇协调发展、可持续发展等体制机制的创新完善，农业转移人口市民化滞后、城市病等一系列问题会得到明显改善，高质量发展将成为"十四五"期间我国经济社会的主旋律。此外，从国家治理城镇化的阶段特征来看，现阶段在制度合力推动下，转型提质加快，城镇化也将进入高质量发展新阶段。初步预测，"十四五"末期我国常住人口城镇化率可能会达到65%~67%；户籍人口城镇化率可能会达到51%~53%，两者差距在2020年的基础上将进一步缩小2个百分点左右。

（二）城镇治理体系和治理能力现代化将加快推进

"十四五"期间，城镇治理体系与治理能力建设将是推进国家治理体系与治理能

---

① 根据国家统计局2018年和2019年农民工监测调查报告显示，2018年进城农民工数量比2017年减少204万，2019年则与2018年基本持平。

力现代化的"主战场"。一是以人民为中心的治理理念将进一步加强。从国家治理城镇化的经验可以看出,城镇化的根本价值取向就是实现人民幸福,因此城镇化治理必将牢牢把握以人为中心的根本原则,精准定位需求,加大居住、就业、教育、医疗、养老等服务供给,不断满足新时代群众对美好生活的向往。二是城镇治理的重心和配套资源将向街道社区下沉。统筹推进街道改革、街区更新和社区治理,以做强街道、做优社区。三是城镇治理主体多元化。政府将进一步鼓励引导企业、各类社会组织与居民广泛参与,共建共治共享,激发城镇治理活力。四是城镇智慧化管理水平将大幅提升。"十四五"期间,数字城镇、智慧城镇建设力度将会加大,大数据、人工智能等新技术将推动城市管理手段与管理模式创新,实现城市治理效能提升。五是城镇可持续发展能力将明显增强。一方面,供给侧结构性改革深入推进,城镇现代化经济体系将逐步建立;另一方面,随着生态保护红线、永久基本农田、城镇开发边界等空间管控边界的划定,将切实提高城镇建设用地集约化程度,从而实现内涵式发展。

(三)城乡融合发展水平将显著提升

城乡关系始终贯穿城镇化全过程。如何处理好城乡关系,是走好中国特色新型城镇化道路的难点,在一定程度上也决定着能否顺利推进治理体系与治理能力现代化。党的十八大以来,我国在建立健全城乡一体化和城乡融合发展体制机制方面,取得了重要进展。通过对国家治理城镇化的历程和经验可以看出,二元分割的城乡关系无疑阻碍了城镇化发展。从国家治理现代化来看,扩大要素市场化配置范围,破除阻碍要素自由流动的体制机制障碍,形成城乡互补、全面融合的城乡关系,是国家治理城镇化的主要方向。随着新型城镇化与乡村振兴战略的深入实施、协同推进,特别是城乡要素的自主有序流动,城乡融合发展将不断加快,城乡治理现代化水平也会明显提升。当然,随时城乡融合的深入推进,具有中国特色的"逆城镇化"现象也将会更加明显,需要引起重视并深入研究。

(四)城镇文化特色将进一步彰显

文化是城镇的灵魂。2019年11月习近平总书记在上海考察时指出,要保留城市历史文化记忆,为"十四五"时期城镇文化建设指明了方向。一是城镇化过程中大拆大建、拆真建假等现象将得到有效遏制,对老建筑、历史文化街区与传统村落的保护会明显加强。二是更加注重塑造城镇精神。城镇精神是城镇魅力的重要元素,在凝聚广大人民精神力量、推进国家治理体系和治理能力现代化中具有重要作用。三是将更加注重文化事业与文化产业统筹发展。一方面，将优化文化设施布局，提升区域文化服务供给能力；另一方面，将通过政策引导，促进文化与旅游、科技、商业、体育、健康等产业深度融合，打造"文化＋"产业链。

（五）应对突发重大公共卫生事件能力将明显提高

2020年1月发生的新冠肺炎疫情，暴露出我国在重大疫情防控体制机制、公共卫生应急管理体系等方面还存在不少短板。2020年2月习近平总书记在统筹推进新冠肺炎疫情防控和经济社会发展工作部署会议上，提出要总结经验、吸取教训，加快健全国家公共卫生应急管理体系。各地区在新冠肺炎疫情防控过程中和疫情之后，将会持续加强重大疫情防控救治体系建设，不断提升应对突发重大公共卫生事件能力。在此背景下，完善疫情防控体制机制和公共卫生应急管理体系，提高公共卫生事件治理效能将成为推进城镇化高质量发展的重要举措。

全国"十四五"规划明确了国家治理的阶段目标，即到2025年国家治理效能得到新提升，到2035年要基本实现国家治理体系和治理能力现代化。如何完善新型城镇化战略、提升城镇化发展质量，将成为国家治理现代化面临的重要任务。

通过对过去70年来的国家治理城镇化的回顾，根据国家治理体系的阶段特点以及城镇化理念、实施政策与推进模式，国家治理城镇化历程划分为国家控制、放权改革与制度合力推进等三个阶段。我国对城镇化的国家治理，具有显著的制度优势，形成"坚持党的领导，牢牢夯实城镇化政治保障；坚持以人民为中心，精准把握城镇化本质；坚持改革创新，增强城镇化发展内在动力；坚持区域统筹，优化城镇化空间布局"等"中国经验"。"十四五"期间国家治理城镇化，将向高质量发展转型，城镇治理体系和治理能力现代化将加快推进，城乡融合发展水平将显著提升，城镇文化特色将进一步彰显，应对突发重大公共卫生事件能力将明显提高。

值得注意的是，行政区划改革与国家治理同行。近年来，全国行政区划改革不断加快，2019年和2020年两年共完成32项县级以上行政区划进行了调整。党的十九届五中全会提出要优化行政区划设置，发挥中心城市和城市群带动作用。可以预见，"十四五"期间，"县改市""市改区""镇改市"等步伐也将不断加快，行政区划调整会更加频繁。当然，这既需要从国家治理高度强化顶层设计，也需要综合考虑当地历史文化背景和民意，从而在国家治理中更好地发挥行政区划的基础性作用。

四、促进新型城镇化健康有序发展

（一）推进城镇化适应新常态

目前，我国已进入经济发展新常态。城镇化作为我国经济增长的新动力，需要敢于"碰硬"，打破"旧心态、旧思维"，转变城镇化"旧形态"，坚持问题导向，走出"唯速度论"，主动适应经济发展新常态。一是敢于啃"硬骨头"，要让改革破解城镇化发展的制度障碍成为新常态。习近平总书记强调："坚持以影响经济社会发展的重大问题为导向，立足于经济社会发展的瓶颈制约、群众反映强烈的突出问题，努力破除体制机制障碍。"大量农业转移人口难以融入城市社会，市民化进程滞后，是我国城镇化过程中遇到的最大难题，也直接关系到能否实现人的城镇化建设成败。2014年7月出台《关于进一步推进户籍制度改革的意见》，标志着户籍制度改革进入全面实施阶段，也是实现农业转移人口市民化的关键；《居住证管理办法（征求意见稿）》明确"同城同待遇"，表明稳步推进城镇基本公共服务常住人口全覆盖，进入法治化、规范化、程序化发展新阶段。新一轮农村土地制度改革即将出台。一系列改革"破冰"，不断释放制度红利，引领城镇化健康发展。二是打破"以土地换发展"旧心态，要让城市约束性发展成为新常态。地方财政过度依赖土地出让收入，"卖地"成为地方政府热衷事务，以至于城市"摊大饼"式扩张和新区、新城不断涌现，不仅浪费了大量耕地资源，威胁到国家粮食安全和生态安全，也加大了地方政府性债务等财政金融风险，"空城""鬼城"等现象，就是其副作用的有力注脚。习近平总书记要求要像保护文物一样，甚至保护大熊猫那样保护耕地，城镇化单纯依赖土地增量扩张难以为继。国家新型城镇化规划提出严控增量、盘活存量、优化结构、提升效率，切实提高城镇建设用地集约化程度，通过合理划定城市"三区四线"，合理确定城市规模、开发边界、开发强度和保护性空间，防止城市边界无序蔓延。2014年9月正式施行的《节约集约利用土地规定》以及明确要求为北京、上海、广州、武汉等大城市划定边界，表明城市发展正由"扩张型"向"约束型"转型。三是打破"一亩三分地"旧思维，要让城市群形态成为新常态。出于自身利益的考虑，城市集聚地区各城市间往往各自为政、单打独斗，产业同构、断头路等现象较为普遍，甚至是"以邻为壑"，竞争既多于合作、更大于合作，实为在空间分布上相对集中的"一群城市"。习近平总书记在听取京津冀协同发展专题汇报时强调，要打破"一亩三分地"旧思维，努力实现优势互补、良性互动、共赢发展，为"单打独斗"的"一群城市"向"集聚效率高、辐射作用大、城镇体系优、功能互补强"的城市群转变明确了方向。以城市群为推进城镇化的主体形态，完全符合全球化背景下的城镇化一般规律，也符合我国资源环境承载能力的基本特征，有助于优化城镇规模结构，促进超大、特大、大、中、小城市及小城镇协调发展。在经济发展新常态背景下，城市群要进一步发挥引领作用，推进"一带一路"、京津冀协同发展、长江经济带和粤港澳大湾区建设。四是坚持问题导向，要让"城市病"治理成为新常态。随着城市人口数量不断增加，人口、资源与环境矛盾加剧，特别是北上广等超大城市，交通拥堵、雾霾等"城市病"问题日益突出，迫切需要加快治理。在人口调控上，要深入研究大城市综合承载力和不同发展阶段的适宜人口规模，设置科学合理的年度人口增长指标，实现人口规模的理性增长；发挥市场在资源配置中的决定性作用，通过加快产业转型升级和非核心功能调整疏解，促进人口合理分布。在缓解拥堵上，一方面要加快产城融合，对中心城区"做减法"、对新城"做加法"，促进职住平衡；另一方面要倡导公共交通支撑和引导城市发展的规划模式，建立以"公共交通为导向"的土地开发模式，努力实现城市空间的"精明增长"。在生态环境治理上，要加快产业转型升级和节能减排，落实区域染联防联控工作机制，构建区域污染防治体系。

（二）加快建立与我国国情相符的城镇化指标与核算体系

目前，学术界通常用城镇化率表述城镇化发展水平，并以城镇化率变化快慢来衡量城镇化发展速度。我国城镇化率以城镇常住人口为统计口径核算，而城乡边界逐渐模糊，农业转移人口市民化进程受多重因素影响，城镇资源消耗与生态环境量化较为困难，常住人口城镇化率"虚高"现象明显，因此常住人口城镇化率变化并不能真实反映城镇化发展速度，这也是导致学术界对我国城镇化发展速度存在"快慢"之争的主要原因。2014年出台的户籍制度改革提出取消农业户口与非农业户口区别，统一登记为居民户口，标志着传统的"农业"与"非农业"二元户籍管理模式正式退出历史舞台。根据2016年10月出台的《关于推动1亿非户籍人口在城市落户方案的通知》，到2020年全国户籍人口城镇化率提高到45%，各地区户籍人口城镇化率与常住人口城镇化率差距比2013年缩小2个百分点以上。在此背景下，在加速破除城乡区域间户籍迁移壁垒的同时，需要进一步深化城镇化率的内涵，基于"高质量"下城镇化发展特征和要求，建立与我国国情相符的包括农业转移人口市民化进程、资源环境等因素在内的城镇化水平核算体系与核算方法，以真实反映城镇化现状水平和发展速度。如果城镇化率以享受到城镇化各类公共服务的人口数量比重为核算标准，则无论是在农村还是城市，无论是农民还是农民工，未来都应当享受到城镇化各类公共服务和品质生活。

（三）加快农业转移人口市民化进程

2018年，我国农民工总量为28836万人，其中进城农民工13506万人。在城市工作半年以上的2亿多农业转移人口及其家属，并没有在城市教育、医疗、社会保障、保障性住房等方面享受与城镇居民平等的公共服务，并未成为真正意义上的城市居民。同时，农业转移人口流动模式由过去的单身、"候鸟式"流动向"家庭式""家族式""迁徙式"流动转变，并且在同一城市就业和居住趋于稳定。特别是占主流的新生代农民工市民化意愿显著增强，渴望市民身份认同、待遇平等及融入城市。有序推进农业转移人口市民化，对于消除"半城镇化"、提升城镇化质量，促进工业化、信息化、城镇化和农业现代化同步发展具有重要意义。

一是着力解决农业转移人口关心的突出问题，加快推进基本公共服务均等化。要多谋农业转移人口之利、多解农业转移人口之忧，解决好农业转移人口最关心最直接最现实的利益问题。如：保障随迁子女平等接受义务教育；进一步完善社会保险跨地区的转移接续政策，加强各类保障制度的统筹衔接；在住房上逐步将农业转移人口纳入政策保障范围，推进农业转移人口住房公积金机制，积极改善农业转移人口居住条件。二是加快顶层设计，推进改革户籍制度。有力、有序、有效深化户籍制度改革，放开放宽除个别超大城市外的城市落户限制。加快实现城镇基本公共服务常住人口全覆盖。建立健全由政府、企业、个人共同参与的农业转移人口市民化成本分担机制，全面落实支持农业转移人口市民化的财政政策、城镇建设用地增加规模与吸纳农业转移人口落户数量挂钩政策，以及中央预算内投资安排向吸纳农业转移人口落户数量较多的城镇倾斜政策。三是加强农业转移人口就业培训，提升农业转移人口综合素质。切实加强农业转移人口职业技能培训，提高农业转移人口就业创业能力。要设立农业转移人口专项基金，增加财政资金投入，建立跨部门的有效协调机制，充分发挥各类教育、培训机构和工会、共青团、妇联组织的作用，多渠道、多层次、多形式开展农业转移人口素质教育和培训。要重点扶持资源条件好、能更多承载和接纳农业转移人口的中小城市及城镇经济发展，构建与农业转移人口就业相适宜的产业布局。四是培育农业转移人口"精神家园"，建设包容性社会。要积极搭建农业转移人口参与城镇发展和社会管理的平台，积极组织和有序引导广大农业转移人口参与到当地政治、经济、社会、文化、生态等方方面面的建设，培育农业转移人口在当地"家"的意识，增进农业转移人口的归属感。

（四）促进新型城镇化与乡村振兴协同发展

党的十九大报告提出要实施乡村振兴战略，是在中国特色社会主义新时代，解决新的社会主要矛盾、实现"两个一百年"奋斗目标和全体人民共同富裕的必然要求。2018年中央一号文件《中共中央国务院关于实施乡村振兴战略的意见》，进一步明确了实施乡村振兴战略的总体要求与重点任务，提出要坚持城乡融合，推动新型工业化、信息化、城镇化、农业现代化同步发展，加快形成工农互促、城乡互补、全面融合、共同繁荣的新型工农城乡关系。新型城镇化是解决农业农村农民问题的重要途径，《国家新型城镇化规划（2014—2020年）》提出要"加大统筹城乡发展力度，增强农村发展活力，逐步缩小城乡差距，促进城镇化和新农村建设协调推进"。从我国近年来发展现状来看：一方面城镇化进程快速推进，2018年城镇化率达到59.58%，但城镇化总体质量不高，同时新增农业转移人口由乡村向城市转移有所放缓，其增速自2010年起已连续6年下降，回乡现象明显增多；另一方面，我国发展不平衡不充分问题在乡村最为突出，尽管我国城乡差距呈逐步缩小趋势，但相对差距仍然较大，2017年城乡居民人均收入倍差为2.71。由此可见，我国在当前社会主义现代化建设过程中，既要以人的城镇化为核心，有序推进农业转移人口市民化，提升城镇化水平和质量，同时也需要加快推进农业农村现代化，着力解决好乡村发展不平衡不充分问题，防止城乡差距过大、乡村人口过度流失，进而实现"城镇现代化"与"农业农村现代化"双轮驱动。

（五）因地制宜分类指导

因地制宜，分类引导东中西部地区城镇化率健康增长，宜快则快、宜慢则慢，不盲目攀比速度。就东部地区而言，城镇化率在保持稳步增长的同时要重点优化城镇化质量，紧紧围绕人的城镇化，加快推进农业转移人口市民化进程，要增强城市群内中小城市和小城镇的人口经济集聚能力，引导人口和产业由特大城市主城区向周边和其他城镇疏散转移，促进超大、特大、大、中、小城市及小城镇协调发展。在经济发展新常态背景下，东部城市群要进一步发挥引领作用，推进"一带一路"、京津冀协同发展、长江经济带建设。

中西部地区则需要根据财力、产业、资源环境等现实条件，适当加快提升城镇化率。根据国家新型城镇化规划目标，中西部地区到2020年要实现1亿人口就近就地城镇化。事实上，由于中西部地区产业发展滞后，公共服务水平与东部沿海地区差距明显，农业转移人口向东部沿海地区集聚的趋势尽管近年来有所减缓，但仍将持续；同时中西部地区内部发展不平衡，中小城市、小城镇与大城市、特大城市在就业、教育、医疗等功能服务方面差距较大，导致中小城市和小城镇吸引力不强，就近就地城镇化难度较大。因此，如何做大做强中心城市，提升县城和小城镇产业发展、人口集聚和公共服务功能，增强农业转移人口就近就地城镇化"意愿"，将是中西部地区就近就地城镇化的关键。

（六）深入研究"逆城镇化"现象

2018年"两会"期间，习近平总书记在参加全国人大广东代表团审议时强调："城镇化、逆城镇化两个方面都要致力推动。城镇化进程中农村也不能衰落，要相得益彰、相辅相成。"从实践来看，上海市2015年和2017年两年出现城镇化率降低的现实情况。随着大城市中心城区人口、交通、环境、房价等压力的增大，以及农村户籍吸引力的增强，我国是否会出现或已存在欧美国家20世纪70年代"逆城镇化"现象？目前我国城镇化仅为"农村到城镇"的"单向流动"，在城镇化推进过程中能否发挥市场机制实施"双向流动"？"逆城镇化"现象是人口的主动"迁移"，将是缓解我国"大城市病"的重要环节；由于目前我们大城市尚处于集聚为主的发展阶段，城乡、城郊差距明显，中心城区人口向郊区、小城镇、甚至农村转移更多的是由于"高房价"而"被动"迁移；随着城乡一体化进程的加快和小城镇功能的完善，"逆城镇化"现象将会出现。当然由于受城乡体制与户籍制度限制，我们所说的"逆城镇化"，其城镇户籍人口向农村迁移时，目前不能成为真正的农村人口。考虑到我国长期实施工农产品剪刀差政策，城乡发展不平衡问题突出，随着近年来农村土地改革的深入推进，农村户籍的"含金量"不断提升，在此背景下，若实施城镇化"双向流动"，必将影响现有农民的利益，有失公平。在未来实现城乡一体、区域一体情况下，可以逐步实施"双向流动"，把自由迁徙的权利交给群众。

（七）避免"五个误区"

一是新型城镇化不仅是"去库存"手段，更是经济社会发展目标。2015年底，全国商品房待售面积达到71853万平方米，创历史新高，"房地产去库存"成为各级政府重要任务。加快农业转移人口市民化，一方面需要改善农业转移人口进城居住条件、满足其住房需求、提升城镇化质量；另外一方面将扩大有效需求，打通供需通道，有利于消化库存，稳定房地产市场。因此，很多地方政府将加快农业转移人口进城买房作为"房地产去库存"的重要措施。如果仅为了完成"房地产去库存"

任务，通过让农业转移人口进城买房，加快农业转移人口市民化，将偏离"以人为核心"的新型城镇化方向。

二是"以城市群为主体形态"的新型城镇化，并非以大城市为主体，而是要充分发挥大城市的辐射带动作用，在引导大城市有序发展的同时，增强中小城市和小城镇的人口经济集聚能力，促进大中小城市和小城镇互动协调发展。同时，农业转移人口进城，这个"城"是大城市、还是中小城市和小城镇。考虑到大城市的人口承载力，应该积极鼓励和引导农业转移人口更多地进入中小城市和小城镇，实现"就近就地城镇化"，这也有助于农业转移人口更快、更好地融入城镇。从目前进城的意愿来看，更多倾向于转移到大城市，这与区域发展不平衡，中小城市和小城镇就业、教育、医疗等功能欠缺导致吸引力不强息息相关。

三是优化城市产业结构，并非必须全部发展"高大上"产业，而是要根据城市资源环境承载能力、要素禀赋和比较优势，加快构建符合城市战略定位要求的发展模式和产业体系。对于特大城市和大城市，在将低端产业疏解转移的同时，也要充分考虑城市发展需要和居民生活需求，如将批发市场外迁的同时，合理布局果蔬、小商品等零售业；对于中小城市和小城镇，要避免不切实际"一哄而上"现象以及"第三产业所占GDP比重越高越好"的产业观。

四是全面放开建制镇和小城市落户限制，并非无条件无序放开，而是要充分考虑建制镇和小城市的资源环境以及就业、教育、医疗等公共服务能力，逐步全面放开、积极有序引导落户，避免短期人口剧增导致"过度城镇化"。五是严格控制特大城市人口规模，并非挤压外来人口，而是结合特大城市人口承载力和城市战略定位，充分发挥市场在资源配置中的决定性作用，通过加快产业转型升级和非核心功能调整疏解，促进人口合理分布。

第十一章

打造城镇化高质量发展样板——雄安新区

　　2017年4月1日，在京津冀协同发展深入推进的背景下，中共中央、国务院印发通知决定设立河北雄安新区。作为继深圳经济特区和上海浦东新区之后又一具有全国意义的新区，对北京非首都功能的集中疏解，人口经济密集地区优化开发新模式探索，京津冀城市布局和空间结构的调整与优化，创新驱动发展新引擎的培育，京津冀三地协调发展以及京津冀世界城市群的建设都具有重大现实与深远历史意义。设立雄安新区，是以习近平同志为核心的党中央作出的一项重大的历史性战略选择，也是继北京城市副中心规划建设之后深入实施京津冀协同发展战略的新举措。

　　中共中央、国务院决定设立河北雄安新区的消息一经公布，迅速引发社会各界热议，关心的主要问题有：一是近年来全国设立很多新区，为何单独将雄安新区提升到深圳经济特区与上海浦东新区的高度；二是已有通州城市副中心，为何还要设立雄安新区，如何处理其与通州城市副中心关系；三是雄安新区到底是开发区还是城市；五是近期很多中央企业纷纷表态支持，是否雄安新区建设就是政府行为？五是如何推进雄安新区建设，等等。以上讨论既反映出社会各界对雄安新区的高度关注，也表明在京津冀协同发展背景下，部分人群尚未理解雄安新区设立的初衷，对其功能定位存在认识偏差，亟须统一思想，准确把握新区定位，理顺周边区域关系，避免误区。

一、深化认识，准确把握雄安新区定位

（一）雄安新区是北京非首都功能疏解集中承载地

　　党的十八大以来，习近平总书记多次深入北京、天津、河北考察调研，多次主

持召开中央政治局常委会会议、中央政治局会议，研究决定和部署实施京津冀协同发展战略。根据京津冀协同发展纲要，有序疏解北京非首都功能是京津冀协同发展战略的核心，是关键环节和重中之重；要坚持集中疏解与分散疏解相结合，考虑疏解功能的不同性质和特点，灵活采取集中疏解或分散疏解方式。习近平总书记对有序疏解北京非首都功能多次作出重要指示批示，明确指出京津冀协同发展要牵住疏解北京非首都功能这个"牛鼻子"和主要矛盾，要重点打造北京非首都功能疏解集中承载地，在河北适合地段规划建设一座以新发展理念引领的现代新型城区。从重点疏解的四类非首都功能性质与特点来看[1]，相关产业、部分社会公共服务功能、行政事业功能和企业总部集聚于北京，既有一定的历史渊源，也与当前北京经济社会存在千丝万缕的关系，其疏解难度较大，同时疏解的距离越远、难度将越大。同时，如果疏解的距离过短，疏解至北京市域内或是紧邻市域，随着疏解地的建设，在北京中心城区强大"吸引力"下，很容易与北京中心城区形成连片发展、甚至形成"围城"发展，最终将导致疏解效果的锐减甚至"失败"。国外学者曾提出了发展中国家大城市地区的疏散理论，认为在大城市周围50km范围内是母城的吸引范围，而50～100km的地带可成为疏散极（relief poles）成长的地区，并可能进一步成为大城市"反磁力中心"。

雄安新区距离北京105km、天津市105km，距离北京大兴新机场50km。随着京津冀交通一体化发展，未来雄安新区将建设高铁站，雄安新区到北京仅需40分钟，成为北京"1小时交通圈"区域。而目前北京地区上班族平均通勤达54分钟[2]，因此雄安新区与北京的距离在"心理上"可接受。同时，作为国家战略，雄安新区建设将获得大量国家层面政策支持与引导，城市服务与环境不断完善优化，将有效吸引北京人口和非首都功能疏解转移，成为非首都功能疏解集中承载地。

（二）雄安新区是京津冀世界级城市群中心城市

已有研究表明，京津冀城市群现状城镇体系结构呈"哑铃"型，人口分布结构呈"倒金字塔"型，即中等城市数量偏少、大城市和小城市比较多，人口过于集中于超大城市，而其他中小城市人口规模偏小。而根据2014年国务院颁布的城市规模划分新标准，京津冀城市群超大城市、大城市、中等城市和小城市数量分别为

---

①　包括一般性产业特别是高消耗产业，区域性物流基地、区域性专业市场等部分第三产业，部分教育、医疗、培训机构等社会公共服务功能，部分行政性、事业性服务机构和企业总部等四类。

②　数据来源于2016年6月滴滴出行与第一财经商业数据中心联合发布的《知道——华北城市智能出行大数据报告》。

2个、5个、6个和20个，缺少人口规模500万～1000万的特大城市（表11-1），即超大城市与大、中、小城市之间存在"断层"，导致京津冀城市群规模结构不完整，严重制约城市群功能发挥与健康发展。

2015年京津冀城市等级规模结构分布　　　　　表11-1

等级规模（万人）		城市数量		城市名称
		个数	比例（%）	
超大城市（>1000）		2	6.1	北京市、天津市
特大城市（500～1000）		—	—	—
大城市	Ⅰ型大城市（300～500）	2	6.1	石家庄、唐山
	Ⅱ型大城市（100～300）	3	9.4	保定、邯郸、秦皇岛
中等城市（50～100）		6	18.2	张家口、邢台、廊坊、承德、衡水、沧州
小城市	Ⅰ型小城市（20～50）	11	33.3	定州、任丘、迁安、三河、武安、涿州、遵化、泊头、河间、泊头、辛集
	Ⅱ型大城市（<20）	9	29.7	高碑店、黄骅、深州、新乐、沙河、南宫、晋州、冀州、安国

资料来源：《中国城市统计年鉴2016》和《河北经济年鉴2016》。考虑到2014年国务院颁布的城市规模划分新标准以城区常住人口为统计口径，各县级市城市规模以年末总人口乘以城镇化率，再乘以70%计算（假设县级市城镇人口70%集聚于城区）。

世界级城市群是核心城市与周边多个大中小城市和市镇连成一体的城市体系，既有世界城市作为核心城市，也有众多的中小城市作为支撑，不同等级的城市承担着不同的城市功能。国内长三角城市群拥有上海超大城市与南京、苏州、杭州三个特大城市；珠三角城市群则拥有广州、深圳两个超大城市，以及东莞、佛山两个特大城市。京津冀协同发展纲要提出要打造具有较强竞争力的世界级城市群，其首要任务就是要加快培育若干特大城市，进而优化城市群结构、完善城市群形态。

雄安新区规划建设以特定区域为起步区先行开发，起步区面积约100km²，中期发展区面积约200km²，而远期控制区面积则达到2000km²，均大于当前深圳市域和浦东新区面积，也大于世界城市伦敦的面积（图11-1），即使扣除包括白洋淀在内的水域面积，也有约1600km²。根据相关媒体报道，新区远期将承载200万～250万人口[①]，实际上雄县、容城、安新3县目前人口合计已达130万，周边地区城镇化水平

---

① "雄安新区远期将承载200万～250万人，2022年新区核心区基本建成"（http://bj.people.com.cn/n2/2017/0414/c233086-30025532.html）。

均较低，如定兴县、高阳县2015年全县年末总人口分别达到54万和65万，而城镇化率分别仅有36.7%和37.2%，远低于河北省平均水平与全国平均水平，城镇化潜力巨大。雄安新区建设作为"千年大计"，随着非首都功能疏解的深入实施以及未来"逆城市化"现象的可能出现，特别是雄安新区基础设施与功能服务不断完善，"一推一拉"形成合力，京津地区、雄安新区周边地区人口乃至全国其他地区的人口将加速向新区集聚，新区人口规模极有可能突破500万，成为京津冀城市群中的特大城市和中心城市，推进京津冀世界级城市群建设。

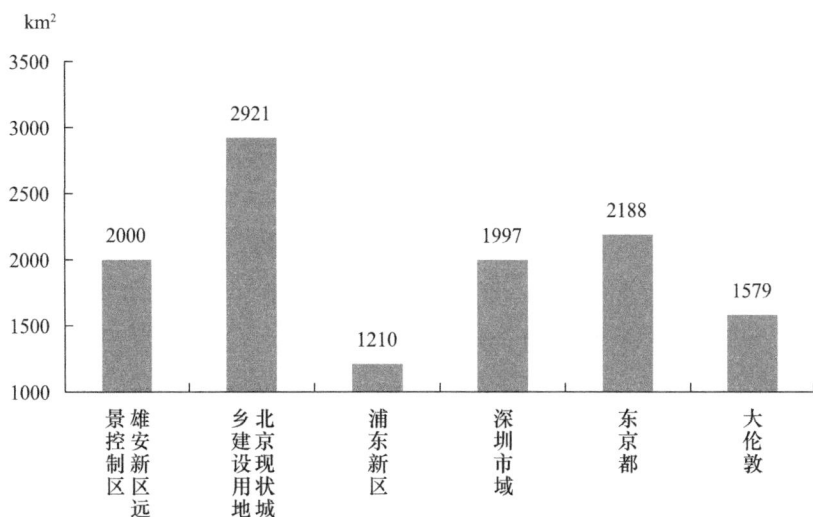

图11-1　雄安新区远期控制区面积与相关城市面积比较

（三）雄安新区是京津冀乃至中国北方地区新的增长极

京津冀地区区域发展不平衡现象突出。一方面，京津冀北部地区（含北京、天津、廊坊、张家口、承德、唐山、秦皇岛）经济社会发展水平要明显高于京津冀南部地区（保定、石家庄、沧州、邢台、邯郸、衡水）。在2015年人均GDP排名中，邢台、衡水和保定处于京津冀地区最末三位，分别仅有24256元、27543元和29067元，不仅低于河北全省人均40255元，更是远低于全国人均49992元。由此可见，要改变京津冀南北区域发展不平衡问题，亟需在南部地区打造新的经济增长极，带动京津冀南部地区快速发展。另一方面，河北与京津地区经济社会发展存在"断崖式"差距，如2015年河北省人均GDP仅分别相当于北京市和天津市的37.8%和37.3%，因此河北与京津发展不协调、不平衡的矛盾最为突出、最为复杂，关注度最高，解决难度最大，必须在河北省培育新的经济增长极，带动河北省经济社会快速发展、逐步缩小与京津地区差距。京津冀协同发展纲要提出要通过疏解北京非首都功能，调整经济结构和空间结构，走出一条内涵集约发展的新路子，探索出一种人口经济密集地区优化开发的模式，促进区域协调发展，形成新增长极。雄安新区位于京津冀南部地区，雄安新区建设不仅将缩小京津冀南北地区差距，也将与张北地区2022年北京冬奥会建设形成"双轮"，共同提升河北的产业层次、创新能力与公共服务水平，推动河北省走出一条加快转型、绿色发展、跨越提升的新路，加快实现京津冀协同发展纲要中河北省的"三区一基地"定位[①]。

此外，从国家层面来看，"80年代看深圳、90年代看浦东"，而近年来实施的一系列新区战略[②]，均难以达到当年浦东新区开发开放对全国区域经济发展格局影响的"高度"，并且无论是深圳、还是浦东，均位于我国南方地区。从现实发展的诉求来看，在经济新常态背景下，近年来我国北方地区经济发展速度明显偏低，特别是东北、山西等地区，亟需从国家层面在北方地区统筹谋划具有全国意义的新区。党中央、国务院将雄安新区提升到深圳经济特区和上海浦东新区的高度，必将举全国之力打造，雄安新区完全有可能成为我国北方地区新的增长极，拉动我国北方地区经济社会快速发展，构建北方区域经济发展新格局。

二、正确处理好雄安新区与周边区域关系

雄安新区发展离不开京津冀区域支撑。在京津冀协同发展背景下，雄安新区发展必须理顺、正确处理与周边区域关系。

（一）雄安新区与北京

深圳经济特区和上海浦东新区经验表明：新区的设立与发展必须依托区域、对接区域。深圳经济特区主要对接香港，而上海浦东新区则面向长三角乃至整个长江流域地区。由此可见，雄安新区作为解北京非首都功能疏集中承载地，必须围绕其功能定位与发展目标，主动与北京实施规划对接、政策对接、项目对接，全方位加强合作、服务北京，在承接疏解中创新发展。在谋划设立雄安新区过程中，习近平总书记指出：从国际经验看，解决"大城市病"问题基本都用"跳出去"建新城的

[①] 即"全国现代商贸物流重要基地、产业转型升级试验区、新型城镇化与城乡统筹示范区、京津冀生态环境支撑区"。

[②] 截至2017年4月，全国共设立19个国家级新区（含浦东新区与雄安新区）。

办法。而北京非首都功能疏，既是京津冀协同发展的关键环节和重中之重，也是破解北京"大城市病"的根本之策。因此，雄安新区不仅是北京非首都功能疏集中承载地，也是解决北京"大城市病"问题而"跳出北京"建立的新城，是"建设一个什么样的首都、怎样建设首都"的重要内容。

北京的发展是首都发展，并且始终要将"都"摆在首要位置，其核心就是要落实全国政治中心、文化中心、国际交往中心、科技创新中心的战略定位与建设国际一流的和谐宜居之都战略目标。2017年6月，北京市委书记蔡奇在北京市第十二次党代会上提出：坚决落实党中央决策部署，把支持雄安新区建设当成自己的事，雄安新区需要什么就支持什么，做到有求必应、积极配合、毫不含糊。北京要跳出"一亩三分地"思维，将雄安新区作为自己的"新区""新城"，充分发挥北京"一核"的辐射带动作用，共同建设以首都为核心的世界级城市群。

（二）雄安新区与通州城市副中心

通州定位经历了新城、重点新城、行政副中心、城市副中心等多次变革，规划建设北京城市副中心是深入推动京津冀协同发展战略实施的重大考量，是调整优化北京城市空间格局、疏解中心区过多功能治理"大城市病"的一项重大举措，并上升到由中共中央政治局召开会议研究部署，前所未有。习近平总书记强调：北京正面临一次历史性抉择，从摊大饼转向在北京中心城区之外，规划建设北京城市副中心和集中承载地，将形成北京新的"两翼"。雄安新区作为北京非首都功能解疏集中承载地，是继建设通州城市副中心之后京津冀协同发展的新战略举措，与通州城市副中心共同形成北京新的"两翼"，也是深入实施京津冀协同发展的"双抓手"与"双驱动"。雄安新区与通州城市副中心均面临承接发展的重任，要围绕各自不同资源禀赋、功能定位与发展目标，加快形成协调互补、错位发展的新格局。其中，雄安新区要围绕重点疏解的四类非首都功能，以中央企业总部为突破口，加快建设绿色生态宜居新城区、创新驱动发展引领区、协调发展示范区、开放发展先行区，努力打造贯彻落实新发展理念的创新发展示范区；通州城市副中心要围绕城市副中心功能，以北京市级机关搬迁为牵引，着力打造国际一流的和谐宜居之都示范区、新型城镇化示范区和京津冀区域协同发展示范区。

（三）雄安新区与天津

尽管雄安新区是北京非首都功能解疏集中承载地，看似与天津"关系不大"，但天津作为京津冀"双城"和京津冀协同发展的主要引擎之一，在京津联动过程中，将与北京共同发挥高端引领和辐射带动作用。一是在京津冀协同发展过程中，雄安新区与天津共同面临承接非首都功能疏解，要围绕雄安新区与天津"一基地三区"不同功能定位①，形成错位承接发展、互通有无、有效互补。二是天津作为人口超千万的超大型城市，也面临"大城市病"问题，在"一基地三区"建设过程中，要牢固树立"一盘棋"思想，在京津冀协同发展中围绕雄安新区发展需求，当舍则舍，积极引导相关产业与部分功能向雄安新区拓展，从而定位天津角色、展现天津作为、作出天津贡献。三是加快雄安新区与滨海新区"强强联合"、联动发展，要充分发挥滨海新区先进制造业、港口资源、金融创新、自贸区等产业、平台优势，在相互学习、相互对标、相互对接、相互服务中共同把京津冀协同发展不断向广度深度推进。

（四）雄安新区与河北

2017年6月，根据《中央编办关于设立河北雄安新区管理机构有关问题的批复》，河北省委、省政府设立中共河北雄安新区工作委员会、河北雄安新区管理委员会，为省委省政府派出机构，负责组织领导、统筹协调新区开发建设管理全面工作，并对雄县、容城、安新三县及周边区域实行托管。雄安新区管理委员会，同时接受国务院京津冀协同发展领导小组办公室指导。根据雄安新区管理架构，雄安新区与上海浦东新区、天津滨海新区不同，并非一级行政区；而目前由省委常委兼任雄安新区党工委书记、管委会主任②，也表明其级别与管理自主权较高，有利于充分调动全省资源支持雄安新区开发建设。在中共中央、国务院决定设立河北雄安新区的公报中明确指出：河北省要积极主动作为，加强组织领导，履行主体责任。因此，河北省委、省政府要坚决肩负起党中央赋予的主体责任和使命担当，推动雄安新区规划建设开好局起好步。就河北省内地区而言，保定要打破"守地盘"思想，围绕雄安新区建设，与雄县、容城、安新三县密切配合、相互合作，形成工作合力；其他地区特别是环京津地区，要自觉服从、主动融入、全力支持雄安新区建设，避免在承接非首都功能解疏上形成恶性竞争，为首都"两翼"的建设作出贡献。

---

① 即"全国先进制造研发基地、北方国际航运核心区、金融创新运营示范区、改革开放先行区"。
② 在目前河北省第九届省委常委组成中，唐山、石家庄两市市委书记由省委常委兼任。

三、雄安新区建设避免三个误区

（一）雄安新区是"区"还是"城"

在雄安新区设立过程中，习近平总书记明确指示要重点打造北京非首都功能疏解集中承载地，在河北适合地段规划建设一座以新发展理念引领的现代新型城区。从北京非首都功能解疏集中承载地来看，似乎是承接产业转移园区。但从雄安新区的目标与重点任务来看，建设绿色生态宜居新城区、创新驱动发展引领区、协调发展示范区、开放发展先行区，努力打造贯彻落实新发展理念的创新发展示范区，以及设绿色智慧新城，建成国际一流、绿色、现代、智慧城市，打造优美生态环境，构建蓝绿交织、清新明亮、水城共融的生态城市，均表明雄安新区不同于一般的新区，更不同于传统工业园区、产业园区，而是以五大发展理念为引领，产城融合、区域一体的绿色之城、宜居之城、创新之城、智慧之城、生态之城。

（二）雄安新区产业层次"高"还是"低"

通常，在北京非首都功能疏解中，输出产业层次一般较低，高耗能耗水、污染重、占地大行业多。那么，作为北京非首都功能疏解集中承载地，雄安新区产业层次是否也是偏低端，那么如何实现跨越式创新发展？其实不然。首先，雄安新区与传统新区"追求GDP"发展路径不同，其重点任务之一就是要发展高端高新产业，所承接的非首都功能和相关产业，必须要符合雄安新区定位与发展要求。其次，雄安新区现有的服装、制鞋、塑料包装等主导行业，将加快转型升级、"腾笼换鸟"，不符合雄安新区功能定位的产业将淘汰关停。再次，雄安新区坚持以人民为中心、注重保障和改善民生，产业发展要考虑居民生活需求，避免盲目一味追求"高精尖"；同时，在低碳、绿色、科技与就业前提下，因地制宜适度发展现代都市农业，既发挥其生态效益，并促进一二三产业融合发展。

（三）雄安新区建设是"政府主导"还是"政府引导"

从经济学角度看，雄安新区"一夜之间"成为国家战略，是典型的政府主导行为。事实上，当前政府在公共政策的制定与重大战略出台等方面仍然发挥主导作用；而雄安新区具体建设发展，政府包括国有企业、国有经济不可能也没必要包办代替，就需要发挥市场在资源配置中的决定性作用和更好发挥政府引导作用，积极吸引民间资本和社会力量参与，激发市场活力。同时，在承接非首都功能疏解过程中，在政府鼓励引导的同时，要尊重疏解与承接双方意愿，遵循市场规律，避免"被疏解"与"被承接"，让相关企业与人群真正扎根、全身心投入于雄安新区建设。

四、雄安新区建设的相关建议

（一）规划引领，"一张蓝图干到底"

习近平总书记曾指出，考察一个城市首先看规划，规划科学是最大的效益，规划失误是最大的浪费，规划折腾是最大的忌讳。加快研究编制起步区100km²、中期发展区200km²以及远期控制区2000km²战略规划、城市总体规划与各类专项规划，用最先进的理念和国际一流的水准进行城市设计。一是要按照千年大计、国家大事要求，尊重城市建设规律，统筹规划、建设与管理，明确开发时序、合理把握开发节奏，"一张蓝图干到底"。二是划定城市增长边界，确定功能分区与组团布局，加强与周边区域的统一规划管控，避免城市规模无序扩张与"摊大饼式"发展。三是发挥白洋淀水资源与地方特色文化优势，打造具有京津冀特点、彰显燕赵特色的魅力之城。

（二）提升公共服务，优化发展环境

从国内外新区发展的实践来看，大力发展教育、医疗等公共服务资源，提升公共服务水平是新区集聚人气、吸引人才的重要环节。从现实来看，全国教育、医疗等公共服务资源分布不均是导致"大城市病"的根本原因之一。河北与京津公共服务水平差距明显，雄安新区教育、医疗等公共服务水平的提升，一方面，将加快京津冀公共服务一体化进程；另一方面，京津地区"被疏解人群"到雄安新区的主动意愿也将更强。同时，由于京津高房价、污染、拥堵等问题，雄安新区对国内外人才、特别是年轻人才的吸引也将增强，"愿意来"并且"留得住""住的久"。

（三）创新运营开发模式，破解"钱从哪里来"

雄安新区尽管在"一张白纸"基础上建设，仍然需要大力资金，必须做好顶层设计，创新综合开发运营新模式，破解"钱从哪里来"。鼓励发展互联网金融、碳金融等创新型金融；积极设立新区区域发展基金，围绕PPP母基金、专项基金、产业基金、创投基金等不同类别，整合各类财政资金、产业资本、金融资本、社会资本，积极吸引央企、国企、民企和外资共同参与新区建设，实现共建共管共享共融。

（四）发挥专家智库作用，动态监测评估

整合京津冀专家、智库相关资源，成立雄安新区建设发展专家咨询委员会，就雄安新区发展的重大问题定期开展咨询工作，确保先谋后动、规划建设"有理有据"。采用大数据、信息技术等新手段，对雄安新区建设规划进行动态监测，及时评估相关政策实施效果，因地制宜、综合施策，确保新区建设"早开花、早结果"。

参考文献

[1] 王一鸣. 适应新常态 必须转机制 [N]. 人民日报，2014-9-1.

[2] 张占斌. 用五大理念引领新型城镇化建设 [J]. 国家行政学院学报，2016（1）：13-18.

[3] 吴业苗. 户籍制度改革与"人的城镇化"问题检视 [J]. 学术界，2016（4）：45-57.

[4] 许经勇，黄爱东. 寓中国特色于城镇化道路之中 [J]. 调研世界，2006（1）：11-13.

[5] 罗思东. 新型城镇化道路为什么是中国的必然选择——中美城市化历史进程的比较研究 [J]. 人民论坛·学术前沿，2013（21）：78-87.

[6] 向春玲. 中国特色城镇化道路的探索与选择 [J]. 江苏行政学院学报，2004（6）：61-66.

[7] 李秉仁. 我国城镇化道路问题的探讨 [J]. 城市规划，1983（2）：26-28.

[8] 严书翰. 走中国特色的城镇化道路——当前中国重大问题研究报告之三 [J]. 科学社会主义，2005（3）：12-16.

[9] 侯丽. 粮食供应、人口增长与城镇化道路选择——谈小城镇在国家城镇化中的历史地位 [J]. 国际城市规划，2011（1）：24-27.

[10] 李程骅. 科学发展观指导下的新型城镇化战略 [J]. 求是，2012（14）：35-37.

[11] 单卓然，黄亚平. "新型城镇化"概念内涵、目标内容、规划策略及认知误区解析 [J]. 城市规划学刊，2013（2）：16-22.

[12] 王黎明. 中国特色的新型城镇化道路研究 [J]. 改革与战略，2014（2）：96-99.

[13] 余欣荣. 坚持走中国特色农业现代化和新型城镇化协调发展道路 [J]. 农村工作通讯，2013（18）：13-15.

[14] 孙久文. 城乡协调与区域协调的中国城镇化道路初探 [J]. 城市发展研究，2013（5）：56-61.

[15] 武廷海. 建立新型城乡关系 走新型城镇化道路——新马克思主义视野中的中国城镇化 [J]. 城市规划，2013（11）：9-19.

[16] 何树平，戚义明. 中国特色新型城镇化道路的发展演变及内涵要求 [J]. 党的文献，2014（3）：104-112.

[17] 孙立行. 中国特色新型城镇化道路的科学思辨 [J]. 国土资源，2014（4）：12-14.

[18] 陈甬军. 中国特色城镇化道路 [J]. 前线，2009（5）：26-28.

[19] 张纯元. 具有中国特色的城镇化道路的探讨 [J]. 北京大学学报（哲学社会科学版），1985（6）：11-17.

[20] 徐宪平. 面向未来的中国城镇化道路 [J]. 求是，2012（5）：37-39.

[21] 国家发改委宏观经济研究院课题组. 迈向全面建成小康社会的城镇化道路研究 [J]. 经济研究参考，2013（25）：3-34.

[22] 罗震东. 基于真实意愿的差异化、宽谱系城镇化道路 [J]. 国际城市规划，2013（3）：45.

[23] 简新华. 论中国特色的城镇化道 [J]. 发展经济学，2007（1）：97-120.

[24] 张翼. 农民工"进城落户"意愿与中国近期城镇化道路的选择 [J]. 中国人口科学，2011（2）：14-26.

[25] 辜胜阻，易善策，李华. 中国特色城镇化道路研究 [J]. 中国人口·资源与环境，2009（1）：47-52.

[26] 马凯. 转变城镇化发展方式 提高城镇化发展质量 走出一条中国特色城镇化道路 [J]. 国家行政学院学报，2012（5）：4-12.

[27] 孙久文，叶振宇. 走中国特色城镇化道路的若干问题探讨 [J]. 中州学刊，2009（3）：50-54.

[28] 宋迎昌，李景国. 中国特色城镇化道路：探索与展望 [J]. 人民论坛·学术前沿，2012（14）：37-41.

[29] 张占斌. 走中国特色的新型城镇化道路 [J]. 经济研究参考，2014（8）：4-14.

[30] Northam, Ray M. Urban Geography [M]. New York: John Wiley & Sons.1975.

[31] Hall P, Hay D. Growth Centers in the European Urban System[M]. London: Heinemann, 1980.

[32] Chenery, H, M. Syrquin. Patterns of Development 1950-1970[M]. London Oxford University Press, 1975.

[33] United Nations. World Urbanization Prospects: The 2014 Revision [R]. New York: United Nations, 2015.

[34] 陈明星. "加速城市化"不应成为中国"十二五"规划的重大战略抉择——与陈玉和教授等商榷 [J]. 中国软科学. 2011（3）：1-9.

[35] Friedmann J. Four Theses in the Study of China's Urbanization [J]. International Journal of Urban and Regional Research, 2006, 30(2): 440-451.

[36] 简新华，何志扬，黄锟. 中国城镇化与特色城镇化道路 [M]. 济南：山东人民出版社，2010.

[37] 陈甬军，景普秋. 中国新型城市化道路的理论及发展目标预测 [J]. 经济学动态，2008（9）：4-15.

[38] 王国刚. 城镇化：中国经济发展方式转变的重心所在 [J]. 经济研究，2010（12）：70-81.

[39] 刘勇. 中国城镇化发展的历程、问题和趋势 [J]. 经济与管理研究，2011（3）：20-26.

[40] 姚士谋，陆大道，王聪，等. 中国城镇化需要综合性的科学思维——探索适应中国国情的城镇化方式 [J]. 地理研究，2011（11）：1947-1955.

[41] 顾朝林，管卫华，刘合林. 中国城镇化2050：SD模型与过程模拟 [J]. 中国科学：地球科学，2017，47（7）：818-832.

[42] 万广华. 2030年：中国城镇化率达到80%[J]. 国际经济评论，2011（6）：99-111.

[43] 兰海强，孟彦菊，张炯. 2030年城镇化率的预测：基于四种方法的比较 [J]. 统计与决策，2014（16）：66-70.

[44] 谢立中. 中国城镇化率发展水平测算——以非农劳动力需求为基础的模拟 [J]. 社会发展研究，2017，4（2）：23-40.

[45] 周天勇，张弥. 城乡二元结构下中国城市化发展道路的选择 [J]. 财经问题研究，2011（3）：3-8.

[46] 陆大道. 中国城镇化发展模式：如何走向科学发展之路 [J]. 苏州大学学报（哲学社会科学版），2007（3）：1-7.

[47] 王宏伟，李平，朱承亮. 中国城镇化速度与质量的协调发展 [J]. 河北学刊，2014（6）：95-100.

[48] 周一星. 城镇化速度不是越快越好 [J]. 科学决策，2005（8）：30-33.

[49] 倪鹏飞，颜银根，张安全. 城市化滞后之谜：基于国际贸易的解释 [J]. 中国社会科学，2014（7）：107-124.

[50] 王德利，方创琳，杨青山，等. 基于城市化质量的中国城市化发展速度判定分析 [J]. 地理科学，2010（5）：643-650.

[51] 杜鹰. 我国的城镇化战略及相关政策研究 [J]. 中国农村经济，2001（9）：4-9.

[52] 蔡继明. 解决"三农"问题的根本途径是加快城市化进程 [J]. 经济纵横，2007（7）：2-5.

[53] 张占斌. 新型城镇化的战略意义和改革难题 [J]. 国家行政学院学报, 2013（1）: 48-54.

[54] 简新华, 黄锟. 中国城镇化水平和速度的实证分析与前景预测 [J]. 经济研究, 2010（3）: 28-39.

[55] 魏后凯. 中国城镇化新问题新趋势调查 [N]. 北京日报, 2016-7-25（22）.

[56] 顾朝林, 于涛方, 李王鸣, 等. 中国城市化: 格局·过程·机理 [M]. 北京: 科学出版社, 2008.

[57] 陈昌兵. 城市化、房地产与宏观调控 [J]. 经济学动态, 2015（1）: 29-41.

[58] 蔡昉. 城镇化进程速度由什么来决定 [J]. 中国乡村发展, 2016（2）: 14-19.

[59] 李培林. "逆城镇化"大潮来了吗 [J]. 人民论坛, 2017（1）下: 60-61.

[60] 李善同, 吴三忙, 高春亮. 中国城市化速度预测分析 [J]. 发展研究, 2017（11）: 19-22.

[61] 卓贤. 质量重于速度: 对中国城镇化现状与潜力的分析 [J]. 经济学家, 2015（8）: 52-61.

[62] 孙久文, 叶振宇. 走中国特色城镇化道路的若干问题探讨 [J]. 中州学刊, 2009（3）: 50-54.

[63] 洪银兴. 新阶段城镇化的目标和路径 [J]. 经济学动态, 2013（7）: 4-9.

[64] 张占斌, 黄锟. 叠加期城镇化速度与质量协调发展研究 [J]. 理论研究, 2013（5）: 2-8.

[65] 仇保兴. 我国的城镇化与规划调控 [J]. 城市规划, 2002（9）: 10-20.

[66] 刘国斌, 韩世博. 人口集聚与城镇化协调发展研究 [J]. 人口学刊, 2016（2）: 40-48.

[67] 盛广耀. 城镇化与经济发展空间格局的优化 [J]. 区域经济评论, 2015（2）: 67-69.

[68] 戚伟, 刘盛和, 金浩然. 中国户籍人口城镇化率的核算方法与分布格局 [J]. 地理研究, 2017, 36（4）: 616-632.

[69] 任远. 当前中国户籍制度改革的目标、原则与路径 [J]. 南京社会科学, 2016（2）: 63-70.

[70] 叶俊焘, 钱文荣. 不同规模城市农民工市民化意愿及新型城镇化的路径选择 [J]. 浙江社会科学, 2016（5）: 64-74.

[71] 夏柱智, 贺雪峰. 半工半耕与中国渐进城镇化模式 [J]. 中国社会科学, 2017（12）: 117-137.

[72] 周明长. 三线建设与中国内地城市发展（1964—1980 年）[J]. 中国经济史研究, 2014（1）: 142-151.

[73] 张峰. 昆山人口变迁研究: 1978—2005[D]. 苏州大学, 2008.

[74] Chenery H., and Syrquin M.:《Patterns of Development: 1950-1970》, Oxford University Press 1975 年版。

[75] 辜胜阻. 非农化与城镇化研究 [M]. 杭州: 浙江人民出版社, 1991.

[76] 韩长赋. 加快推进农业现代化努力实现"三化"同步发展 [J]. 农业经济问题, 2011, 32（11）: 4-7+110.

[77] 尹成杰. 在工业化、城镇化深入发展中同步推进农业现代化"三化"同步发展 [M]. 北京: 中国农业出版社, 2012.

[78] 董伟. 城镇化与农业现代化相互协调发展研究 [J]. 山东省农业管理干部学院学报, 2013, 30（6）: 41-43.

[79] 郑鑫. 城镇化与农业现代化的相互作用分析 [J]. 河南商业高等专科学校学报, 2005（2）: 11-14.

[80] 刘玉. 农业现代化与城镇化协调发展研究 [J]. 城市发展研究, 2007（6）: 37-40.

[81] 孙云霞、叶金国. 我国区域城镇化与农业现代化协调性评价研究 [J]. 社会科学论坛（学术研究卷）, 2009, 5.

[82] 曾福生, 吴雄周. 城乡发展协调度动态评价——以湖南省为例 [J]. 农业技术经济, 2011（1）: 86-92.

[83] 韩长赋. 正确处理工农城乡关系的几个问题 [J]. 农村工作通讯, 2012（16）: 6-8.

[84] 赵颖智. 中国城镇化与农业现代化发展的协调度研究 [J]. 宏观质量研究, 2013, 1（3）: 72-78.

[85] 殷存毅、姜山. 外来投资与城镇化发展 [J]. 清华大学学报（哲学社会科学版）, 2003, 6.

[86] 顾理华, 毛伟. 昆山市现代都市农业发展探索与思考 [A]. 中国农学会. 第十一届中国科协年会第 26 分会 场都市型现代农业学术研讨会论文专集 [C]. 中国农学会: 中国农学会, 2009: 4.

[87] 姚鑫, 杨桂山, 万荣荣. 昆山市 22 年来耕地流失研究 [J]. 长江流域资源与环境, 2010, 19（9）:

1063-1068.

[88] 韦薇，张银龙，王浩. 昆山市城乡一体化进程综合评价分析 [J]. 生态经济，2011（2）：39-43.

[89] 宋秧泉，翟超群，吴桂成. 昆山市农业现代化道路探讨 [J]. 宁夏农林科技，2012，53（3）：71-72.

[90] 吴艳霞，李宇殊，王彦龙. 黄河流域生态城镇化水平测度 [J]. 环境科学与技术，2020，43（7）：224-236.

[91] 刘建华，黄亮朝，左其亭. 黄河下游经济—人口—资源—环境和谐发展水平评估 [J]. 资源科学，2021，43（2）：412-422.

[92] 左其亭. 黄河下游滩区治理的关键问题及协同治理体系构建 [J]. 科技导报，2020，38（17）：23-32.

[93] 王鸿翔，刘静航，赵颖异，等. 黄河下游水沙变化与归因分析 [J]. 人民黄河，2021，43（4）：24-29.

[94] 李文文，傅旭东，吴文强，吴保生. 黄河下游水沙突变特征分析 [J]. 水力发电学报，2014，33（1）：108-113.

[95] 江恩慧，屈博，王远见，等. 基于流域系统科学的黄河下游河道系统治理研究 [J]. 华北水利水电大学学报（自然科学版），2021，42（4）：7-15.

[96] 李军华，许琳娟，张向萍，等. 河道调整研究现状及其对黄河下游游荡型河道调整的启示 [J]. 水利水电科技进展，2021，41（4）：1-6.

[97] 李肖男，张红武，钟德钰，王永强. 黄河下游河道治理三维数值模拟研究 [J]. 水利学报，2017，48（11）：1280-1292.

[98] 周淑娟，陈静. 黄河下游滩区旧村台改造提升安置的实践探讨 [J]. 人民黄河，2021，43（S1）：42-43.

[99] 江恩慧，赵连军，王远见，等. 基于系统论的黄河下游河道滩槽协同治理研究进展 [J]. 人民黄河，2019，41（10）：58-63.

[100] 李达，林龙圳，林震，等. 黄河流域生态保护和高质量发展的 EKC 检验 [J]. 生态学报，2021，41（10）：3965-3974.

[101] 张金良. 黄河下游滩区再造与生态治理 [J]. 人民黄河，2017，39（6）：24-27.

[102] 郭宇，孙美琪，王富强，等. 水沙对黄河三角洲湿地景观格局演变的影响分析 [J]. 华北水利水电大学学报（自然科学版），2018，39（4）：36-41.

[103] 童战峰，璩爱玉，冀云卿. 高质量发展战略下黄河下游生态环境保护 [J]. 科技导报，2020，38（14）：109-115.

[104] 宋香荣，樊艳华，单蕾娜. 新疆新型城镇化协调发展水平测度及影响因素实证研究 [J]. 生态经济，2021，37（7）：78-87.

[105] 廖中举，张志英. 省际新型城镇化发展水平测度与比较 [J]. 统计与决策，2020，36（20）：168-171.

[106] 蒋正云，杨阳，周杰文. 江西省新型城镇化发展协调度及优化路径研究 [J]. 中国农业资源与区划，2019，40（9）：75-83.

[107] 杨钧. 新型城镇化发展的时空差异及协调度分析 [J]. 财经科学，2015（12）：48-57.

[108] 丁慧媛. 沿海地区新型城镇化综合发展水平测度 [J]. 统计与决策，2019，35（22）：50-53.

[109] 王滨. 新型城镇化测度与区域差异的空间解读 [J]. 统计与决策，2020，36（11）：90-94.

[110] 刘瑞强，张沛，李莎莎. 基于主体功能区的西部地区城镇化发展模式与路径探索 [J]. 工程研究——跨学科视野中的工程，2011（3）：256-264.

[111] 李晓曼. 中国西部新型城镇化动力若干问题研究 [J]. 改革与战略，2014（3）：97-100.

[112] 李晓曼，蒲晓刚. 西部地区新型城镇化的路径选择 [J]. 宏观经济管理，2014（1）：42-48.

[113] 王颖，顾朝林，李晓江. 中外城市增长边界研究进展 [J]. 国际城市规划，2014，29（4）：1-11.

[114] 张京祥. 西方城镇群体空间研究之评述 [J]. 国际城市规划，2009（增刊）：187-190.

[115] 王颖. 东北地区区域城市空间重构机制与路径研究 [D]. 长春：东北师范大学，2012.

[116] Knaap Gerrit, Nelson Arthur. The Regulated Landscape: Lessons on State Land Use Planning from Oregon[M]. Lincoln Institute of Land Policy, 1992.

[117] 黄明华，寇聪慧，屈雯. 寻求"刚性"与"弹性"的结合——对城市增长边界的思考 [J]. 规划师，2012（3）：12-15.

[118] 张庭伟. 控制城市用地蔓延：一个全球的问题 [J]. 城市规划，1999（8）：44-48.

[119] 金晓云，冯科. 城市理性增长研究综述 [J]. 城市问题，2008（2）：48-98.

[120] Sybert Richard. Urban Growth Boundaries[R]. Governor's Office of Planning and Research (California) and Overnor's Interagency Council on Growth Management, 1991.

[121] Bengston David, Fletcher Jennifer, Nelson Kristen. Public Policies for Managing Urban Growth and Protecting Open Space: Policy Instruments and Lessons Learned in the United States [J]. Landscape and Urban Planning, 2004, (69): 271-286.

[122] Duany Andres, Plater-Zyberk Elizabeth. Lexicon of the New Urbanism. Time-saver Standard for Urban Design [M]. 1998.

[123] 吕斌，徐勤政. 我国应用城市增长边界（UGB）的技术与制度问题探讨 [C]. 规划创新——2010 中国城市规划年会论文集. 2010.

[124] Turnbull Geoffrey. Urban Growth Controls: Transitional Dynamics of Development Fees and Growth Boundaries [J]. Journal of Urban Economics，2004, 2: 215-237.

[125] Frey Mary. Urban Growth Boundary[DB/OL]. http://conservationtools.org/guides/show/48.S.

[126] Jantz Claire, Goetz Scott, Shelley Mary. Using the SLEUTH Urban Growth Model to Simulatethe Impacts of Future Policy Scenarios on Urban Land Use in the Baltimore Washington Metropolitan Area [J]. Planning and Design, 2003, (30): 251-271.

[127] 郭磊贤. 历史演变下的城市增长边界国际实践比较及启示 [C]. 城乡治理与规划改革——2014 中国城市规划年会论文集. 2014

[128] 张进. 美国的城市增长管理 [J]. 国外城市规划，2002（2）：37-40.

[129] 刘海龙. 从无序蔓延到精明增长——美国"城市增长边界"概念述评 [J]. 城市问题，2005（3）：67-73.

[130] 张润朋，周春山. 美国城市增长边界研究进展与述评 [J]. 规划师，2010（11）：89-96.

[131] 冯科，吴次芳，韦仕川，等. 城市增长边界的理论探讨与应用 [J]. 经济地理，2008（3）：425-429.

[132] 黄慧明. 美国"精明增长"的策略、案例及在中国的应用思考 [J]. 现代城市研究，2007（5）：19-28.

[133] 蒋芳，刘盛和，袁弘. 城市增长管理的政策工具及其评价效果 [J]. 城市规划学刊，2007（1）：33-38.

[134] 黄明华，田晓晴. 关于新版《城市规划编制办法》中城市增长边界的思考 [J]. 规划师，2008（6）：13-16.

[135] 龙瀛，韩昊英，毛其智. 利用约束性 CA 制定城市增长边界 [J]. 地理学报，2009（8）：999-1008.

[136] 张振龙，于淼. 国外城市限制政策的模式及其对城市发展的影响 [J]. 现代城市研究，2010（1）：61-67

[137] 丁成日. 城市增长边界的理论模型 [J]. 规划师, 2012（3）: 5-11.

[138] 韩昊英, 吴次芳, 赖世刚. 城市增长边界控制模式研究——基于土地存量控制的分析框架 [J]. 规划师, 2012（3）: 16-20.

[139] 张振广, 李凌霄. 化繁为简: 制定城市增长边界的路径探讨 [C]. 城市时代, 协同规划——2013 中国城市规划年会论文集. 2013.

[140] 周建飞, 曾光明, 黄国和, 等. 基于不确定性的城市扩展用地生态适宜性评价 [J]. 生态学报, 2007, 27（2）: 774-782.

[141] 杨建军, 周文, 钱颖. 城市增长边界的性质及划定方法探讨——杭州生态带保护与控制实践 [J]. 华中建筑, 2010（1）: 122-125.

[142] 惠西鲁. 保护地域特色生态空间, 引导城市高效有序发展——西安城市增长边界的划定研究 [C]. 城乡治理与规划改革——2014 中国城市规划年会论文集. 2014.

[143] 游畅. 特大城市主城与新城增长边界的划定与实施——以武汉市三环线生态隔离带为例 [C]. 多元与包容——2012 中国城市规划年会论文集. 2012.

[144] 王宗记. 城市综合承载力导向下的城市增长边界划定——以常州城市承载力规划研究为例 [J]. 江苏城市规划, 2011（5）: 14-17.

[145] 李咏华. 基于 GIA 设定城市增长边界的模型研究 [D]. 杭州: 浙江大学博士论文. 2011.

[146] 龙瀛, 何永, 刘欣, 杜立群. 北京市限建区规划: 制订城市扩展的边界 [J]. 城市规划, 2006（12）: 20-26.

[147] 盛鸣. 从规划编制到政策设计: 深圳市基本生态控制线的实证研究与思考 [J]. 城市规划学刊, 2010（S1）: 48-53.

[148] 谢英挺. 非城市建设用地控制规划的思考——以厦门市为例 [J]. 城市规划学刊, 2005（4）: 35-39.

[149] 罗震东, 张京祥. 中国当前非城市建设用地规划研究的进展与思考 [J]. 城市规划学刊, 2007（1）: 39-43.

[150] 方修琦. 近百年来北京城市空间扩展与城乡过渡带演变 [J]. 城市规划, 2002（4）: 56-60.

[151] 张宁, 方琳娜, 周杰, 等. 北京城市边缘区空间扩展特征及驱动机制 [J]. 地理研究, 2010, 29（3）: 471-480.

[152] 党安荣, 毛其智, 王晓栋. 基于 GIS 空间分析的北京城市空间发展 [J]. 清华大学学报（自然科学版）, 2002, 42（6）: 814－817.

[153] 顾朝林, 贺鼎, 袁晓辉. 1949 年以来北京服务经济与城市空间转型 [J]. 城市与区域规划研究, 2013（1）: 71-95.

[154] 沈体雁, 冯等田, 李迅. 北京地区交通对城市空间扩展的影响研究 [J]. 城市发展研究, 2008, 15（6）: 29-32.

[155] 杨明. 北京城市空间发展状况评估和建议 [J]. 北京规划建设, 2012（1）: 36-40.

[156] 吴唯佳, 于涛方, 赵亮, 等. 北京城市空间趋势和布局战略思考——《北京城市总体规划（2004～2020年）》实施评估研究 [J]. 北京规划建设, 2012（1）: 15-19.

[157] 李国平, 刘霄泉, 孙铁山. 北京建设世界城市的市域空间发展模式研究 [J]. 北京联合大学学报（人文社会科学版）, 2010（3）: 5-9.

[158] 龙瀛, 毛其智, 沈振江, 等. 综合约束 CA 城市模型: 规划控制约束及城市增长模拟 [J]. 城市规划学刊, 2008 (6): 83-91.

[159] 俞孔坚, 王思思, 李迪华等. 北京市生态安全格局及城市增长预景 [J]. 生态学报, 2009, 29 (3): 1189-1204.

[160] 何永, 王如松, 郭睿. 由绿环争论到环北京地区绿色空间格局 [J]. 动感 (生态城市与绿色建筑), 2011 (3): 69-77.

[161] 徐勤政. 划定城市增长边界的制度思考——以北京市为例 [C]. 城乡治理与规划改革——2014 中国城市规划年会论文集. 2014.

[162] Wu, J., Plantinga, A. J. The influence of public open space on urban spatial structure [J]. Journal of Environmental Economics and Management, 2003 (46): 288-309.

[163] 欧阳志云, 李伟峰, Juergen Paulussen, 等. 大城市绿化控制带的结构与生态功能 [J]. 城市规划, 2004 (4): 41-45.

[164] 徐辉, 石岩. 对我国建立城市成长边界制度的思考 [C]. 和谐城市规划——2007 中国城市规划年会论文集. 2007.

[165] 宋彦, 许杰兰, 张永平. 城乡规划纳入公共政策: 城市增长管理政策工具经验 [J]. 规划师论丛, 2012 (第一编): 2-7.

[166] [美]K. Lynch. Good City Form[M]. 林庆怡等译. 城市形态. 北京: 华夏出版社, 2001.

[167] 冯长春, 杨志威. 欧美城市土地利用理论研究评述 [J]. 国外城市规划, 1998 (1): 2-9.

[168] 薛凤旋, 刘欣葵. 北京: 由传统国都到中国式世界城市 [M]. 北京: 社会科学文献出版社, 2014.

[169] 苏钠. 近代业京城市空间形态演变研究 [D]. 西安: 西安建筑科技大学, 2009.

[170] 柯焕章. 北京城市空间布局发展的回顾与构想 [J]. 北京规划建设, 2003 (4): 29-33.

[171] 刘冬华. 面向土地低消耗的城市精明增长研究——以上海为例 [D]. 上海: 同济大学, 2007.

[172] 程茂吉. 基于精明增长视角的南京城市增长评价及优化研究 [D]. 南京: 南京师范大学, 2012.

[173] 郑秉文. 拉美城市化的经验教训及其对中国新型城镇化的启发 [J]. 当代世界, 2013 (6): 10-13.

[174] 林拓, 申立. 行政区划优化: 与国家治理同行 [J]. 经济社会体制比较, 2016 (4): 77-86.

[175] 张京祥, 庄林德. 大都市阴影区演化机理及对策研究 [J]. 南京大学学报 (自然科学), 2000, 36 (6).

[176] 鲁继通, 祝尔娟. 促进京津冀城市群空间优化与质量提升的战略思考 [J]. 首都经济贸易大学学报, 2014, (4).

[177] 安树伟, 闫程莉. 京津冀与世界级城市群的差距及发展策略 [J]. 河北学刊, 2016, 36 (6).